Fiedler/Ullrich (Hrsg.)

Information als Wirtschaftsgut
Management und Rechtsgestaltung

Informationstechnik und Recht

Schriftenreihe der
Deutschen Gesellschaft für
Recht und Informatik e.V.

Band 5

Information als Wirtschaftsgut
Management und Rechtsgestaltung

Im Auftrag der
Deutschen Gesellschaft für
Recht und Informatik e.V.

herausgegeben von

Prof. Dr. iur. Dr. rer. nat.
Herbert Fiedler, Bonn

und

Prof. Dr. iur.
Hanns Ullrich, München

Verlag
Dr. Otto Schmidt
Köln

Die Deutsche Bibliothek – *CIP-Einheitsaufnahme*

Information als Wirtschaftsgut: Management
und Rechtsgestaltung / im Auftr. der Deutschen
Gesellschaft für Recht und Informatik e.V. hrsg.
von Herbert Fiedler und Hanns Ullrich. – Köln :
O. Schmidt, 1997
(Informationstechnik und Recht ; Bd. 5)
ISBN 3-504-67004-5
NE: Fiedler, Herbert [Hrsg.]; GT

Verlag Dr. Otto Schmidt KG
Unter den Ulmen 96-98, 50968 Köln
Tel.: 02 21/9 37 38-01, Fax: 02 21/9 37 38-9 21

© 1997 by Verlag Dr. Otto Schmidt KG

Das Werk einschließlich aller seiner Teile ist urheberrechtlich geschützt.
Jede Verwertung, die nicht ausdrücklich vom Urheberrechtsgesetz zugelassen ist, bedarf der vorherigen Zustimmung des Verlags. Das gilt insbesondere für Vervielfältigungen, Bearbeitungen, Übersetzungen, Mikroverfilmungen und die Einspeicherung und Verarbeitung in elektronischen Systemen.

Umschlaggestaltung: Jan P. Lichtenford, Mettmann
Satz: Mitterweger Werksatz GmbH, Plankstadt bei Heidelberg
Druck und Verarbeitung: Druck Partner Rübelmann GmbH, Hemsbach
Printed in Germany

Vorwort

Gegen Ende des 20. Jahrhunderts überschreiten wir die Schwelle zu einem „Informationszeitalter" und einer „Informationsgesellschaft". Grundlage und Motor dieser Entwicklung ist die heutige Informationstechnik mit ihren Möglichkeiten der Darstellung, Verarbeitung und Übertragung großenteils digitalisierter Information. Datenverarbeitung i. e. S., Telekommunikations- und Bürotechnik sind zusammengewachsen und bilden zunehmend auch weltweit verknüpfte Informationsinfrastrukturen. Für das „geistige Gut" Information haben sich damit grundlegend neue Existenzbedingungen und z. T. auch Regelungsnotwendigkeiten ergeben, ohne daß dies bis jetzt genügend bemerkt worden wäre. Auch eine neue Würdigung von Information als Wirtschaftsgut gehört hierher.

Die DGRI hatte sich mit einem wichtigen Teilaspekt schon 1990 in einer Tagung zum Thema „Rechtsprobleme des elektronischen Publizierens" auseinandergesetzt (Tagungsband hrsg. von H. Fiedler, Köln 1991, Dr. Otto Schmidt-Verlag). Im unmittelbaren Zusammenhang wurde damals der „Rechtsschutz von Informationen als geistiges Gut" als Thema einer nächsten Tagung ins Auge gefaßt. Die Planungen konkretisierten sich 1994 mit einer Spezialisierung auf „Information als Wirtschaftsgut – Management und Rechtsgestaltung". Hiermit soll der Tatsache Rechnung getragen werden, daß für eine Informationsgesellschaft Information auch als Wirtschaftsgut wesentliche Bedeutung besitzt und neu thematisiert werden sollte.

Die hier dokumentierte Tagung DGRI 1995 setzt ihren Schwerpunkt im (deutschen) juristischen Bereich. „Information als Wirtschaftsgut" wird dabei zunächst von wirtschaftswissenschaftlicher Seite beleuchtet (Beitrag von Pethig) und damit der Blick auf die Problematik der Beziehung zwischen wirtschaftswissenschaftlicher Betrachtung von Information und der juristischen Auffassung von „geistigem Eigentum" gerichtet. Zu den verfassungsrechtlichen Grundlagen wird referiert, was das Grundgesetz und die Rechtsprechung des Bundesverfassungsgerichts zum Thema „Information" derzeit mehr oder weniger explizit hergeben (Beitrag von Stettner). Dabei mußte offenbleiben, wie eine Weiterführung der Überlegungen für das Zeitalter einer Informationsgesellschaft aussehen könnte. Von der faktisch-technischen Seite her wird am Beispiel von

INTERNET demonstriert, welche Potentiale die heutige globale IT-Infrastruktur bietet – für Kooperation wie auch für Konflikte (Beitrag von Oldenburg und Ishii).

Ein Schwerpunkt der Tagung lag bei den klassisch-juristisch ausgewiesenen Kernthemen des Schutzes von Information mit den Mitteln des geistigen Eigentums. Außer für Kenner dieses engeren Fachgebiets ist die Fragestellung, die hier zu lösen ist, dem Juristen eher fremd. Er ist gewohnt, Eigentum an körperlichen Gegenständen ebenso hinzunehmen wie dessen rechtliche Ausgestaltung und diese nur noch im Wege sachgerechter Auslegung zur Anwendung zu bringen. Im Recht des geistigen Eigentums dagegen steht die Frage, wie, zu welchen Bedingungen und mit welchen Folgen der unkörperliche Gegenstand „Information" zum Wirtschaftsgut konstituiert wird oder werden soll, im Vordergrund. Insofern gilt es zunächst einmal, das ganze System geistigen Eigentums zu entfalten und auf die neueren Formen von Information und seine Verwertung zu beziehen (Beitrag von Wiebe). Sodann werden Stand und Entwicklung des Urheberrechts im Hinblick auf die aktuellen technisch-ökonomischen Bedingungen der Digitalisierung von Information und ihrer Verbreitung abgefragt (Beitrag von Dreier). Wie leicht Fehlentwicklungen der rechtlichen Erfassung neuer Schutzgegenstände eintreten und dann mühsamer Korrektur bedürfen, wird anschließend am Beispiel des patentrechtlichen Schutzes von Computerprogrammen gezeigt (Beitrag von Teufel). Last but not least wird das rechtliche Management von Information durch Vertrag vorgestellt (Beitrag von Moufang).

Den Beiträgen der Referenten wird hier eine kurze Darstellung der Diskussion beigefügt. Diese dient nicht einer personenbezogenen Dokumentation von Standpunkten, sondern dem Aufweis von weiteren (z. T. auch kritischen) Sichtweisen.

Der Bogen wurde weit gespannt, konnte aber bei weitem nicht alle Fragen umfassen. Information wird nicht nur in neuen technischen Formen bereitgestellt, rechtlich geschützt und wirtschaftlich verwertet, sondern es wird so auch zunehmend Wissen erfaßt, das bislang als gemeinfrei galt. Die Erkenntnisse moderner naturwissenschaftlicher Forschung bilden hierfür ein bedeutendes, aber nicht das einzige Beispiel. Dem erweiterten Zugriff fehlt bislang die rechtliche Kontrolle, ja es sind seine Auswirkungen auf die betroffenen gesellschaftlichen Subsysteme noch gar nicht recht abzuschätzen. Der Tagungsband vermißt deshalb das Gebiet der Information als

Vorwort

Wirtschaftsgut nicht insgesamt, sondern markiert nur gegenwärtige Blickpunkte.

Dennoch hoffen wir, daß diese Tagung und ihre Dokumentation nicht nur kurzfristige Aufmerksamkeit erfährt, sondern einen fortwirkenden Beitrag zum Konzert der Stimmen in einem so wichtigen, interdisziplinären Bereich bieten kann.

Bonn/München, im November 1996

Herbert Fiedler/Hanns Ullrich

Inhaltsübersicht*

	Seite
Vorwort	V
Information als Wirtschaftsgut in wirtschaftswissenschaftlicher Sicht *(R. Pethig)*	1
Diskussionsbericht *(A. Funk)*	29
Information – ihr Stellenwert in der Verfassung *(R. Stettner)*	33
Diskussionsbericht *(A. Funk)*	56
Kooperation und Konflikte in Computernetzen – Das Beispiel Internet *(G. Oldenburg, K. Ishii)*	59
Diskussionsbericht *(A. Günther)*	90
Information als Schutzgegenstand im System des geistigen Eigentums *(A. Wiebe)*	93
Diskussionsbericht *(A. Günther)*	152
Digitaltechnik und Urheberrecht *(Th. Dreier)*	155
Diskussionsbericht *(A. Günther)*	180
Patentschutz für Software im amerikanisch-europäischen Vergleich *(F. Teufel)*	183
Information als Vertragsgegenstand *(R. Moufang)*	213
Diskussionsbericht *(M. Helfrich)*	229
Autorenverzeichnis	233
Stichwortverzeichnis	235

---

* Ausführliche Inhaltsverzeichnisse zu Beginn der jeweiligen Beiträge.

Information als Wirtschaftsgut in wirtschaftswissenschaftlicher Sicht

Rüdiger Pethig

1. Einführung
2. Verbreitung eines vorhandenen Informationsgutes
   2.1 Zuordnung exklusiver Verwertungsrechte
   2.2 Abwesenheit exklusiver Verwertungsrechte
3. Ökonomische Begründungen für Verwertungsrechte an Informationsgütern
   3.1 Die Relevanz von Verwertungsrechten für die Herstellung neuer Informationsgüter
   3.2 Verwertungsrechte für neuartige Informationsgüter
4. Begründungen für staatliche Eingriffe in Märkte für Informationsgüter
   4.1 Unterversorgungsargumente und Eingriffsbedarf
   4.2 Verwertungsrechte und Rechtswahrnehmungskosten
   4.3 Meritorische Eingriffe in Informationsgütermärkte
5. Abschließende Bemerkungen

Literaturübersicht

Arrow (1970), „Economic Welfare and the Allocation of Resources to Invention" in: Arrow, K. J.(Hrsg.), Essays in the Theory of Risk Bearing, Amsterdam, London, S. 144–164; *Blümel/Pethig/von dem Hagen* (1986), „The theory of public goods. A survey of recent issues", Zeitschrift für die gesamte Staatswissenschaft 142, 241–309; *Demsetz* (1969), „Information and efficiency: another viewpoint", Journal of Law and Economics 12, 1–22; *Demsetz* (1970), „The private production of public goods", Journal of Law and Economics 13, 293–306; *Kessler* (1995), The value of ignorance, Discussion Paper No. A . 463, SFB 303, Universität Bonn; *Koboldt* (1995), The EC-Directive on the Legal Protection of Database: An Economic Analysis, Manuskript; *Möller* (1986), Die Urheberrechtsnovelle '85. Entstehungsgeschichte und verfassungsrechtliche Grundlagen, C. F. Müller Verlag, Heidelberg; *Musgrave* (1959), The Theory of Public Finance, McGraw-Hill, New York; *Pethig* (1983), „On the production and distribution of information", Zeitschrift für Nationalökonomie 43, S. 383–403; *Pethig* (1984), „Öffentliche Güter, Verfügungsrechte und Ausschließungskosten", in: Neumann, M. (Hrsg.), Ansprüche, Eigentums- und Verfügungsrechte, Schriften des Vereins für Socialpolitik, N. F. Bd. 140, Duncker und Humblot, S. 539–554; *Pethig* (1988), Copyrights and copying costs", Journal of Institutional and Theoretical Economics 144, S. 462–495; *Thatcher* (1978), „On fair use and library copying", Scholary Publishing 9, S. 313–334; *Tietzel* (1995), Literaturökonomik, J. C. B. Mohr (Paul Siebeck), Tübingen.

1. Einführung

Information wird in den Wirtschaftswissenschaften je nach Problemstellung auf sehr verschiedene Weise konzipiert und analysiert. Sie spielt z. B. eine zentrale Rolle in der mathematisch orientierten Informationsökonomik, in der Theorie über Entscheidungen unter Unsicherheit sowie bei strategischen Interaktionen in der Spieltheorie. In all diesen Fällen ist Information für den Nutzer **wertvoll**, und dieser Wert könnte abstrakt gemessen werden als die Verbesserung in der Zielerfüllung des Nutzers, die möglich wäre, wenn er die zur Diskussion stehende Information zur Verfügung hätte. Informationen, die Unsicherheit in Entscheidungssituationen reduzieren, sind typischerweise personen- und/oder situationsspezifisch und oft nicht für einen großen Personenkreis relevant. Erst wenn das Interesse an und damit die Nachfrage nach Informationen genügend breit gestreut ist, erhalten Informationen eine wirtschaftliche Bedeutung, erst dann wird die Frage relevant, ob die Versorgung mit Informationen über Märkte durchgeführt werden kann und soll. Solche Informationen stehen im folgenden im Vordergrund des Interesses.

Unter einem **Informationsgut** verstehen wir eine nach Inhalt – in Qualität und konkreter Darstellung – wohldefinierte Menge an Informationen (*Pethig* 1988), wobei die Verwendung des Wortes Gut, dem üblichen ökonomischen Sprachgebrauch folgend, bedeuten soll, daß es Wirtschaftssubjekte gibt, die diese Information für „nützlich" halten, die also dafür eine positive Zahlungsbereitschaft haben[1].

Um das Konzept des Informationsgutes an einem konkreten Beispiel zu veranschaulichen, betrachten wir einmal die Bibel. Der Mönch im Skriptorium übertrug sie von einer Vorlage, in Schriftzeichen kodiert, auf Kalbslederseiten, also auf ein Substrat oder einen **Informationsträger**, der es ermöglichte, dieses Informationsgut zu speichern und zu verbreiten. Er hatte die Bibel nicht verändert oder gar eine neue geschaffen, auch wenn das im Umgangssprachgebrauch etwas unpräzise so formuliert werden sollte, sondern er hatte die als

---

[1] Der Begriff des Gutes, der auch Dienstleistungen umfaßt, impliziert nicht, daß es einen Markt zur Versorgung der Gesellschaft mit diesem Gut geben muß. Daß Informationen nicht typische ökonomische Güter sind, zeigt sich unter anderem in der ungewöhnlichen (hier nicht weiter problematisierten) Eigenschaft, daß jemand, der dieses Gut nachfragt, dessen „Beschaffenheit" noch nicht genau kennt. Kennt er sie dagegen, braucht er das Gut unter Umständen nicht mehr nachzufragen.

Vorlage benutzte Handschrift dupliziert, reproduziert oder – wie wir einfach sagen wollen – kopiert. Dabei ist nicht etwa die Bibel dupliziert worden, sondern nur eine ihrer Kopien. Die **Kopie** eines Informationsgutes ist also ein Informationsträger, der den vollständigen Inhalt – und nicht lediglich den Sinngehalt – des Informationsgutes in kodierter und dekodierbarer Form enthält und speichert[2].

Die Verbindung des Informationsgutes mit dem Informationsträger hat insofern etwas mit der Abfüllung eines nach Lage und Jahrgang wohlbestimmten Weins in Flaschen gemeinsam, als beides eine wesentliche Voraussetzung für den Verkauf bzw. für die Verbreitung ist. Der entscheidende Unterschied ist jedoch, daß sich **dasselbe** (nicht: das gleiche) Informationsgut in eine beliebig große Zahl verschiedener „Flaschen" (= Informationsträger) „abfüllen" läßt, während besagter Wein nur in eine begrenzte Zahl von Flaschen aufgeteilt werden kann, wobei in jeder Flasche zwar der gleiche, aber nie – in physischen Einheiten – derselbe Wein zu finden ist[3].

Die **Nutzung** eines Informationsgutes erfolgt im allgemeinen durch Dekodierung einer Kopie, und zwar entweder (i) indem der Nutzer selbst eine in seinem Besitz befindliche Kopie dekodiert, z.B. durch das Lesen eines Buches, einer E-mail-Mitteilung oder durch das Abspielen einer Schallplatte, oder (ii) indem er an der Dekodierung einer nicht in seinem Besitz befindlichen Kopie durch einen Dritten partizipiert, z.B. als Rezipient von Radio- und Fernsehsendungen oder Konzerten.

Die genannten Beispiele haben gezeigt, daß Informationsgüter Werke nach § 2 Abs. 2 UrhG sein können, die gekennzeichnet sind als persönliche geistige Schöpfung, an die erhebliche Anforderungen gestellt werden: persönliches Schaffen, ein geistiger Gehalt, eine wahrnehmbare Formgestaltung und ein schöpferischer Eigentümlichkeitsgrad. Andererseits geht unser Informationsgüterkonzept über das urheberrechtliche Werkskonzept hinaus: Informationsgüter können auch solche Immaterialgüter sein, für die entweder gar keine **Verwertungsrechte** bestehen oder für die Verwertungsrechte aus

---

2 Juristisch entspricht diesem Begriff der Kopie das Original oder ein Vervielfältigungsstück des Werkes (ein Werkstück), allerdings nur sofern das Informationsgut ein Werk darstellt.
3 Diese phantasievolle Überlegung soll auf nicht-technische Weise erläutern, daß Informationsgüter zu den sogenannten „öffentlichen Gütern" gehören. Vgl. zu diesem Konzept *Blümel/Pethig/von dem Hagen* (1986).

dem Patentrecht, dem Markenrecht oder aus Leistungsschutzrechten in Frage kommen.

Betrachten wir zur Erläuterung der ökonomischen Sicht der Verwertungsrechte ein Werk im urheberrechtlichen Sinne. Es trifft zwar zu, daß sich der Urheberrechtsschutz nicht auf den Inhalt des betrachteten Informationsgutes bezieht, sondern auf die Form der Darlegung, aber wichtiger als die praktische Relevanz dieser Unterscheidung(smöglichkeit) zwischen Form und Inhalt ist für einen Ökonomen die Frage, wie ein Urheber diesen Schutz der Darlegungsform „zu Geld machen" kann. Der Schutz der Form ist ein Recht der Verbreitung des Werkes durch Kopien bzw. ein Verbot der Anfertigung von Kopien (ob zum eigenen Gebrauch oder zur gewerblichen Verbreitung) durch Dritte ohne Autorisierung durch den Urheber. Der Urheber kann selbst Kopien seines Werkes verkaufen – oder anderen dieses Recht gegen Entgelt gewähren. Wenn die Nutzung des Informationsgutes ausschließlich durch Dekodierung einer Kopie im Besitz des Nutzers erfolgt und wenn ein potentieller Nutzer nicht anders in den Besitz einer Kopie gelangen kann als durch käuflichen Erwerb, ist der Kaufpreis einer Kopie gleichbedeutend mit dem Preis für die Nutzung des Informationgutes – ungeachtet der Tatsache, daß das Urheberrecht lediglich die Darstellungsform schützt. In dem Maße, wie ein Informationsgut (vollständig oder in Teilen) auch **anders** als durch Dekodierung einer erworbenen Kopie genutzt werden kann, erlauben es die urheberrechtlichen Verwertungsrechte dem Urheber nicht, die Zahlungsbereitschaft der Nutzer maximal in Erlöse zu transformieren. Das Verwertungsrecht des Urhebers ist in diesem (realistischen) Fall nicht umfassend[4].

Auf ähnliche Weise lassen sich andere Immaterialgüterrechte und Leistungsschutzrechte für Informationsgüter in Verwertungsrechte „übersetzen". Obwohl Juristen betonen, daß man aus rechtsdogmatischen Gründen diese verschiedenen Rechtsmaterien strikt auseinanderhalten müsse, ist dem aus ökonomischer Sicht entgegenzuhalten, daß eine solche Segmentierung und die unterschiedliche Behandlung ökonomisch ähnlicher Sachverhalte den Blick auf die gemeinsamen allokationspolitischen Grundprobleme verstellen, die darin bestehen, wie eine Gesellschaft „bestmöglich" mit Informa-

---

4 Arrow (1970) weist darauf hin, daß unvollständige Rechte des Ausschlusses zahlungsunwilliger Nutzer für Informationsgüter typisch seien und daß dies ein zusätzlicher Grund für die Ineffizienz der Marktallokation sei.

tionsgütern versorgt werden kann, wie erreicht werden kann, daß der Fluß innovativer (neuer) Informationsgüter nicht behindert wird, und welche Rolle dabei Märkte spielen können und sollen. Im folgenden sollen diese Grundfragen der Allokation von Informationsgütern[5] in mehreren Schritten untersucht werden. Wir gehen zunächst davon aus, daß ein Informationsgut bereits existiert, wie z.B. die Bibel oder ein Textverarbeitungsprogramm, und analysieren die Bedeutung von Verwertungsrechten für die Verbreitung dieses Informationsgutes über Märkte. In Abschnitt 3 wird die Rolle von Verwertungsrechten für die Herstellung neuer Informationsgüter untersucht, wobei zu berücksichtigen ist, daß die unternehmerische Entscheidung für ein neues Informationsgut die Überlegung einbeziehen muß, welche Erlöse sich bei der späteren Verbreitung dieses Gutes erzielen lassen. Abschnitt 4 fokussiert schließlich die Grenzen von Märkten zur Versorgung der Gesellschaft mit Informationsgütern.

2. Verbreitung eines vorhandenen Informationsgutes

2.1 Zuordnung exklusiver Verwertungsrechte

Wir unterstellen in diesem Abschnitt, daß ein Informationsgut existiert, dessen Menge auf eins normiert wird und für das die potentiellen Nutzer (Nachfrager) eine positive Zahlungsbereitschaft haben[6]. Die Nutzung erfolgt ausschließlich durch Dekodierung einer erworbenen Kopie, und jeder Nachfrager entscheidet sich zwischen den beiden Optionen, das Informationsgut gar nicht zu nutzen oder es durch Erwerb **genau einer Kopie** des Informationsguts zu nutzen. Sei p_i die maximale Zahlungsbereitschaft des Nachfragers i für dieses Informationsgut. Würde es zum Preise p zum Kauf angeboten, so würde die Person i es zum Preis $p \leq p_i$ kaufen und zum Preis $p > p_i$ nicht kaufen. Ordnet man die Nachfrager nach der Höhe ihrer

---

5 Aus Platzgründen ist es hier nicht möglich, die umfangreiche ökonomische Literatur dazu angemessen zu berücksichtigen. Wir verweisen lediglich auf *Pethig* (1983, 1984, 1988) und die dort angegebene Literatur und beschränken uns hier auf eine auch ohne ökonomische Spezialkenntnisse verständliche Darstellung.

6 Daß es auch Situationen geben kann, in denen zusätzliche Informationen einen negativen Wert haben, zeigt *Kessler* (1995).

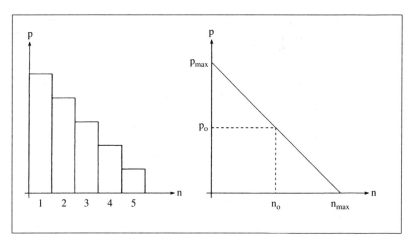

Abbildung 1: Die Verbreitungskurve eines vorhandenen Informationsgutes

maximalen Zahlungsbereitschaft, so ergibt sich in stilisierter Form eine **Verbreitungskurve**[7] wie in Abbildung 1a dargestellt, die wir zur Vereinfachung durch reellzahlige Approximation als Gerade zeichnen (Abbildung 1b).

Bei gegebenem Preis p_o ist n_o die Zahl der Nutzer des Informationsgutes in Abb. 1b, wobei der n_o-te Nachfrager der „Grenzkäufer" ist, der zwischen Kauf und Nicht-Kauf indifferent ist. Um zu ermitteln, welche Preis-Mengen-Lösung der Markt realisiert, führen wir aus Gründen einer möglichst einfachen Darstellung eine Reihe von sehr restriktiven Annahmen ein: (i) die variablen Kosten je Kopie (c_v) sind konstant; (ii) ein einziger Anbieter hat die exklusiven und kostenlos durchsetzbaren Rechte der Verwertung des Informationsgutes; und (iii) zu dem betrachteten Informationsgut gibt es keine engen Substitute. In diesem Fall wählt ein gewinnmaximierender Anbieter als Monopolist denjenigen Preis, bei dem der Deckungsbeitrag für die Fixkosten (c_f) maximal ist, vorausgesetzt, daß der Gewinn nichtnegativ ist. Bei linearer Nachfragekurve

---

7 Diese Verbreitungskurve ist eine Nachfragekurve mit der Besonderheit, daß jeder Nachfrager nur genau eine Einheit des Gutes nachfragt. Auf der Abszisse wird daher die Zahl der Nutzer abgetragen, und diese ist gleich der Zahl der Kopien, gibt also die Verbreitung des Informationsgutes an.

(1) $\quad p = a - \dfrac{b}{a} n \quad (a > 0, b > 0)$

ergibt sich unter den Voraussetzungen $a > c_v$ sowie $n_m^o(p_m^o - c_v) > c_f$ die Monopollösung (n_m^o, p_m^o) als

(2) $\quad n_m^o = \dfrac{b(a-c_v)}{2a}$ und $p_m^o = \dfrac{a+c_v}{2},$

während die im Sinne der Maximierung der Konsumentenrente[8] optimale Allokation (n_w^o, p_w^o) gegeben ist durch

(3) $\quad n_w^o = \dfrac{b(a-c_v)}{a}$ und $p_w^o = c_v$.

Diese Standard-Lehrbuch-Lösung wird in Abbildung 2 illustriert. Sie impliziert, daß das Informationsgut *nur halb so weit verbreitet wird wie „wünschenswert"* $(n_w^o = 2n_m^o)$ *und zu einem überhöhten Preis verkauft wird* $(p_m^o > p_w^o$, da $a > c_v)$. Der Monopolgewinn $n_m^o(p_m^o - c_v)$ − c_f entspricht dem schraffierten Rechteck $Ep_m^o BD$. Der **Wohlfahrtsverlust** der monopolistischen Marktversorgung wird in Abbildung 2 durch das sogenannte Harberger-Dreieck ABC illustriert[9].

Die Annahme der Abwesenheit substitutiver Informationsgüter, die zum klassischen Monopolangebot führt, ist unrealistisch. Es läßt sich zeigen, das sich die „Versorgungsdefizite" des Marktes in dem Maße verringern, in dem Substitutionskonkurrenz stattfindet. Aber solange die betrachteten Informationsgüter heterogen und in ihrer Zahl beschränkt sind, ist die Marktversorgung tendenziell suboptimal.

2.2 Abwesenheit exklusiver Verwertungsrechte

Die Analyse dieser Situation ist sehr komplex, weil das Marktergebnis von **Nutzerpräferenzen für unterschiedliche Arten von Kopien** wie auch von den Kostenunterschieden alternativer Kopierverfahren

---

8 Intuitiv gesprochen ist n_w^o diejenige Verbreitung des Informationsgutes, die den Nettowert des Informationsgutes für die Gesellschaft maximiert.
9 Die Suboptimalität der hier dargestellten Monopollösung würde vermieden, wenn der Monopolist durch vollständige Preisdifferenzierung die gesamte Konsumentenrente abschöpfen könnte (*Demsetz* 1970). Dazu fehlen dem Anbieter aber die Informationen über individuelle Zahlungsbereitschaften der (potentiellen) Nutzer.

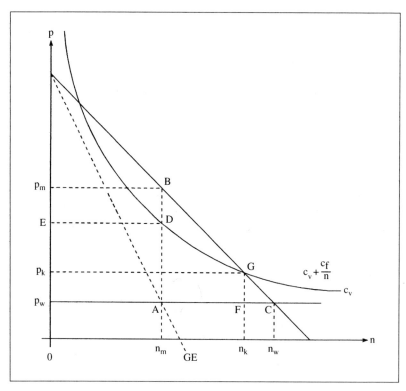

Abbildung 2: Monopolistisches Angebot eines Informationsgutes

beeinflußt wird (Pethig 1988). Die Kopien verschiedener Hersteller können in den Augen der Nutzer homogen oder heterogen sein. Die leinengebundene Ausgabe eines Buches unterscheidet sich z.B. deutlich vom Paperback und wird diesem in der Regel vorgezogen. Die Wertschätzung einer nach einem bestimmten Verfahren erstellten Kopie kann die des Informationsgutes weit übersteigen, wie im Falle mittelalterlicher Bibelhandschriften. Die Qualität der Musik einer CD ist im allgemeinen höher als die eines Kassettenrecorder-Mitschnitts. Anders ist das bei elektronischen Informationsgütern, denn die Softcopy ist von der Mastercopy nicht zu unterscheiden (und überdies haben Nutzer im allgemeinen keine Präferenzen in bezug auf den Informationsträger (Diskette)). Die Kosten verschiedener Kopierverfahren können sich voneinander unterscheiden, und

Verbreitung eines vorhandenen Informationsgutes

zwar sowohl in den fixen als auch in den variablen Kosten. Der Übergang von Bibelhandschriften zum Buchdruck mit beweglichen Lettern (Gutenberg) ging einher mit einer drastischen Verringerung der variablen und einer Erhöhung der fixen Kosten. Die Herstellung der Softcopy einer Datei hat recht geringe, manchmal sogar vernachlässigbare variable und fixe Kosten.

Je nach Präferenzunterschieden für Kopien, die durch verschiedene Verfahren hergestellt worden sind, und je nach den Kosten dieser Kopierverfahren können sich sehr **unterschiedliche Marktstrukturen** ergeben. Es ist möglich, daß ein natürliches Monopol entsteht oder oligopolistischer Wettbewerb oder polypolistischer Wettbewerb mit der Besonderheit, daß jeder Nachfrager sein eigener Anbieter ist („Selbstversorger"). Die Produktion und Verbreitung von Kopien erfolgt typischerweise dann marktmäßig durch gewerbliche Anbieter, wenn Produktion und/oder Distribution großes Spezialwissen involvieren oder sehr kapitalintensiv, also mit großen Fixkosten verbunden sind. Moderne Kopierverfahren erfordern allerdings häufig wenig Spezialwissen der potentiellen Nutzer und verursachen geringe Kosten, so daß sich auf einfache Weise Kopien für den Eigenbedarf anfertigen lassen. Wenn jeder Nachfrager der Kopie eines Informationsgutes ohne großen Aufwand sein eigener Anbieter sein kann, entsteht ein dezentralisiertes System der Selbstversorgung, und zwar zusätzlich zu einem (allerdings schrumpfenden) Bücher- bzw. Zeitschriftenmarkt, wie die Entwicklung des Fotokopierens gezeigt hat.

Für den Fall, daß das zur Herstellung von Kopien erforderliche technische Wissen allgemein zugänglich ist, hat die Marktallokation trotz aller Differenzierungen ein wichtiges gemeinsames Merkmal: Der Preis einer Kopie nähert sich tendenziell den durchschnittlichen Kopieherstellungskosten (plus Vertriebskosten). Denn ein deutlich darüber liegender Preis würde neue Anbieter anlocken, denen wegen des Fehlens exklusiver Verwertungsrechte der Markteintritt nicht verwehrt werden kann.

Diese Folgerung ist zu modifizieren, wenn die Kopiertechnologien – aus welchem Grund auch immer – nicht allgemein verfügbar sind. Um diese Situation auf einfache Weise zu untersuchen, bezeichnen wir wieder mit c_f die fixen und mit c_v die variablen Kopierkosten. Ein gewerblicher Anbieter besitze eine exklusive Kopiertechnologie (c_{fm}, c_{vm}), und es gäbe eine weitere Technologie (c_{fs}, c_{vs}), hier als „Selbstversorgertechnologie" bezeichnet, die allen frei zugänglich sei. Ferner sei (p_m^o, n_m^o) die (in Abb. 2 dargestellte) Monopolallokation in Abwesenheit jeglicher Selbstversorgung unter der Annahme, daß $(p_m^o - c_{vm}) \cdot n_m^o > c_{fm}$. In diesem einfachen Modell präferieren offensichtlich alle potentiellen Selbstversorger das Monopol, solange[10] $c_s := c_{vs} + c_{fs} > p_m^o$. Aber selbst wenn $c_s < p_m^o$, wird der Monopolist durch Preissenkung sich im Markt zu behaupten versuchen bis zu der Preisuntergrenze $\tilde{p}_m$, definiert durch $(\tilde{p}_m - c_{vm}) \cdot N(\tilde{p}_m) = c_{fm}$, wobei $N(\tilde{p}_m)$ die Zahl der Käufer beim Preis $\tilde{p}_m$ bezeichnet. Mit anderen Worten: Der Monopolist wählt $p = c_s$, falls $c_s \in [p_m^o, \tilde{p}_m]$, er wählt $p = p_m^o$, falls $c_s > p_m^o$, und er überläßt den Markt den Selbstversorgern, wenn $c_s \leq \tilde{p}_m$.

Diese Überlegungen haben also gezeigt, daß es auch ohne die Zuordnung exklusiver Verwertungsrechte an einen Anbieter zur Marktversorgung mit Preisen **über** den Grenzkosten kommen kann, wenn Kopiertechniken nicht frei zugänglich sind. Gleichzeitig ist aber auch deutlich geworden, daß der Vorteil der exklusiven Technologie (c_{fm}, c_{vm}) schwindet, wenn freie Alternativtechnologien (hier: (c_{fs}, c_{vs})) genügend wettbewerbsfähig werden. Dann wird der Preis ebenso wie im Fall frei zugänglicher Kopiertechnologien auf die durchschnittlichen Kopieherstellungskosten heruntergekonkurriert. Die Allokation ist damit nahe an der wohlfahrtsoptimalen, und zwar um so näher, je geringer die fixen Kopierkosten sind.

3. Ökonomische Begründungen für Verwertungsrechte an Informationsgütern

3.1 Die Relevanz von Verwertungsrechten für die Herstellung neuer Informationsgüter

Bei kurzsichtiger (nachstehend zu korrigierender) Betrachtung könnte man aus der Analyse des Abschnitts 2 die **Empfehlung** ableiten, daß unter Wohlfahrtsgesichtspunkten bereits vorhandene Informationsgüter dem unregulierten Markt überlassen bleiben sollten ohne die Zuordnung exklusiver Verwertungsrechte und ohne Einschränkungen des Zugangs zu „vorhandenen" Kopiertechnologien

---

10 Da ein Selbstversorger definitionsgemäß nur *eine* Kopie zum eigenen Gebrauch herstellt, sind seine relevanten Kosten stets die Summe aus Fixkosten und variablen Stückkosten.

(*Arrow* 1970, 152). Bezogen auf elektronische Informationsgüter wäre also die provozierende Folgerung, jegliche existierende Software zur „open domain" zu erklären. Eine solche Empfehlung ist aber allokationstheoretisch und wohlfahrtsökonomisch nicht begründbar, weil sie auf der Prämisse beruht, die in Abschnitt 2 aus analysetechnischen Gründen der „isolierenden Abstraktion" eingeführt worden war, daß nämlich *die Kosten der Entstehung der als „vorhanden" angenommenen Informationsgüter unberücksichtigt bleiben und damit auch die Anreizwirkungen nicht vorhandener Verwertungsrechte auf die Schaffung **neuer** Informationsgüter.*

Auf der Grundlage der Analyse von Abschnitt 2 zu empfehlen, bei Informationsgütern auf jegliche Verwertungsrechte zu verzichten, ist ein ähnlicher Fehlschluß wie die Idee, sich in Ruhe Gedanken darüber machen zu wollen, wie das Sozialprodukt nach Gerechtigkeitsgesichtspunkten verteilt werden soll, *nachdem es einmal vorhanden ist*, ohne dabei in Betracht zu ziehen, daß die Größe und Struktur des Sozialprodukts entscheidend davon abhängt, **wie** es verteilt wird. Denn eine notwendige Bedingung für die Schaffung neuer Informationsgüter besteht darin, daß der Verkaufserlös des gewerblichen Anbieters eines neuen Informationsgutes nicht nur die Kosten der verkauften Kopien, sondern auch – und eigentlich in erster Linie! – die Herstellungskosten des Informationsgutes deckt. Da Selbstversorger immer (ex definitione) auf eine vorhandene Kopie zurückgreifen, kommen sie als Hersteller neuer Informationsgüter nicht in Frage. Aber sie spielen bei der unternehmerischen Entscheidung über die Herstellung eines neuen Informationsgutes eine zentrale Rolle, da sie, wie wir oben gezeigt haben, ganz entscheidend die Erlös- bzw. Gewinnerwartung des Anbieters eines neuen Informationsgutes beeinflussen können. Die Erfolgschancen für die Markteinführung eines neuen Informationsgutes sind um so größer,

– je günstiger die Kopierkostenstrukturen des (gewerblichen) Anbieters gegenüber denen von Selbstversorgern sind;
– je größer die Präferenz der Nutzer für Kopien des gewerblichen Anbieters gegenüber „Selbstversorger-Kopien" ist (Qualitätsunterschiede);
– je eindeutiger und länger dem Anbieter ein Verwertungsrecht gewährt wird (das ihm u.a. ermöglicht, anderen gewerblichen Anbietern den Marktzutritt zu verwehren) und

– je geringer im Falle der Zuordnung dieses Rechts die Kosten der Rechtswahrnehmung des Anbieters sind[11].

Mit anderen Worten: *Der **erwartete Gewinn** ist der Motor für die Entwicklung und Verbreitung neuer Informationsgüter.* Eine gründliche Analyse der Determinanten der erfolgreichen (Markt-)Einführung eines neuen Informationsgutes (*Pethig* 1984, 1988), die über den Rahmen dieses Beitrags hinausgehen würde, könnte insbesondere zeigen, daß die Produktion neuer Informationsgüter suboptimal niedrig ist, wenn der Anbieter kein Verwertungsrecht hat oder wenn trotz des Vorhandenseins eines Verwertungsrechts die Rechtsdurchsetzungskosten (wegen geringer Kosten der „Selbstversorgung" und mangelndem Unrechtsbewußtsein) hoch sind (vgl. Abschnitt 4.1).

In beiden Fällen reduzieren sich die erwarteten Gewinne des innovativen Unternehmens unter Umständen so sehr, daß es befürchten muß, unter die Gewinnschwelle zu geraten, und deshalb völlig auf sein Vorhaben verzichtet, ein neues Informationsgut einzuführen. Da unternehmerisches Engagement von den erwarteten Renditen abhängt, führt die Reduktion von Gewinnerwartungen zum Schrumpfen der gesamten Branche.

An dieser Stelle drängt sich ein direkter Vergleich mit der Problematik technischer Innovationen und der Möglichkeit der Erlangung eines temporären Verwertungsrechts durch **Patentierung** auf (*Arrow* 1970). Wenn man einen solchen Vergleich anstellt, begegnet man dem juristischen Einwand, daß es sich hierbei um völlig unterschiedliche Rechtsmaterien handle und daß es tiefgründige, historisch gewachsene Argumente für die Unterschiede in den Rechtsgebieten des Urheberrechts und des Patentrechts gebe[12]. Aus ökonomischer Sicht sind die allokationspolitischen Grundprobleme in beiden Bereichen aber sehr ähnlich, denn für technische Informationsgüter (Blaupausen) wird durch Patentanmeldung auch ein Verwertungsrecht etabliert, um unternehmerische Anreize für technische Innovationen zu schaffen. Dieses Recht ist aber zeitlich begrenzt, um auf lange Sicht die Allgemeinheit von den neuen technischen Entwicklungen profitieren zu lassen. Die normative ökonomische

---

11 Vgl. hierzu Abschnitt 4.2 sowie *Pethig* (1988), der auch die Determinanten der Größe des Stroms neuer Informationsgüter untersucht.
12 Bei dem Vergleich der beiden Paradigmen werden hier selbstverständlich nur die Verwertungsrechte, nicht aber die Persönlichkeitsrechte des Urheberrechts berücksichtigt.

Analyse zeigt, daß das Patentrecht in seinem Ansatz durch die Gewährung eines **befristeten** Verwertungsrechts ein gelungener Versuch ist, ein wohlfahrtsökonomisches Dilemma zu überwinden, welches darin besteht, daß einerseits die in einer „zeitlichen Momentaufnahme" vorhandenen Blaupausen zur Vermeidung von Monopolen gemeinfrei sein sollten, daß andererseits ein fehlendes Verwertungsrecht aber in „zeitlicher Längsschnittbetrachtung" die Entstehung neuer Blaupausen entmutigen oder gar verhindern würde.

Dieselbe Funktion sollte aus ökonomischer Sicht das Verwertungsrecht für solche Informationsgüter haben, die Werke im urheberrechtlichen Sinn darstellen. Dies läßt sich aus den naturrechtlichen Begründungen des deutschen Urheberrechts nicht direkt ableiten, wohl aber aus der Begründung des US-amerikanischen Copyright. Denn Artikel 1 der amerikanischen Verfassung gewährt dem Kongreß das Recht, „... to promote the progress of science ... by securing for limited times to authors ... the exclusive right to their ... writings" (zitiert nach *Thatcher* 1978, 314). In dem Parlamentsbericht zum Copyright Act von 1909 heißt es unmißverständlich, *daß dieses Recht des Urhebers kein Selbstzweck sei und primär nicht zum Vorteil des Autors gewährt werde, sondern zum Nutzen der Allgemeinheit (Thatcher* 1978, 314). Das amerikanische Urheberrecht dient nach der Absicht des Gesetzgebers also – in moderner ökonomischer Terminologie ausgedrückt – dazu, die durch fehlende (temporäre) Verwertungsrechte entstehende dynamische Fehlallokation der Ressourcen zu verhindern, und ist dazu, wie oben dargelegt, im Prinzip auch geeignet. Dem naturrechtlich motivierten europäischen Urheberrecht fehlt zwar die allokationspolitische gesetzgeberische Absicht und eine entsprechende „ökonomisierende" Rechtstheorie, aber die allokativen Konsequenzen gehen weitgehend (auch) in die aus ökonomischer Sicht zu befürwortende Richtung[13].

---

13 Ökonomen beobachten mit Verwunderung, wie schwer sich das (Urheber-)Recht tut, veränderten ökonomischen Bedingungen im Informationsgüterbereich Rechnung zu tragen. Man kann die Änderungen des bundesdeutschen Urheberrechtsgesetzes der Jahre 1965 und 1985 als die Kapitulation des Gesetzgebers vor einem offenkundigen und verbreiteten Rechtsmißbrauch sehen oder als die Berücksichtigung einer durch die Entwicklung entstehenden Verkehrsauffassung (*Möller* 1986, S. 15f.). Zur jüngsten Entwicklung der Diskussion zum Schutz von Datenbanken, die keine Werke im urheberrechtlichen Sinne sind, vgl. auch Abschnitt 4.2.

Auch wenn der Tenor unserer vorstehenden Argumentation war, daß die Zuordnung von Verwertungsrechten für die Schaffung neuer Informationsgüter wichtig ist, weil diese ohne positive Gewinnerwartungen innovativer Unternehmer nicht oder nur in zu geringem Umfang entstünden, muß dennoch einschränkend folgendes hinzugefügt werden: *Verwertungsrechte führen nicht nur zur suboptimalen Verbreitung vorhandener Informationsgüter* (Abschnitt 2), *sondern auch dazu, daß der Strom neuer Informationsgüter im Zeitverlauf* **unter** *dem wohlfahrtsmaximalen Niveau bleibt*[14]. Dies läßt sich auf einfache Weise mit Hilfe des Monopolmodells aus Abschnitt 1 erläutern. Wenn c_f in Abb. 2 als die erwarteten Investitionskosten des neu zu schaffenden Informationsgutes (einschließlich der fixen Kopierkosten) interpretiert werden und c_v weiterhin als die variablen Kopierkosten pro Stück, dann ist der erwartete Gewinn gleich dem Rechteck $E p_m^o$ BD. Ein (risikoneutraler) innovativer Unternehmer würde in dieser Situation das neue Informationsgut „auf den Markt bringen". Es gibt aber einen Schwellenwert c_{fm} (in Abbildung 3), der den erwarteten Gewinn null werden läßt, so daß der Monopolist genau dann die Innovation unterläßt, wenn

$$c_f > c_{fm} := \frac{(a - c_v)\, n_w^o}{4}.$$ Um die Obergrenze, c_{fw}, zu ermitteln, bis zu der das neue Informationsgut aus wohlfahrtsökonomischer Sicht entstehen und verbreitet werden sollte, machen wir uns klar, daß (wie in Abschnitt 2) n_w^o die Verbreitung des Gutes sein sollte, **wenn** seine Herstellung gesellschaftlich wünschenswert wäre. Die zugehörige Konsumentenrente ist dann gleich dem Dreieck aBC, so daß die Versorgung mit dem Informationsgut genau dann erfolgen sollte, wenn

$$c_f \leq c_w := \frac{(a - cv)\, n_w^o}{2}.$$

Zusammenfassend läßt sich daher folgendes feststellen: Wenn ein neues Informationsgut mit exklusiven (und kostenlos durchsetzbaren) Verwertungsrechten im Monopol angeboten wird ($c_f \leq c_{fm}$), ist dieses Angebot erwünscht, aber in der Verbreitung suboptimal. Falls $c_f \in [c_{fm}, c_{fw}]$, gibt es kein Angebot im Monopol ($n_m = 0$), obwohl eine Versorgung mit dem Informationsgut wohlfahrtserhöhend wäre. Für den Fall $c_f > c_{fw}$ ist schließlich die Nichtproduktion des neuen Informationsgutes durch das Monopol auch wohlfahrtsökonomisch optimal.

---

14 *Arrow* (1970, 153) schreibt: „In a free enterprise economy, inventive activity is supported by ... [creating, R. P.] property rights: precisely to the extent that it is successful, there is an underutilization of the information."

Ökonomische Begründungen für Verwertungsrechte

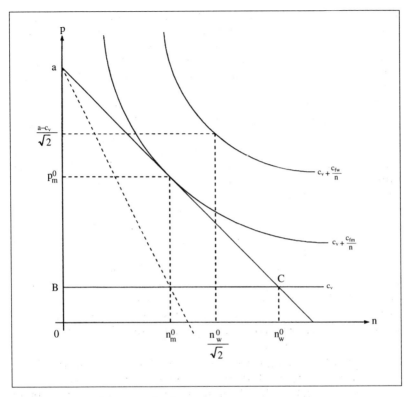

Abbildung 3: Fixkosten und Informationsgüterversorgung

3.2 Verwertungsrechte für neuartige Informationsgüter

Die technische Entwicklung der jüngeren Vergangenheit hat zur Entstehung und Verbreitung von Informationsgütern geführt, deren Charakter als Werk im urheberrechtlichen Sinn umstritten ist bzw. bei denen das für ein Werk konstitutive Merkmal einer persönlichen geistigen Schöpfung allgemein verneint wird. Wir wollen hier lediglich Datenbanken als einen exemplarischen und zugleich interessanten Prototyp solcher Güter betrachten und fokussieren unsere Überlegungen auf den Versuch der Europäischen Kommission, eine einheitliche EU-Regelung der Verwertungsrechte in diesem Bereich durchzusetzen. Die Europäische Kommission hat schon im Jahre 1992 einen ersten Entwurf einer Richtlinie zum Rechtsschutz von

Datenbanken vorgelegt, der zwischenzeitlich modifiziert wurde. In der endgültigen Gesetz gewordenen Fassung (Richtlinie Nr. 96/9 vom 11. März 1996 (ABlEG 1996 L 77,20)) wird mit dezidiert ökonomischer Argumentation hervorgehoben, daß Datenbanken für die künftige Entwicklung des Informationsmarktes (in der EU) von herausragender Bedeutung seien, daß für die Herstellung solcher Datenbanken große Investitonen erforderlich seien, während sie zugleich sehr preiswert kopiert werden könnten, und daß die vorgeschlagene Richtlinie explizit darauf abziele, Anreize zum Angebot von Datenbankdiensten zu geben, weil „Investitionen in moderne Datenspeicher- und Verarbeitungssysteme ... nur dann in dem gebotenen Umfang stattfinden [werden], wenn ein solides, einheitliches System zum Schutz der Rechte der Hersteller von Datenbanken geschaffen wird" (Begründungserwägung Nr. 12). Nach herkömmlicher juristischer Auffassung kann aber Urheberrechtsschutz nur gewährt werden, soweit eine Datenbank die Merkmale eines Werkes erfüllt. In der Diktion des Gesetzgebers muß der Urheber der Datenbank „... mit der Auswahl oder Anordnung des Inhalts der Datenbank eine eigene geistige Schöpfung vollbracht ..." (Begründungserwägung Nr. 15) haben. Bemerkenswert ist hierbei schon einmal, daß Datenbanken die eigene geistige Schöpfungen darstellen, auch unabhängig von einer Beurteilung ihrer Qualität oder ihres ästhetischen Wertes urheberrechtlich schutzfähig sind.

Es gibt allerdings Datenbanken, die auch diese herabgesetzte Hürde für den Urheberrechtsschutz nicht nehmen können, an deren Diensten aber dennoch großes ökonomisches Interesse im Sinne einer großen Zahlungsbereitschaft der potentiellen Nutzer besteht. Deshalb sieht die Richtlinie in Artikel 7 vor, daß Hersteller einer Datenbank, unabhängig davon, ob diese Datenbank urheberschutzfähig ist oder nicht, immer dann ein Recht erhalten, die Entnahme und/oder die Weiterverwendung ... des Inhalts dieser Datenbank zu untersagen, wenn „... für die Beschaffung, die Überprüfung oder die Darstellung ihres Inhalts in quantitativer oder qualitativer Hinsicht eine wesentliche Investition erforderlich ist." Hier wird also ein Verwertungsrecht **sui generis** für die Klasse der Informationsgüter vorgeschlagen, die Datenbanken sind. Ein weiterer interessanter Aspekt dieses Vorschlags ist, daß der Schutz vor unbefugter Datenbanknutzung für 15 Jahre gewährt wird, während der Urheberrechtsschutz bei Datenbanken, die Werke sind, in Deutschland erst 70 Jahre nach dem Tod des Urhebers erlischt.

Vor dem Hintergrund meiner bisherigen Ausführungen ist es vermutlich überflüssig zu betonen, daß dieses neue Recht für intellektuelle Informationsgüter ohne Werkscharakter aus ökonomischer Sicht richtig und meines Erachtens auch dringend notwendig ist. Auch die zeitliche Befristung des Rechtsschutzes, die vom Denkansatz her eher an das Patent- als an das Urheberrecht anzuknüpfen scheint, ist im Ansatz ein zweckmäßiger Vorschlag[15], der zugleich deutlich macht, daß das für praktische Zwecke in vielen Fällen als unbefristet zu interpretierende urheberrechtliche Verwertungsrecht aus ökonomischer Sicht nicht immer sinnvoll erscheint, zumal man zur Erkennung des Unterschieds von Datenbanken, die Werke darstellen, und solchen, die unter das neue EU-Recht fallen, vermutlich stets juristischen Beistand benötigt.

Die jüngere Entwicklung der Verwertungsrechte für neuartige Informationsgüter, die im Zuge der „elektronischen Revolution" entstanden sind, erscheint aus ökonomischer Sicht wie ein **Flickenteppich:** Auf ökonomischen Druck hin werden Urheberrechte auf Computerprogramme ausgedehnt mit einer Auslegung bzw. „Dehnung" des Werksbegriffs, die unter Juristen nicht ungeteilte Zustimmung findet. Darüber hinaus werden neue Verwertungsrechte neben dem Urheberrecht bzw. Patentrecht geschaffen, und zwar als „minderwertige" Rechte oder sogenannte „kleine Münzen". Es ist für einen Ökonomen schwierig, durchgängige, konsistente und rationale juristische Kriterien für die Entwicklung von Verwertungsrechten für Informationsgüter auszumachen.

Wenn man mit einem gewissen kritischen Unterton die unterschiedlichen rechtlichen Regelungen analysiert, die es (national und international) gibt oder die vorgeschlagen wurden, um Informationsgüter marktfähig zu machen, muß man sich fragen lassen, nach welchen **Kriterien** denn **Ökonomen** die Schaffung von Verwertungsrechten für Informationsgüter empfehlen würden. Die erste vorläufige Antwort ist, daß prinzipiell überall dort solche Rechte mit zeitlicher Befristung vorhanden sein sollten, wo die aggregierte Zahlungsbereitschaft der (potentiellen) Nutzer die Kosten der Herstellung und Verbreitung eines Informationsgutes (einschließlich der Rechtswahrnehmungskosten) deutlich überschreitet. Diese Antwort entspricht in etwa dem plakativen Ausspruch: „*What's worth copying is worth protecting*". Es ist zu betonen, daß diese Aussage

---

15 Vgl. aber die differenzierte ökonomische Analyse von *Koboldt* (1995).

auf den (Netto-)Wert für die Nutzer abstellt und nicht auf die Kosten des Herstellers und/oder Vertreibers, wie dies in der juristischen Diskussion bzw. in Gesetzestexten teilweise zum Ausdruck kommt. Nach dem EU-Richtlinienentwurf wird die (hohe) Investitionsleistung des Datenbankbetreibers geschützt, ähnlich wie im erweiterten Leistungsschutz nach § 1 UWG die aufgewendeten Mühen und Kosten für schutzwürdig befunden werden.

In der Sache etabliert solcher „Investitionsschutz" Ausschluß- und somit Verwertungsrechte. Aber die Begründung dafür ist für einen Ökonomen doch recht merkwürdig: Weil Investitionen ohne rechtlich zugeordnete Verwertungsrechte nicht rentabel sein können, werden Verwertungsrechte geschaffen! Diese erstaunliche Einsicht könnte risikofreudige Investoren auf den Gedanken bringen, durch große investive Vorleistungen deren Schutz durch neue Gesetze nachträglich zu erwirken. Ökonomisch ist dagegen der Überschuß der Zahlungsbereitschaften über die Kosten das relevante Kriterium, wobei es nicht so sehr um bereits vorhandene Informationsgüter geht, sondern – wie dieser Beitrag herauszuarbeiten versucht hat – um die Auswirkung von Verwertungsrechten auf die dynamische Effizienz der Informationsgüterversorgung.

Die praktischen Schwierigkeiten einer relativ umfassenden Forderung nach Verwertungsrechten für ökonomisch relevante Informationsgüter sollen aber nicht unterschlagen werden. Sie bestehen darin, daß die Zahlungsbereitschaften schwer zu ermitteln sind bzw. daß sich diese unter Umständen erst allmählich entwickeln (was aber bei Nichtexistenz des Informationsgutes überhaupt nicht möglich wäre). Daß die Untergrenze für die Schaffung von Verwertungsrechten für „intellektuelle" Informationsgüter nicht bei Werken bleiben kann, macht die EU-Diskussion des Schutzes von Datenbanken deutlich. Aber wo ist die neue Trennlinie[16]? Ideen müssen frei bleiben; aber dem steht die Aussage gegenüber, daß Informationsgüter von ökonomischer Bedeutung in der Regel handels- oder marktfähig sein sollten, damit ihre gesellschaftlich wünschenswerte Produktion und Verbreitung gesichert ist. Dabei sind temporäre Monopolsituationen und -gewinne in Kauf zu nehmen. Die Marktfähig-

---

16 Wie unsicher das Terrain ist, auf dem man sich bewegt, sieht man z.B. daran, daß Telefonbücher ungeschützt sind, während in Großbritannien – nicht aber in den USA – Urheberrechtsschutz gewährt wird, wenn auf CD gescannte Telefonbücher verkauft werden (The Economist, 14.-20. Januar 1995, 83).

keit setzt geeignete, wirtschaftlich durchsetzbare Verwertungsrechte voraus. Die technologischen Entwicklungen der letzten Jahre haben neue Informationsgüter hervorgebracht; sie haben in wichtigen Bereichen die Kosten der Herstellung und Verbreitung verringert (und teilweise revolutioniert), und sie haben auch die Nutzungskosten reduziert. Im Ergebnis sind Informationsgüter ökonomisch relevant geworden, die vorher wenig Bedeutung hatten bzw. die es gar nicht gab. Die Konzeption von Verwertungsrechten muß entsprechend flexibel, aber wohl auch pragmatisch diesen Entwicklungen Rechnung tragen.

4. Begründungen für staatliche Eingriffe in Märkte für Informationsgüter

4.1 Unterversorgungsargumente und Eingriffsbedarf

Wir haben in den Abschnitten 2 und 3 herausgearbeitet, daß die Marktfähigkeit von Informationsgütern der Zuordnung geeigneter Verwertungsrechte durch die Rechtsordnung bedarf. Die Relevanz solcher Verwertungsrechte wird erst deutlich, wenn man den Prozeß der Entstehung **neuer** Innovationsgüter betrachtet und den Motor dieses Prozesses, die Anreizwirkungen von Gewinnerwartungen. Auf der anderen Seite ist gezeigt worden, daß mit der Schaffung von Gewinnerwartungen durch Verwertungsrechte untrennbar eine Unterversorgung mit Informationsgütern einhergeht, wenn man als normative Meßlatte für optimale Versorgung das theoretische Konzept der Maximierung der Wohlfahrt verwendet, wie das in der Ökonomie üblich ist.

Aus dieser Diagnose unmittelbar die Folgerung zu ziehen, daß diese Allokationsmängel durch staatliche Eingriffe behoben werden müßten, könnte eine voreilige Entscheidung sein[17], wie diejenige eines römischen Kaisers, von dem gesagt wird, er habe bei einem Wettstreit zwischen zwei Sängern dem zweiten Sänger den ersten Preis zuerkannt, nachdem er den ersten Sänger und nur diesen singen gehört hatte. Voreilig ist diese Entscheidung, weil es ja immerhin

---

[17] Das wurde zu Recht von *Demsetz* (1969) geltend gemacht, der eine solche Argumentation einen „Nirwana-Ansatz" nannte.

möglich sein könnte, daß die Gesangskünste des zweiten Sängers noch schlechter als die des ersten sind! In ökonomischer Terminologie lautet die Moral dieser Anekdote, daß eine komparative Analyse alternativer Allokationsverfahren für Informationsgüter notwendig ist, von denen vermutlich alle in Frage kommenden Verfahren nicht erstbest sind in bezug auf die o. a. ideale Meßlatte.

Im Rahmen dieses Beitrags ist es nicht möglich, verschiedene Optionen zur Korrektur der Unterversorgung zu untersuchen. Wir wollen aber am Beispiel der Kostendeckungsregulierung demonstrieren, wie sorgfältig man dabei Vor- und Nachteile abwägen muß. Zu diesem Zweck beziehen wir uns der Einfachheit halber wieder auf den gewinnmaximierenden Monopolisten der Abschnitte 2 und 3 und unterstellen jetzt zusätzlich, eine Regulierungsbehörde habe dem Monopolisten die Auflage der Kostendeckung (mit angemessener Eigenkapitalverzinsung) gemacht, die dieser effektiv erfülle. Dann wäre (p_k, n_k) in Abbildung 2 die Lösung des regulierten Marktes, die gegenüber der Monopollösung zwei Vorteile aufweist: Es entsteht kein Monopolgewinn, der aus verteilungspolitischen Gründen möglicherweise für unakzeptabel gehalten werden könnte, und die Verbreitung des Informationsgutes ist gegenüber dem Fall des gewinnmaximierenden Monopolisten größer geworden (obwohl sie den wohlfahrtsmaximalen Wert, n_w^o, auch nicht erreicht). Der „Vorteil des Nullgewinns" ist aber in dynamischer Sicht zugleich ein gravierender und, wie uns scheint, der entscheidende Nachteil: Mit der Verhinderung eines (temporären) Monopolgewinns wird auch ein wesentlicher Anreiz zur Schaffung **neuer** Informationsgüter geschwächt oder ganz beseitigt. Wenn das Patentrecht nur eine Verwertung zuließe, durch welche höchstens die Entwicklungskosten der patentierten Innovation erlöst werden dürften – ohne die (unsichere) Aussicht auf einen Gewinn, wohl aber mit der Pflicht etwaige Verluste zu tragen –, dann gäbe es vermutlich weniger Patentanmeldungen!

Obwohl es mit Hilfe der vorstehend beschriebenen Kostendeckungsregulierung gelingt, die monopolistische Unterversorgung bei **vorhandenen** Informationsgütern zu verringern, würden die meisten Ökonomen vermutlich die dynamische Anreizwirkung zur Schaffung neuer Informationsgüter durch die Einräumung von Gewinnerzielungsmöglichkeiten durch Monopolpositionen für wichtiger einschätzen als statische Effizienzsteigerungen durch eine Kostendeckungsregulierung, zumal die Wohlfahrtsverluste durch die Abwei-

chung der Monopollösung von der optimalen Lösung nicht sehr gravierend zu sein scheinen, wie empirische Untersuchungen des „Harberger Dreiecks" nahelegen.
Unsere Folgerung aus dem Beispiel der Kostendeckungsregulierung ist, daß man mit der „wohlfahrtsökonomischen Marktkritik" nicht die Vorstellung verbinden darf, daß es generell alternative Allokationsverfahren gäbe, die dem Markt überlegen wären. Manche Ökonomen betrachten die Alternative zur Marktallokation von Informationsgütern aus verschiedenen Gründen (Bürokratie, Politikversagen, X-Ineffizienz) als so unattraktiv, daß sie die Versorgung der Gesellschaft mit Informationsgütern durch Märkte generell für effizienter halten als die Versorgung durch andere Verfahren. Diese Sicht ist unseres Erachtens aber ebenfalls einseitig, da es einige noch zu konkretisierende Gründe gibt, einer umfassenden marktmäßigen Versorgung der Gesellschaft mit Informationsgütern nicht ganz blind zu vertrauen. Wir greifen im folgenden zunächst den bisher ausgeklammerten Fall auf, daß die Durchsetzung der Verwertungsrechte hohe Kosten verursacht, und versuchen danach das Argument der sogenannten meritorischen Eingriffe in Informationsgütermärkte zu konkretisieren.

4.2 Verwertungsrechte und Rechtswahrnehmungskosten

Die Zuordnung eines Verwertungsrechts an einen Anbieter ist **nicht** gleichbedeutend damit, daß es keine rechtswidrige Verwertung durch Dritte gibt, aber es gibt dem Rechtsinhaber auf jeden Fall die Möglichkeit, Maßnahmen zur Durchsetzung seines Rechts zu ergreifen. Dabei ist die Annahme des Abschnitts 2.1, daß die Rechtswahrnehmung kostenlos möglich sei, allerdings unrealistisch. Wie groß die gewinnmindernden Rechtswahrnehmungskosten sind, hängt wiederum wesentlich von dem technischen Wissen, vom Unrechtsbewußtsein der Nutzer und von den Kosten ab, die für die Anfertigung von Kopien aufgebracht werden müssen. Ist der Rechtsmißbrauch relativ leicht zu lokalisieren, wie in heutiger Zeit im Falle des gewerblichen Raubdrucks von Büchern, so läßt sich das Verwertungsrecht effektiv und mit vertretbarem Aufwand durchsetzen[18].

---

18 Zu den Rechten und dem Rechtsmißbrauch im (historischen) Literaturmarkt vgl. die anregende ökonomische Analyse von *Tietzel* (1995).

Anders war die Entwicklung vor einigen Jahrzehnten im **Bereich des Fotokopierens**. Dort waren „Wirtschaft und Wissenschaft ... in zunehmendem Maße mit dem Fortschreiten der Vervielfältigungstechnik dazu übergegangen, ... Vervielfältigungsstücke von Schriftwerken ... ohne Zustimmung des Berechtigten herzustellen" (*Möller* 1986, 17; dort zitiert aus der Begründung des Regierungsentwurfs zur Urheberrechtsreform 1965). Diese Entwicklung machte es aus Kostengründen einem Urheber unmöglich, sein Recht individuell wahrzunehmen, also jeden Rechtsmißbrauch in der Nutzung seiner Werke selbst aufzuspüren und auf dem Rechtswege zu verfolgen.

Aus ökonomischer Sicht lag vor der Urheberrechtsnovelle von 1985 eine Situation vor, in der für die private Nutzung reprografischer Werke zwei Arten von Kopien bzw. Informationskanälen (*Pethig* 1988) zur Auswahl standen: gedruckte Bücher oder (selbst angefertigte) Fotokopien. Der Anreiz der Nutzer zur rechtswidrigen Herstellung von Fotokopien urheberrechtlich geschützter Werke stieg in dem Maße, wie die Fotokopierkosten sanken (und damit rechtstreues Verhalten verteuerten) und wie die Wahrscheinlichkeit des Aufdeckens rechtswidrigen Handelns durch die zunehmende Verbreitung des Mißbrauchs und steigende Rechtswahrnehmungskosten sank. Mit zunehmender Nutzung reprografierbarer Informationsgüter durch Fotokopien ging die Verbreitung gedruckter Kopien – und damit vermutlich Umsatz und Gewinn der Verleger – zurück. Sind die Rechtswahrnehmungskosten genügend hoch und ist das Unrechtsbewußtsein beim unbefugten Fotokopieren urheberrechtlich geschützten Materials genügend schwach ausgeprägt, so gibt es ein Verwertungsrecht des Urhebers **faktisch** nur noch für die Verbreitung von Buchkopien, nicht aber für den Informationskanal des Fotokopierens[19].

Zusammenfassend stellen wir fest, daß im Falle exklusiver Verwertungsrechte die marktmäßige Verwertung bereits existierender Informationsgüter nur dann möglich ist, wenn die Rechtswahrnehmungskosten nicht zu hoch sind. Andernfalls ist das umfassende Verwertungsrecht faktisch aufgehoben, *wobei sich im Extrem ein „Marktergebnis" einstellen kann wie im Falle der Abwesenheit jeglicher Verwertungsrechte.*

---

19 Ähnliche, wenn auch vielleicht weniger ausgeprägte Entwicklungen lassen sich in der jüngeren Vergangenheit nachzeichnen bei Informationsgütern im Musikbereich und bei der Software (Computerprogramme). Es würde aber die Konzeption dieses Beitrags überfordern, darauf näher einzugehen.

Begründungen für staatliche Eingriffe

Wenn die Wahrnehmung von Verwertungsrechten individueller Urheber – wie im Falle der Herstellung von Fotokopien für den privaten Gebrauch – prohibitiv teuer ist, eignet sich der Markt nicht als Allokationsverfahren für Informationsgüter. Er muß in solchen Fällen durch staatliche regulatorische oder institutionelle Arrangements ersetzt werden. Dafür ist die Regelung des Fotokopierens für den privaten Gebrauch ein sehr illustratives Beispiel: In der Urheberrechtsnovelle von 1985 hat der Gesetzgeber „aus praktischen Erwägungen" das individuelle Verwertungsrecht durch eine **gesetzliche Nutzungslizenz** ersetzt. Durch diese urheberrechtliche Regelung ist neben die faktische auch noch die rechtliche Unmöglichkeit des Preisausschlusses getreten, denn wegen der gesetzlichen Lizenz handeln Selbstversorger nicht mehr rechtswidrig; sie können durch Verweigerung der Zahlung einer angemessenen Vergütung auch nicht in ein gesetzliches Schuldverhältnis zum Urheber (bzw. Verleger) geraten, weil dieser keinen Vergütungsanspruch gegen sie hat. Aber gleichzeitig wurden die Urheber für die Aufgabe ihres exklusiven Verwertungsrechts durch einen Anspruch auf eine angemessene Vergütung „entschädigt", und diese Kompensation wird finanziert, wie bekannt, durch Geräteabgaben, die von Herstellern der Reprografiegeräte sowie von Betreibern der Reprografiegeräte im Bildungsbereich oder in der Öffentlichkeit zu zahlen sind.

Die Urheberrechtsnovelle von 1985 ist (für einen bestimmten Verwertungsbereich) eine **Absage an die marktmäßige Versorgung** mit Informationsgütern, die reprografiefähige Werke im urheberrechtlichen Sinne darstellen. Ökonomisch betrachtet wirkt diese „Marktersatzlösung" in die richtige Richtung, denn die neu geschaffenen Urheberrechtsabgaben kommen in der Sache einer Steuer-Subventions-Regulierung gleich, die tendenziell geeignet ist, die durch die technischen Neuerungen entstandenen Allokationsproblcmc zu verringern: In dem Maße, wie es den Geräteherstellern und Betreibern gelingt, die von ihnen zu zahlenden Reprografieabgaben auf die Fotokopierer (Selbstversorger) zu überwälzen – was im Regelfall mindestens teilweise möglich ist –, erhöhen sich die Fotokopierkosten der Selbstversorger, so daß diese Abgaben wie „technischer Rückschritt" in der Fotokopiertechnik bei Unmöglichkeit des Preisausschlusses von Selbstversorgern wirken (*Pethig* 1988). Im Ergebnis werden also Selbstversorger zu geringen Preisen in Form überwälzter Reprografieabgaben zugelassen, so daß diese Abgabenlösung auch eine positive Lenkungsfunktion erfüllt, indem sie Anreize zur Produktion neuer Informationsgüter schafft.

Diese sehr grobe, qualitative Aussage ist nur dahingehend zu verstehen, daß die implizite Preissetzung durch die Abgabenlösung ein Signal ist, das allokativ in die richtige Richtung geht. Die Pauschalierungen, die als Basis für die Festsetzung der Höhe der Abgabensätze verwendet werden, lassen keine Feinsteuerung zu – denn z. B. werden auch Fotokopien urheberrechtlich nicht geschützten Materials „besteuert" –, und auch über das Verhältnis von Zahlungsbereitschaften und Abgabenhöhe liegen meines Wissens gar keine empirischen Informationen vor.

Das Fotokopieren zum eigenen Gebrauch ist nur ein Bereich, in dem steigende Rechtsdurchsetzungskosten die Grenzen des Marktes als Allokationsverfahren für Informationsgüter aufgezeigt haben. Generell tritt diese Problematik auf, wenn man gedanklich die Anforderungen senkt, die man an Informationsgüter stellt, damit sie Urheberrechtsschutz, Patentrechtsschutz oder sonstige (gewerbliche) Schutzrechte in Anspruch nehmen können. Je mehr diese Kriterien gelockert werden, desto schwieriger wird es herauszufinden, ob jemand anderes bereits Verwertungsrechte für ein von mir neu geschaffenes Informationsgut hat bzw. ob jemand gegen meine Verwertungsrechte verstößt. In ökonomischer Perspektive bedeutet dies, daß die Vergabe von Verwertungsrechten an Informationsgüter mit ständig abnehmender „Originalität" zu einem scharfen Anstieg der Transaktionskosten führt, durch welche die wirtschaftliche und gesellschaftliche Kommunikation behindert oder gar blockiert würde. Der Verzicht auf die Zuordnung von Verwertungsrechten für „wenig originelle" Informationsgüter kann also auch die Lösung des Problems sehr hoher Rechtswahrnehmungskosten sein. Die damit verbundenen Allokationsverzerrungen sind allerdings um so höher, je relevanter die Gewinnerwartungen innovativer Unternehmer als Anreiz für die Schaffung neuer Informationsgüter dieser Art sind.

4.3 Meritorische Eingriffe in Informationsgütermärkte

Zugunsten staatlicher Eingriffe in die Marktallokation wird in der Finanzwissenschaft seit *Musgrave* (1959) das Argument vorgebracht, bestimmte (Informations-)Güter seien für die Gesellschaft so bedeutsam, gleichsam verdienstvoll oder **meritorisch**, daß der Staat dafür Sorge tragen müsse, daß diese Güter über das Maß hinaus den Bürgern zur Verfügung stehen, das realisiert würde, wenn man die Allokation allein dem Markt überlassen würde.

Aufgrund ihres wissenschaftstheoretischen Ansatzes des methodologischen Individualismus haben die meisten Ökonomen große Schwierigkeiten mit einem solchen recht unspezifischen Plädoyer für staatliche, sogenannte **meritorische Eingriffe** in Informationsgütermärkte, weil sie eine Beeinträchtigung des grundlegenden Konzepts der Konsumenten-(und Bürger-)Souveränität darstellen. Wer ist es, der über die Bedeutsamkeit eines Gutes besser Bescheid weiß als die Bürger selbst – und wie kommt er zu diesem (exklusiven) Wissen? Warum überzeugt dieser Jemand nicht einfach alle übrigen vom meritorischen Charakter der zur Diskussion stehenden (Informations-)Güter, so daß diese ihre bisherige auf Informationsmangel beruhende Einstellung korrigieren? Statt das Für und Wider eines auf gesellschaftlichen Ad-hoc-Zielen beruhenden Konzepts meritorischer Eingriffe auf Informationsgütermärkten hier zu vertiefen, wird im folgenden ein Ansatz vorgestellt, durch den meritorische Eingriffe begründet werden können, der aber gleichzeitig das Dilemma vermeidet, den methodischen Individualismus aufgeben zu müssen.

Eine erste Überlegung zur Begründung staatlicher (meritorischer) Eingriffe könnte darin bestehen, das in Abschnitt 4.1 bereits behandelte Unterversorgungsargument als Begründung für meritorische Eingriffe des Staates heranzuziehen. Wie dargelegt, halten wir das aber nicht für überzeugend, da die Wohlfahrtsverluste durch monopolistische Elemente in Informationsmärkten nicht allzu groß zu sein scheinen. Es gibt jedoch bei einer Gruppe von Informationsgütern Besonderheiten, die zu stärkeren Wohlfahrtsverlusten der monopolistischen Marktallokation führen, und zwar bei solchen Informationsgütern, *die dem einzelnen Nutzer einen um so höheren Nutzen bringen, je größer die Anzahl der tatsächlichen Nutzer ist.* Sucht man nach Beispielen für solche Güter, so denkt man vor allem an Informationsgüter aus Kultur, Wissenschaft und Politik, die für den Kommunikationsprozeß in der Gesellschaft, für ihren Zusammenhalt sowie für die Funktionsfähigkeit des kulturellen und demokratischen Systems von großer Bedeutung sind. Die für diese Güter charakteristische Nutzeninterdependenz zwischen verschiedenen Personen ist analysetechnisch betrachtet eine **positive Externalität**, die hier die Form eines Netz(werk)effektes annimmt[20]. Um solche

---

20 Der Fall *negativer* Netzeffekte (z. b. Sex- und Gewaltdarstellungen) spielt bei audiovisuellen Informationsgütern eine große Rolle und kann dort als Begründung für *demeritorische* Markteingriffe herangezogen werden. Darauf werden wir hier nicht näher eingehen.

Netzeffekte analytisch zu erfassen, ersetzen wir die Nachfragefunktion (1) durch

(1') $$p = a(1+m) - \frac{a(1+m)}{b(1+m)} \cdot n = a(1+m) - \frac{a}{b} \cdot n,$$

wobei $m \geq 0$ zunächst als ein exogener Parameter aufgefaßt wird. Die den Gleichungen (2) entsprechenden Lösungswerte sind

(2') $$n_w(m) = \frac{b[a(1+m) - c_v]}{a} \text{ und } n_m(m) = \frac{b[a(1+m) - c_v]}{2a}.$$

Die positiven Netzeffekte werden dadurch berücksichtigt, daß m nun als steigende und konkave Funktion der tatsächlichen Nutzerzahl spezifiziert wird. Der Einfachheit halber setzen wir m mit der Zahl der tatsächlichen Nutzer gleich. Die Anzahl der Nutzer im Gleichgewicht läßt sich dann unter der Bedingung $b < 1$ durch eine einfache Fixpunktüberlegung $(n_w = n_w(m) = m$ bzw. $n_m = n_m(m) = m)$ ermitteln als

(3') $$n_w^n = \frac{b(a - c_v)}{a - ab} \text{ und } n_m^n = \frac{b(a - c_v)}{2a - ab}.$$

Im Vergleich zur Abwesenheit der Netzeffekte (m = 0) ist die wohlfahrtsmaximale Nutzerzahl größer $(n_w^n > n_w^o)$, aber auch die monopolistische Nutzerzahl $(n_m^n > n_m^o)$. Wir wissen, daß $n_w^o = 2n_m^o$, aber die Netzeffekte bewirken, daß $n_w^n > 2n_m^n$ für $b \in [0, 1]$, denn

(4') $$\frac{n_w^n}{n_m^n} = \frac{\frac{b(a - c_v)}{a(1 - b)}}{\frac{b(a - c_v)}{a(2 - b)}} = \frac{2 - b}{1 - b} = 2 + \frac{b}{1 - b} > 2.$$

Eine grafische Illustration dieser Ergebnisse enthält die Abbildung 4. Darin kommt nicht nur zum Ausdruck, daß bei Netzeffekten die monopolistische Unterversorgung gravierender ist als bei Abwesenheit solcher Effekte. Es zeigt sich auch, daß Netzeffekte den Wohlfahrtsverlust der Marktversorgung deutlich erhöhen können. Der Wohlfahrtsverlust besteht jetzt nämlich nicht nur in dem „Harberger Dreieck" ABC, sondern darüber hinaus in der Fläche CDEF. In Abb. 4 ist diese Fläche erheblich größer als das Dreieck ABC[21].

---

21 Der Wohlfahrtsverlust fällt noch entsprechend deutlicher aus, wenn die Fixkosten in Abbildung 4 nicht höchstens den Wert $p_w p_m^n BA$ haben, wie oben implizit unterstellt worden ist, sondern zwischen $p_w p_m^n BA$ und $p_w EF$ liegen. Denn in diesem Fall gibt es gar kein Angebot am Markt, obwohl dies wohlfahrtsökonomisch wünschenswert wäre.

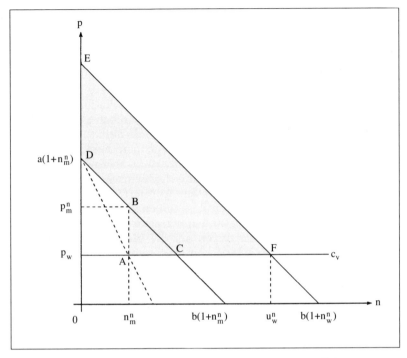

Abbildung 4: Allokation eines Informationsgutes mit Netzeffekten

5. Abschließende Bemerkungen

Im heraufziehenden „Informationszeitalter" spielen Informationsgüter eine zunehmende Rolle. Die neue Qualität solcher Güter ist nicht ihre Immaterialität oder ökonomisch ihre gemeinsame Nutzbarkeit, sondern es sind die technischen Innovationen, die die Kodierung, Speicherung und Kopierverfahren vieler solcher Güter radikal verändert haben und die außerdem sogar neue Arten von Informationsgütern hervorgebracht haben, die es bisher gar nicht gab. Die Tatsache, daß man dem Besitzer einer Kopie eines Informationsgutes durch die einfache und preiswerte Anfertigung einer weiteren Kopie das Informationsgut „entwenden" kann, ohne daß dem Besitzer hinterher irgend etwas fehlt, macht deutlich, daß solche

Informationsgüter nicht marktfähig sind, wenn nicht geeignete Verwertungsrechte durch die Rechtsordnung zugeordnet werden, deren Durchsetzung mit vertretbaren Kosten möglich ist. Für manche Ökonomen (und vermutlich auch für viele Nicht-Ökonomen) besteht die wirtschaftswissenschaftliche Sicht der Information als Wirtschaftsgut darin, dafür zu plädieren, daß geeignete Verwertungsrechte geschaffen werden und daß danach die Allokation dem Markt überlassen wird, weil auf diese Weise die Gesellschaft effizienter mit Informationsgütern versorgt werden könne als durch jedes alternative Allokationsverfahren. Wir haben versucht herauszuarbeiten, daß diese Position beträchtliches Gewicht hat, aber wir haben auch eine weitaus differenziertere ökonomische Sicht vorgestellt. Es wird zwar anerkannt, daß Märkte vor allem in intertemporaler Sicht leistungsfähige Mechanismen der Ressourcenallokation sind, wenn Verwertungsrechte eindeutig und umfassend definiert sind. Dennoch weisen einige Überlegungen auf die Notwendigkeit hin, in manchen Bereichen über staatlichen Lenkungs- oder Eingriffsbedarf nachzudenken. Hier war es außer einigen wenigen Anmerkungen nicht möglich zu diskutieren, in welchen Fällen welche staatlichen Maßnahmen unbefriedigende Marktergebnisse verbessern könnten. Eine dazu erforderliche komparative Institutionenanalyse müßte ins konkrete Detail gehen und empirisch orientiert sein.

Aber vielleicht sollte man abschließend wenigstens noch in Erinnerung rufen, daß neue Informationsgüter weltweit in großem Umfang **nicht** über Märkte gesteuert werden. Dies gilt z.B. für staatlich geförderte oder vollständig finanzierte (Grundlagen-)Forschung. Die Forschung an Universitäten gehört weitgehend dazu, denn alle Wissenschaftlerinnen und Wissenschaftler sind staatlich alimentierte (oder schlicht: subventionierte) Produzenten von Informationsgütern. Die Fixkostenproblematik, die wesentlich zur Unterversorgung mit Informationsgütern durch den Markt beiträgt, wird auf diese Weise gelöst. Es könnte dabei allerdings kritisch gefragt werden, ob denn in dem System der Herstellung und Verbreitung wissenschaftlicher Informationsgüter, wie wir es in der Realität vorfinden, genügend positive Anreize wirksam sind, die die Funktion der Gewinnerwartungen im Markt übernehmen. Ohne hier angemessen auf diese komplexen Fragen eingehen zu können, sei darauf hingewiesen, daß sehr wohl wichtige – im wesentlichen nicht-monetäre – Anreizfaktoren vorhanden sind, daß es aber auch Rigiditäten z.B. im Dienst- und Beamtenrecht gibt, die mit Anreizwirkungen in die falsche Richtung verbunden sind.

Diskussion

Diskussionsbericht zu dem Vortrag von Prof. Dr. Pethig

Im Zentrum der Diskussion stand der von Herrn Prof. *Pethig* in seinem Vortrag aufgezeigte Konflikt zwischen einer unter wohlfahrtsökonomischen Erwägungen optimalen Verbreitung des Wirtschaftsguts Information einerseits und der Gewährung von Anreizen zur künftigen Herstellung dieses Wirtschaftsguts andererseits. Es wurde herausgestrichen, daß das Gewähren von Anreizen für die Hervorbringung neuer Informationen von ganz zentraler Bedeutung sei. Kritisiert wurde die Ausgangsthese von Herrn Prof. *Pethig*, daß eine unter wohlfahrtsökonomischen Erwägungen maximale Verbreitung des Wirtschaftsguts Information nur dann erreicht werde, wenn Ausschlußrechte an diesem Wirtschaftsgut vollständig fehlten. Dieses Postulat erhebe den Marktmechanismus zum Ziel, anstatt ihn lediglich als ein Mittel zum Zweck zu betrachten.

Es wurde die Frage aufgeworfen, ob das von Herrn Prof. *Pethig* entworfene Wirtschaftsmodell für jegliche Art von Gütern Geltung beanspruchen könne oder ob es sich spezifisch auf Informationsgüter beziehe. Die Diskussion ergab, daß es sich bei Wirtschaftsgütern um Güter besonderer Art handele, die sich insbesondere dadurch auszeichneten, daß sie mit heute sehr geringem Kostenaufwand ohne Qualitätsverlust kopiert werden können und sie daher beliebig vermehrbar seien. Dies sei im Rahmen einer wirtschaftswissenschaftlichen Betrachtung besonders zu berücksichtigen. Es wurde dazu angeregt, Informationsgüter nicht nur von anderen Gütern zu unterscheiden, sondern Informationsgüter ihrerseits nach inhaltlichen Kriterien zu differenzieren. Es könnte beispielsweise zwischen technischen und nicht technischen oder zwischen meritorischen und nicht meritorischen Informationsgütern unterschieden werden. Eine Unterscheidung der Informationsgüter nach bestimmten Kriterien sollte auch mit Blick darauf erfolgen, wie schutzwürdig die jeweiligen Informationen sind. Es spräche vieles dafür, daß beispielsweise wissenschaftliche Entdeckungen schutzwürdiger sind als andere Informationen.

Zur Frage der Verwertungsrechte im Bereich der Informationsgüter wurde zunächst darauf hingewiesen, daß diese wegen des in jüngerer Zeit zunehmenden Interesses an der Vermarktung von Informationsgütern an Bedeutung zunehmen dürften. Als problematisch wurde jedoch die Festlegung der hier zu gewährenden Ausschlußrechte beurteilt. Es müsse schon aus verfassungsrechtlichen Grün-

Diskussion

den gewährleistet bleiben, daß Informationsgüter dem Grundsatz nach frei zirkulieren könnten. Die freie Zugangsmöglichkeit zu bestimmten Informationen müsse gewahrt bleiben und dürfe nur in bestimmten Grenzen von Exklusivrechten beeinträchtigt werden. Weiterhin wurde verschiedentlich darauf hingewiesen, daß an Informationsgütern einzuräumende Verwertungsrechte auch unter wirtschaftswissenschaftlicher Perspektive nicht undifferenziert betrachtet werden dürfen, weil die Verwertungsrechte, die das Rechtssystem vorsieht, unterschiedliche Rechtsfolgen zeitigten. Während beispielsweise dem Patentrecht der Inhalt einer bestimmten Information selbst Schutzgegenstand sei, werde der Inhalt im Urheberrecht nicht geschützt. Schutzgegenstand im Urheberrecht sei vielmehr die Form, in der ein gewisser Inhalt präsentiert wird. Dies habe zur Folge, daß ein bloß urheberrechtlicher Schutz Möglichkeiten zum Wettbewerb eher öffnet als dies bei patentrechtlichem Schutz der Fall wäre. Es wurde ferner darauf hingewiesen, daß die Gewährung von Patenten volkswirtschaftlich hohe Kosten verursache, da zur Verwaltung der Patente die Einrichtung und ständige Unterhaltung eines Patentamts erforderlich ist. Im Hinblick auf Informationsgüter, die in neuerer Zeit von deutlich größerer Bedeutung sind, sei über die Rechtfertigung dieser Kosten erneut nachzudenken.

Zu der Begriffsbildung von Herrn Prof. *Pethig*, daß Informationen in codierter Form als Wirtschaftsgut auftreten, wurde die Frage aufgeworfen, auf welche Weise beispielsweise Bilder einer Codierung unterlägen. Diese Frage wurde dahingehend beantwortet, daß Bilder erst unter Zuhilfenahme des Sinnesorgans Auge erfaßt und dadurch decodiert werden würden, während es beispielsweise zur Decodierung von Schriftsprache neben einem Sinnesorgan zusätzlich eines besonderen Codes bedürfe.

Es wurde kritisch angemerkt, daß im Vortrag von Prof. *Pethig* das Marktgeschehen weitgehend unter Abstrahierung von rechtlichen Rahmenbedingungen betrachtet worden sei, obwohl Märkte immer nur als rechtlich konstituiert auftreten würden. Die rechtlichen Rahmenbedingungen seien schon immer entscheidende Faktoren für den Verlauf des Marktgeschehens gewesen. Im vorliegenden Kontext seien insbesondere das Patent- und Urheberrecht, beispielsweise die Frage, ob Zwangslizenzen erteilt werden müssen oder nicht, von ganz zentraler Bedeutung. Es wurde eingeräumt, daß die Volkswirtschaftslehre den gegebenen rechtlichen Rahmen in einer Volkswirtschaft ihren Untersuchungen zumindest implizit zu-

Diskussion

grunde lege. Auch sei in der Volkswirtschaftslehre seit langem anerkannt, daß die Gewährung von Verwertungsrechten ökonomische Anreize zur Herstellung neuer Güter darstellten. Dagegen wurde eingewandt, daß es ein Blick nach Japan zweifelhaft erscheinen lasse, ob die Einräumung von Verwertungsrechten die Innovation, beispielsweise auf dem Markt für Software, entscheidend gefördert hat.

A. Funk

Information – ihr Stellenwert in der Verfassung

Rupert Stettner

1. Einleitung: Das Zeitalter der Information
2. Hauptteil: Information und Verfassung des demokratischen Rechtsstaats – Unlösbarkeit und Wechselwirkungen zweier Phänomene
   - 2.1 Begriff und Bedeutung von Information unter den Bedingungen der Gegenwart
   - 2.2 „Informationsverfassung" des Grundgesetzes?
     - 2.2.1 Demokratischer Rechtsstaat und Öffentlichkeit seines Handelns
     - 2.2.2 Völker-, international- und europarechtliche Implikationen von Information
     - 2.2.3 Grundrechtlicher Einzelbefund
     - 2.2.3.1 Meinungsfreiheit (Art. 5 Abs. 1 Satz 1 1 Alt. GG)
     - 2.2.3.2 Informationsfreiheit (Art. 5 Abs. 1 Satz 1 2. Alt. GG)
     - 2.2.3.3 Presse- und Rundfunkfreiheit (Art. 5 Abs. 1 Satz 2 GG)
     - 2.2.3.4 Wissenschafts- und Kunstfreiheit, Versammlungs- und Vereinigungsfreiheit (Art. 5 Abs. 3; 8; 9 GG)
     - 2.2.3.5 Freiheit des Berufs und des Eigentums (Art. 12 Abs. 1; 14 Abs. 1 GG)
     - 2.2.3.6 Brief-, Post- und Fernmeldegeheimnis (Art. 10 Abs. 1 GG)
     - 2.2.3.7 Das Recht auf informationelle Selbstbestimmung
     - 2.2.3.8 Recht des Informationssuchenden, -verarbeitenden und -nutzenden auf Abwehr von Beschränkungen (Art. 5 Abs. 1 Satz 1; 2 Abs. 1 GG)
   - 2.3 Das Verfassungsrecht im Konflikt von informationeller Offenheit und Geheimhaltung
     - 2.3.1 Der Zugang des Bürgers zu staatlichen Informationen
     - 2.3.2 Der Zugriff des Staates auf die Privatheit des Bürgers und das Recht auf informationelle Selbstbestimmung
     - 2.3.3 Das Verhältnis von privatem Informationssuchenden(-verarbeiter/-verwerter) und privatem Informationsinhaber (-betroffenen)
     - 2.3.3.1 Keine unmittelbare Anwendbarkeit der Grundrechte im Privatrechtsverhältnis
     - 2.3.3.2 Ausgestaltung der Privat- und Strafrechtsordnung durch den Gesetzgeber unter Berücksichtigung des Abwägungsgebots und der Schutzverpflichtung des Staates zugunsten der Grundrechte

Literaturübersicht

Aulehner, 10 Jahre „Volkszählungs"-Urteil, CR 1993, 446 ff.; *Ehmann*, Informationsschutz und Informationsverkehr im Zivilrecht, AcP 1988, 230 ff.; *Gallwas*, Der allgemeine Konflikt zwischen dem Recht auf informationelle Selbstbestimmung und der Informationsfreiheit, NJW 1992, 2785 ff.; *Geiger*, Die Einwilligung in die Verarbeitung von persönlichen Daten als Ausübung des Rechts auf informationelle Selbstbestimmung, NVwZ 1989, 35 ff.; *Groß*, Das Recht auf informationelle Selbstbestimmung mit Blick auf die Volkszählung 1987, das neue Bundesstatistikgesetz und die Amtshilfe, AöR 113 (1988), 161 ff.; *Heußner*, Das informationelle Selbstbestimmungsrecht des Grundgesetzes als Schutz des Menschen vor totaler Erfassung, BB 1990, 1281 ff.; *ders.*, Datenverarbeitung und die Rechtssprechung des Bundesverfassungsgerichts im Spannungsfeld zwischen Recht und Politik, Arbeit und Recht 1985, 309 ff.; *Hufen*, Das Volkszählungsurteil des Bundesverfassungsgerichts und das Grundrecht auf informationelle Selbstbestimmung – Eine juristische Antwort auf „1984"?, JZ 1984, 1072 ff.; *Kirchhof*, Der Gesetzgebungsauftrag zum Schutz des geistigen Eigentums gegenüber modernen Vervielfältigungstechniken, 1988; *Kunig*, Der Grundsatz informationeller Selbstbestimmung, Jura 1993, 595 ff.; *Langer*, Informationsfreiheit als Grenze informationeller Selbstbestimmung, 1992; *Podlech*, Das Recht auf Privatheit, in: Perels (Hrsg.), Grundrechte als Fundament der Demokratie, 1979, S. 50 ff.; *Riegel*, Europäische Gemeinschaften und Datenschutz, ZRP 1990, 132 ff.; *Roßnagel/Wedde/Hammer/Pordesch*, Digitalisierung der Grundrechte. Zur Verfassungsverträglichkeit der Informations- und Kommunikationstechnik, 1990; *Schlink*, Das Recht der informationellen Selbstbestimmung, Der Staat 25 (1986), 233 ff.; *Schmitt Glaeser*, Das Grundrecht auf Informationsfreiheit, Jura 1987, 567 ff.; *Scholz/Pitschas*, Informationelle Selbstbestimmung und staatliche Informationsverantwortung, 1984; *Sieber*, Informationsrecht und Recht der Informationstechnik, NJW 1989, 2569 ff.; *Simitis*, Die informationelle Selbstbestimmung – Grundbedingung einer verfassungskonformen Informationsordnung, NJW 1984, 398 ff.; *Stern/Bergsdorf/Schmidt-Holtz/Schlapp/Leister/Badura*, Information als Programmaufgabe des öffentlich-rechtlichen Rundfunks, in: Rundfunk und Fernsehen – Informationsrecht, Informationspflicht und Informationsstil, 1987; *Stettner*, Das Recht der Fernsehkurzberichterstattung nach § 4 Rundfunkstaatsvertrag – Perspektiven, Chancen, Probleme, JZ 1993, 1125 ff.; *Vogelgesang*, Grundrecht auf informationelle Selbstbestimmung?, 1987; *Wente*, Informationelles Selbstbestimmungsrecht und absolute Drittwirkung der Grundrechte, NJW 1984, 1446 ff.; *Zöllner*, Informationsordnung und Recht, 1990.

1. Einleitung: Das Zeitalter der Information

Wollte man die antike Lehre von den Zeitaltern in die Gegenwart fortführen, so könnte man letztere anstelle einer Bezeichnung mit Attributen wie „postmodern" oder „postindustriell", die ihr in mehr oder weniger berechtigtem Umfange verliehen werden, durchaus auch ein Zeitalter der Information nennen. Damit wäre zwar die der antiken Vorstellung eigene Orientierung an edlen Materien wie Gold, Silber oder Bronze aufgegeben. Es würde aber gleichwohl in sehr charakteristischer Weise zum Ausdruck gebracht, daß sich neben die herkömmlichen materiellen oder immateriellen Rechtsgüter nunmehr die Information als zwar nicht neues, in ihrer modernen Bedeutung aber dennoch überragendes Phänomen gesellt. Der Begriff einer „zweiten industriellen Revolution"[1] erscheint nicht zu hoch gegriffen[2]. Zum einen wird in unserer immer komplexer werdenden Welt, in der persönliches Erfahrungswissen kaum mehr genügen kann, die Frage des Zugangs zu Informationen immer wichtiger[3]. Zum anderen haben sich durch die Entwicklung der modernen Datenverarbeitungstechnik, durch immense Speicherkapazitäten, kurze Zugriffszeiten, Datenfernübertragung und unbegrenzte Multiplizierbarkeit die Möglichkeiten des Informationszugangs und der Informationsverarbeitung in ungeahntem Maß verbessert[4]. Sieber weist darauf hin, daß es im Jahr 2010 möglich sein wird, die gesamte amerikanische Library of Congress auf dem eigenen PC vorzuhalten. Internet und World Wide Web sind bereits in aller Munde, Datenautobahnen und Multimedia werden in nächster Zukunft auch unser häusliches Leben bestimmen. Die Verfassungsrechtsordnung ist aufgerufen, die kopernikanische Wende zu bewältigen, die sich durch den Einbruch der modernen computergestützten Informationstechnologie vollzogen hat.

---

1 S. dazu *Sieber*, NJW 1989, 2569, 2570.
2 Vgl. zum ganzen auch *Roegele/Kanitscheider*, Stichwort „Information", in: Staatslexikon der Görresgesellschaft, Bd. III 7. Aufl. 1995, Spalte 73 ff.
3 Vgl. *Roßnagel/Wedde/Hammer/Pordesch*, Digitalisierung der Grundrechte? 1990, S. 69 ff.
4 Vgl. dazu *Sieber*, a.a.O., 2573; *Roßnagel* u. a., a.a.O., 70.

2. Hauptteil: Information und Verfassung des demokratischen Rechtsstaats – Unlösbarkeit und Wechselwirkungen zweier Phänomene

2.1 Begriff und Bedeutung von Information unter den Bedingungen der Gegenwart

Die Begriffe informieren und Information sind aus den lateinischen Worten „informare" und „informatio" abzuleiten. Informare bedeutet von Hause aus „eine Gestalt geben, formen", meint in seiner übertragenen Bedeutung aber „durch Unterweisung bilden, unterrichten"[5]. Wie bereits im etymologischen Ursprung angedeutet, übt Information eine Wirkung auf den Empfänger aus. Dieser Effekt wird auch von den neuzeitlichen Definitionen des Phänomens aufgenommen. Allgemein wird Information als Nachricht oder Botschaft beliebigen Inhalts definiert, die für den Empfänger eine Bedeutung hat; durch ihre Aufnahme wird der Empfänger in der Regel verändert[6].

Die mitunter in der Literatur ebenfalls anzutreffende Vorstellung einer Steigerung von der syntaktischen zur semantischen und pragmatischen Ebene, der im Bereich der Kommunikation einerseits die einfachen Zeichen und Signale, andererseits die Daten, Nachrichten und Botschaften und schließlich das als Menge aktuell verfügbarer Informationen definierte Wissen entsprechen soll[7], kann jedoch nicht auf eine allgemein anerkannte Begrifflichkeit zurückgreifen. Beispielsweise verwendet das Staatslexikon der Görresgesellschaft[8] eine gegenläufige Terminologie, die zwischen alltagssprachlicher und wissenschaftlicher Verwendung des Informationsbegriffs unterscheidet und jedenfalls für die letztgenannte Alternative als Informationen auch Signale bezeichnet, die in Rechnern, Servomechanismen oder auch im Nervensystem der Lebewesen übertragen werden[9].

---

5 So *Meyers* Enzyklopädisches Lexikon, 9. Aufl. 1974, Bd. 12, Stichwort „Information"; siehe dazu auch *Langer*, Informationsfreiheit als Grenze informationeller Selbstbestimmung, 1992, S. 16.
6 *Haefner*, Der Große Bruder, 1980, S. 15; ebenso *Roegele/Kanitscheider*, a.a.O.
7 *Sieber*, NJW 1989, 2569, 2572.
8 A.a.O.
9 Zum Begriff der Information in Alltagssprache und Wissenschaft vgl. auch *Aulehner*, CR 1993, 446, 449.

Der Informationsbegriff der Gegenwart ist untrennbar verknüpft mit den neuen technischen Systemen von Kommunikation und Informationsvermittlung sowie der Informationsspeicherung, -verarbeitung und -nutzung. Konnte man in früheren Jahrhunderten davon ausgehen, daß Nachrichten vergleichsweise selten waren und zum größeren Teil der eigenen Erfahrung und dem eigenen Lebenshorizont entsprangen, so dringen sie über die modernen Medien in Massen und in einer früher nicht erlebten Eindringlichkeit (Farbbilder, Ton, Schnelligkeit!) ein. Die bereits angesprochenen neuartigen Möglichkeiten, welche insbesondere die Zusammenführung von Computertechnologie und Telekommunikation bieten, haben den Informationssektor zu einem der wichtigsten ökonomischen Wachstumsbereiche werden lassen[10]. Gleichwohl bergen Informationen auch spezifische Gefahrenpotentiale in sich. Ihre Auswirkungen mögen im Bereich von Persönlichkeits- und Ehren-, Kinder- und Jugendschutz vielleicht besonders deutlich sein, können aber keineswegs nur auf diesen einen Nenner gebracht werden. Es ist Sache der Verfassung und des von ihr angeleiteten Gesetzgebers, solchen Gefahren adäquat zu begegnen, ohne die gewaltigen Entwicklungschancen, welche die moderne Informationstechnologie bietet, stärker einzuschränken, als dies von der Sache her zwingend geboten ist.

2.2 „Informationsverfassung" des Grundgesetzes?

2.2.1 Demokratischer Rechtsstaat und Öffentlichkeit seines Handelns

Die soeben aufgeworfene Frage nach einer spezifischen „Informationsverfassung" des Grundgesetzes betrifft einen Ansatz, wie er auch anderweitig meist mit wenig Erfolg versucht worden ist. Der bekannteste Fall betrifft die angebliche Wirtschaftsverfassung des Grundgesetzes, die nach der Auffassung des Bundesverfassungsgerichts im Investitionshilfeurteil[11] gerade nicht existiert. Andere Fragestellungen paralleler Art befassen sich mit einer „Arbeits" verfassung des Grundgesetzes oder stellen die These von einer „Kommunikations"verfassung in den Raum, die insbesondere im Grundrecht der Meinungsäußerungsfreiheit und in verwandten Grundrechtsarti-

---

10 Vgl. hierzu Beispiele und Zahlen bei *Sieber*, a.a.O., 2369 f.
11 BVerfGE 4, 7, 17.

keln beheimatet sein soll[12]. Nicht weit davon entfernt wäre das Theorem einer „Informations"verfassung anzusiedeln. Wohlweislich wurde aber eingangs ein Fragezeichen gesetzt. Mochte es nämlich vielleicht noch angehen, Wirtschaft oder Arbeit als einigermaßen abtrennbare gesellschaftliche Sektoren mit eigenen Unterverfassungen auszustatten, so ist dies bei Kommunikation oder gar Information keinesfalls statthaft. Die Verfassung liefert mit den bekannten kommunikativen oder informationellen Verbürgungen nur einzelne Bausteine, welche für die Freiheit des Informationsflusses einerseits, den Schutz der informationellen Privatsphäre andererseits Basisfunktionen ausüben. Keineswegs können sie als abschließende Regelungen betrachtet werden. Denn unsere Verfassung ist als Ganzes eine Verfassung des Öffentlichen[13]. Sie stellt nicht nur die Tätigkeit des Parlaments, sondern auch die der anderen Staatsorgane wie Regierung, Bundespräsident, Bundesrat, Bundesverfassungsgericht in das gleißende Licht der öffentlichen Meinung. Dabei erscheinen Grundrechtsverbürgungen kommunikations- oder informationsrechtlicher Art wie auch staatsorganisatorische Vorschriften über die Öffentlichkeit der Verhandlungen des Parlaments, der Gerichte oder die Rechenschaftslegung der Regierung nur als Ausschnitte eines die Verfassungsordnung der Bundesrepublik Deutschland durchgängig charakterisierenden Prinzips. Selbstverständlich sind damit nicht Arkanbereiche insbesondere im administratorischen Raum ausgeschlossen, die dem informationellen Zugriff der Öffentlichkeit entzogen sind; gleichwohl muß es auch hier Kontrollmechanismen parlamentarischer oder gerichtlicher Art geben, die solchen dem Geheimnisschutz unterliegenden Komplexen den Hautgout eines gubernativen Residuums nehmen.

---

12 Vgl. hierzu insb. *Scholz*, Die Koalitionsfreiheit als Verfassungsproblem, 1971, S. 286 ff., 291 ff.; *ders./Pitschas*, Informationelle Selbstbestimmung und staatliche Informationsverantwortung, 1984, S. 93, aber mit der Begrenzung auf die „grundrechtliche Kommunikationsverfassung" und dem Hinweis, daß diese „weniger als verfassungsrechtliches Subsystem denn als systematische Ordnungs- und Interpretationskategorie für identische oder doch funktional verwandte Grundrechtsinhalte und -wirkungen" zu verstehen sei. Vgl. auch dieselben, ebd., S. 63; zum Begriff einer Kommunikationsverfassung siehe auch *Bismark*, Neue Medientechnologien und grundgesetzliche Kommunikationsverfassung, 1982, bes. S. 131 f.
13 S. hierzu insbesondere *Häberle*, Verfassung als öffentlicher Prozeß, 1978, S. 121 ff., 155 ff.

Es ist daher die These berechtigt, daß unter der vom Grundsatz institutionalisierten Verfassungsordnung die Vermutung für die Öffentlichkeit der staatlichen Angelegenheiten spricht und daß die Geheimhaltung die rechtfertigungsbedürftige Ausnahme darstellt. Nicht umsonst hat das Bundesverfassungsgericht die Regierung und die anderen Staatsorgane zur Öffentlichkeitsarbeit verpflichtet[14]. Hintergrund dieser auf Öffentlichkeit angelegten staatsorganisatorischen Strukturen ist das Ziel der Verfassung, den Grundkonsens über die Verfassungsordnung der Bundesrepublik Deutschland bei den Bürgern durch Transparenz und dadurch vermitteltes Verständnis zu befestigen, ihnen eine Verfassungsordnung anzubieten, die dem „plébiscite de tous les jours" (Renan)[15] standhält, und auf diese Weise letztlich staatliche Einheit zu bewirken.

2.2.2 Völker-, international- und europarechtliche Implikationen von Information

Für die völker- und europarechtsfreundliche Verfassung des Grundgesetzes, die die Einordnung der Bundesrepublik Deutschland in internationale Organisationen und die Abgabe von Souveränitätsrechten an die supranationale Europäische Union gestattet, ja vorsieht (Art. 24 Abs. 1 GG), kann es nicht gleichgültig sein, wie sich die internationale Staatengemeinschaft oder die Europäische Union zur Frage des ungehinderten Informationsflusses stellen. Der „free flow of information" ist als völkerrechtliches Prinzip zwar existent, muß jedoch im Hinblick auf die Telekommunikation auf adäquate technische Bedingungen treffen und unterliegt auch sonst der Beschränkbarkeit aufgrund berechtigten Regelungsinteresses, insbesondere im Hinblick

---

14 BVerfGE 44, 125; 63, 230; Zur Öffentlichkeitsarbeit der Regierung vgl. *Leisner,* Öffentlichkeitsarbeit der Regierung im Rechtsstaat, 1966; *Schürmann,* Öffentlichkeitsarbeit der Bundesregierung – Strukturen, Medien, Auftrag und Grenzen eines informalen Systems der Staatsleitung, 1992; Zur Öffentlichkeitsarbeit der Behörden siehe auch *Gröschner,* DVBl. 1990, 619 ff. Zu den Zusammenhängen zwischen Öffentlichkeitsarbeit der Regierung und Demokratieprinzip siehe *Häberle,* in: ders., Verfassung als öffentlicher Prozeß, 1978, S. 526 ff. Vgl. dazu auch *Stettner,* ZUM 1995, 559, 565 m.w.N.

15 S. dazu auch *Smend,* Staatsrechtliche Abhandlungen, 2. Aufl. 1968, S. 136.

auf die nationalen Verfassungsordnungen[16]. Gleichwohl ist das Prinzip der Meinungs- und Informationsfreiheit seit Art. 11 der französischen Menschenrechtserklärung von 1789 („la libre communication des pensées et des opinions")[17] eherner Bestandteil aller ähnlicher Deklarationen, von Art. 19 der Menschenrechtserklärung der Generalversammlung der Vereinten Nationen vom 10.12.1948 über Art. 10 der Europäischen Menschenrechtskonvention vom 4.11.1950 bis hin zu Art. 19 des Internationalen Pakts über bürgerliche und politische Rechte vom 16.12.1966. Die EG-Fernsehrichtlinie vom 17.10.1989[18] bewegt sich auf einer vergleichbaren Linie, insofern sie den freien Sendeverkehr zwischen den Mitgliedstaaten der Europäischen Union auf der Basis des Sendestaatsprinzips verwirklichen möchte. Darin trifft sie sich mit der Konvention des Europarats über das grenzüberschreitende Fernsehen vom 15. Mai 1989[19], die eine mit der genannten EG-Richtlinie weitgehend deckungsgleiche Regelung liefert, für die Mitgliedstaaten der Europäischen Union aber nur subsidiäre Geltung besitzt (Art. 27 Abs. 1 Europaratskonvention).

Daß die Europäische Union die ausreichende Information über öffentliche Belange demokratisch verfaßter Gesellschaften als ihre Sache ansieht, läßt sich beispielsweise auch der EG-Richtlinie über den freien Zugang zu Umweltinformationen[20] entnehmen. Dies entspricht im übrigen der vom Maastricht-Vertrag proklamierten Transparenz der Unionstätigkeit[21]. Die Praxis scheint allerdings

---

16 S. dazu *Frowein/Simma*, Das Problem des grenzüberschreitenden Informationsflusses und des domaine réservé, 1979, S. 11 ff., 39 ff.; *Seidl-Hohenveldern*, in: Satellitenfernsehen und deutsches Rundfunksystem, Bd. 36 der Schriftenreihe des Instituts für Rundfunkrecht der Universität zu Köln, 1983; *Bueckling*, NJW 1981, 1113 ff.; *Degenhart*, in: Bonner Kommentar, Art. 5 Abs. 1 und 2, RdNr. 155, 279; *ders.*, EuGRZ 1983, 205, 212.
17 Zitat nach *Franz*, Staatsverfassungen, 1975, S. 308.
18 ABlEG Nr. L 298; abgedruckt bei *Hartstein/Ring/Kreile/Dörr/Stettner*, Rundfunkstaatsvertrag, 2. Aufl. 1995, Allgemeine Erläuterungen, RdNr. 82; vgl. dazu auch BVerfG vom 22.3.1995, 2 BvG 1/89, EuGRZ 1995, 125.
19 Abgedruckt a.a.O., RdNr. 113.
20 ABlEG 1990 Nr. L 158/56, umgesetzt durch das Umweltinformationsgesetz vom 8.7.1994, BGBl III 2129-24; siehe dazu *Blumenberg*, NuR 1992, 8 ff.; *Gurlit*, ZRP 1989, 253 ff.; *v. Schwanenflügel*, DVBl. 1991, 93 ff.; *Erichsen*, NVwZ 1992, 409 ff.
21 Vgl. Art. A Abs. 2 EUV v. 7.2.1992 (BGBl II S. 1251): „Dieser Vertrag stellt eine neue Stufe bei der Verwirklichung einer immer engeren Union der Völker Europas dar, in der die Entscheidungen möglichst bürgernah getroffen werden."

"Informationsverfassung" des Grundgesetzes?

mitunter anders auszusehen, stößt dann aber auch auf die Mißbilligung des Europäischen Gerichtshofs[22].

2.2.3 Grundrechtlicher Einzelbefund

Gegenüber den zahlreichen, aber doch recht punktuellen Bestimmungen des Grundgesetzes, die Öffentlichkeit und/oder Kommunikation im Bereich der Staatsorganisation vorsehen (mitunter auch mit grundrechtlichem Einschlag wie etwa Art. 103 Abs. 1 GG – Recht auf rechtliches Gehör vor Gericht –; Art. 104 Abs. 3 – Vorführung des polizeilich Festgenommenen vor den gesetzlichen Richter –; Art. 140 GG/Art. 136 Abs. 3 WRV – Fragerecht der Behörden im Hinblick auf die Religionszugehörigkeit –), bilden private Kommunikation und Information bzw. den Schutz von Privat- und Geschäftssphäre sichernde Grundrechtsverbürgungen einen wesentlich gewichtigeren Verfassungsblock, der gleichwohl sehr unterschiedliche Facetten betrifft.

2.2.3.1 Meinungsfreiheit (Art. 5 Abs. 1 Satz 1 1. Alt. GG)

Im Zusammenhang mit der Frage nach dem Stellenwert von Information in der Verfassung fällt der Blick zunächst auf eines der prominentesten Grundrechte der freiheitlichen Demokratie, auf die Meinungsfreiheit. Wenn nach dieser jedermann das Recht hat, seine Meinung in Wort, Schrift und Bild frei zu äußern und zu verbreiten, könnte fraglich sein, ob dadurch auch die Weitergabe bloßer Tatsachen geschützt ist. Nach der herrschenden Auffassung, wie sie durch das Bundesverfassungsgericht vertreten wird, ist Voraussetzung für das Vorliegen einer „Meinung" ein Element der „Stellungnahme, des Dafürhaltens, des Meinens im Rahmen einer geistigen Auseinandersetzung"; auf den Wert, die Richtigkeit, die Vernünftigkeit der Äußerung kommt es dagegen nicht an[23]. Scheidet aber die Mittei-

---

22 Vgl. hierzu Bericht der Süddeutschen Zeitung vom 20.10.1995 S. 9 über ein Urteil des Europäischen Gerichtshofs, womit der Klage der liberalen britischen Zeitung Guardian gegen den Europäischen Rat auf Einsichtnahme in Informationen und Protokolle des Rats der europäischen Justizminister stattgegeben wurde.

23 S. aus neuerer Zeit etwa BVerfGE 61, 1, 8, 9; 65, 1, 41; 71, 162, 179; zu der sehr umstrittenen neueren Rechtsprechung des Bundesverfassungsgerichts zur Meinungsfreiheit insbesondere im Zusammenhang mit dem strafrechtlichen Ehrenschutz vgl. *Kriele*, NJW 1994, 1897 ff.; *Sendler*, ZRP 1994, 343 ff.; *ders.*, NJW 1993, 2157 ff.; *von Söhring*, NJW 1994, 2926 ff.; *Stürner*, JZ 1994, 865 ff.; *Grimm*, NJW 1995, 1697 ff.; *Ossenbühl*, JZ 1995, 633 ff.

lung bloßer Fakten aus dem Meinungsbegriff aus, wie dies nach der Begriffsbildung des Bundesverfassungsgerichts der Fall zu sein scheint, so fällt ein großer Teil des Informationsverkehrs nicht in den Schutzbereich der Meinungsfreiheit. Demgegenüber ist zu beachten, daß nach Auffassung des Bundesverfassungsgerichts der Schutzbereich des Art. 5 Abs. 1 Satz 1 1. Alt. GG auch dann eröffnet ist, wenn sich wertende Elemente, wie häufig, mit Elementen einer Tatsachenmitteilung oder -behauptung verbinden oder vermischen[24]. Diese Verbindung und Vermischung erfolgt insbesondere dann, wenn Tatsachenmitteilungen „Voraussetzung der Bildung von Meinungen" sind[25]. Darüber hinaus ist zu berücksichtigen, daß auch bei der Wiedergabe von Tatsachen die Art und Weise des Berichts von der subjektiven Sicht des Berichtenden geprägt ist. Bereits die Entscheidung, eine Tatsache mitzuteilen, beinhaltet die Wertung „mitteilenswert". In den meisten Fällen dürfte dies zur Klassifizierung auch von Tatsachenmitteilungen als Meinung führen, so daß diese Auffassung und die zuvor beschriebene des Bundesverfassungsgerichts im großen und ganzen zum selben Ergebnis kommen[26].

2.2.3.2 Informationsfreiheit (Art. 5 Abs. 1 Satz 1 2. Alt. GG)

Die als „Informationsfreiheit" bezeichnete Verbürgung, sich aus allgemein zugänglichen Quellen informieren zu dürfen, scheint schon wegen des Gleichlauts der Bezeichnung besondere Beziehung zum Verfassungsgut „Information" aufzuweisen. Dies darf aber nicht zu dem Mißverständnis verleiten, die Informationsfreiheit könne alle oder auch nur die wesentlichsten Verfassungsrechtsfragen abdecken,

---

24 Hierzu BVerfGE 61, 1, 9.
25 Hierzu BVerfGE 85, 1, 15.
26 In der Literatur wird teilweise die Unterscheidung von Tatsachenbehauptungen und Werturteilen generell aufgegeben, so *Herzog*, in: Maunz/Dürig/Herzog, Grundgesetz, Art. 5 RdNr. 50–55; *Wendt*, in: v. Münch/Kunig (Hrsg.), Grundgesetz-Kommentar, Bd. I, 4. Aufl. 1992, Art. 5 RdNr. 9; *Schmidt-Jortzig*, in: Isensee/Kirchhof (Hrsg.), Handbuch des Staatsrechts, Bd. VI, 1989, § 141 RdNr. 19; vgl. auch *Grimm*, NJW 1995, 1697 (1699); *Stettner*, in: Nawiasky/Schweiger/Knöpfle, Die Verfassung des Freistaates Bayern (Loseblattkommentar), Art. 110 RdNr. 6 ff. Rdnr. 8; die bewußt oder erwiesen unwahre Tatsachenmeldung wird aber von Art. 5 Abs. 1 Satz 1 1. Alternative GG jedenfalls nicht erfaßt, auch nicht wenn sie meinungsbildenden Zweck verfolgt, weil die Meinung, zu der sie führen soll, notwendigerweise eine unrichtige ist; vgl. dazu BVerfGE 12, 113, 130; 54, 208, 219.

„Informationsverfassung" des Grundgesetzes?

die unser Untersuchungsgegenstand aufwirft. Zwar ist sie angesichts ihres historischen Hintergrunds in den Informationsverboten des Dritten Reiches und anderer Diktaturen in besonderem Maße geeignet, darauf aufmerksam zu machen, wie sehr ein funktionierender Meinungsbildungsprozeß auf die Möglichkeit freier Informationsaufnahme angewiesen ist[27]. Das verfassungsgerichtliche Verständnis der „allgemein zugänglichen Informationsquelle" als einer solchen, die technisch geeignet und bestimmt ist, einem individuell nicht abgegrenzten Personenkreis Informationen zu verschaffen[28], nimmt auch dem Staat die Möglichkeit, die vorhandene Zugänglichkeit von Informationen zu beseitigen, also Quellen zu verstopfen. Das Grundrecht gibt aber keinen Anspruch auf Eröffnung bisher verschlossener Dateien, etwa von Behördenakten, privaten Archiven u.a. Ein Spezialproblem bildet in diesem Zusammenhang die Frage des Zugangs zu Datenbanken, deren Daten nur den dem Informationssystem angeschlossenen Personen offenstehen. Die allgemeine Zugänglichkeit ist hier trotz des beschränkten Adressatenkreises zu bejahen, wenn und soweit solche Informationssysteme ein zwar bestimmbares, jedoch nicht von vornherein abgegrenztes Publikum mit Daten zu versorgen beabsichtigen, dies insbesondere dann, wenn sich die Zugehörigkeit zum Kreis der Adressaten nach allgemeinen Kriterien bemißt[29]. In diesem Zusammenhang ist aber auf die ungeachtet der Herausarbeitung weiterer Grundrechtsschichten durch Rechtsprechung und Literatur nach wie vor bestehende Staatsgerichtetheit des Grundrechts der Informationsfreiheit zu verweisen[30]. Die soeben vorgenommene Qualifizierung der genannten Datenbanken als „allgemein zugänglich" verbietet es nur dem Staat, eine solche Informationsquelle zu verschließen, sei es, daß er versucht, eine von ihm selbst betriebene Datenbank zu sperren, sei es, daß er Privaten die Weiterführung zu verbieten versucht. Der Bürger hat von sich aus keinen Anspruch auf Ermöglichung oder Beibehaltung des Zugangs zum entsprechenden Informationssystem, wenn dessen Verfügungsbefugter ein Privater ist. Er kann auch nicht vom Staat verlangen, ihm diesen Zugang zu schaffen.

---

27 Vgl. hierzu auch *Schmitt Glaeser*, Jura 1987, 567, 567 f.
28 BVerfGE 27, 71, 83; 90, 27, 32; anderer Ansicht *Langer*, Informationsfreiheit als Grenze informationeller Selbstbestimmung, 1992, S. 140 ff.
29 S. dazu *Langer*, a.a.O., S. 134 m.w.N.
30 Vgl. dazu *Schmitt Glaeser*, Jura 1987, 567, 569–572: „Das Grundrecht der Informationsfreiheit ist *ausschließlich* Abwehrrecht; es hat *keine* irgendwie geartete leistungsrechtliche Dimension."

Nicht zu übersehen ist allerdings, daß der Zugriff auf Datenbanken auch von der finanziellen Leistungsmöglichkeit des einzelnen abhängt. In dem Maß, in dem zunehmend Informationen über private Datenbanken angeboten werden, wird auch die Frage wirtschaftlicher Potenz für den Zugang zu Informationen an Bedeutung gewinnen. Staatlicherseits werden Überlegungen nicht ausbleiben können, eine fortschreitende Spaltung der Gesellschaft hinsichtlich der Verfügung über Informationen im Hinblick auf die demokratische und sozialstaatliche Prägung des Gemeinwesens zu verhindern[31]. Ein Beispiel, in dem durch neuere gesetzgeberische Aktivität die Monopolisierung von Informationen verhindert wurde, bietet das Recht der Kurzberichterstattung im Rundfunk (siehe dazu unten).

2.2.3.3 Presse- und Rundfunkfreiheit (Art. 5 Abs. 1 Satz 2 GG)

Im Verfassungsstaat westlicher Prägung geschieht freie und öffentliche Meinungsbildung vor allem durch mediale Information, die angesichts der publizistischen Selektionstätigkeit von Presse und Rundfunk nicht auf bloße Nachrichtendistribution reduzierbar ist. Für den Rundfunk als Medium und Faktor der öffentlichen Meinungsbildung ist Information ein Teil des verfassungsrechtlichen Rundfunkauftrags[32]. Freilich steht insoweit der Informationsbereich in einer Trias, zu der auch Unterhaltung und Bildung gehören (§ 2 Abs. 2 Nr. 1 Rundfunkstaatsvertrag führt darüber hinaus noch die Beratung an), und selbstverständlich haben auch diese medial vermittelten Inhalte ihre Berechtigung. Gleichwohl ist nicht zu verkennen, daß Information für Printmedien und Rundfunk eine Querschnittaufgabe darstellt, die durchaus auch mit den unterhaltenden und bildenden Inhalten des Redaktionsteils und des Programms erfüllt wird.

2.2.3.4 Wissenschafts- und Kunstfreiheit, Versammlungs- und Vereinigungsfreiheit (Art. 5 Abs. 3; 8; 9 GG)

Die Verwirklichung der Wissenschaftsfreiheit erfordert den freien Zugang zu wissenschaftlich relevanten Informationen sowie die

---

31 S. zum ganzen *Roßnagel/Wedde/Hammer/Pordesch*, Digitalisierung der Grundrechte?, 1990, S. 74 ff.
32 S. dazu *Badura* in: *Stern* u.a., Rundfunk und Fernsehen – Informationsrecht, Informationspflicht und Informationsstil, 1987, S. 35 ff.

Möglichkeit, Forschungsergebnisse durch Lehrtätigkeit und durch Publikationen weitergeben zu können. Ob allerdings für wissenschaftliche Zwecke der Zugang zu normalerweise verschlossenen Informationen (etwa behördlichen Erkenntnissen) in erweitertem Maß besteht, bleibt zweifelhaft, zumal die Abgrenzungsfragen kaum lösbar sein dürften[33]. Auch bei künstlerischer Tätigkeit werden im Werkbereich des Künstlers Informationen verarbeitet, im Wirkbereich des Kunstwerks Informationen weitergegeben[34]. Damit beinhaltet auch das Grundrecht aus Art. 5 Abs. 3 GG einen Schutz des Empfangs und der Übermittlung von Informationen für seinen Normbereich.

Insofern Versammlungs- und Vereinigungsfreiheit die Fortsetzung der Meinungsäußerungsfreiheit in die kollektive und kooperative Dimension darstellen, können Versammlung und Verein als „Zusammensein zum interpersonalen Meinungs- und Informationsaustausch charakterisiert werden[35]. Information ist auch für Versammlung und Vereinigung Lebenselexier und Rechtfertigungsbedingung ihrer Existenz.

2.2.3.5 Freiheit des Berufs und des Eigentums (Art. 12 Abs. 1; 14 Abs. 1 GG)

Wenn sich eine berufliche Tätigkeit auf Erhebung, Speicherung, Verarbeitung und Nutzung von Informationen bezieht, kann sich aus der Garantie dieser Tätigkeit durch Art. 12 Abs. 1 GG ein mittelbarer Schutz der Inhaberschaft von Informationen ergeben, insbesondere, soweit ohne diese Potentiale oder im Fall ihres Bekanntwerdens eine berufliche Tätigkeit nicht mehr möglich oder erheblich beeinträchtigt wäre. Soweit Informationen aber vermögenswerten Charakter besitzen, ist ihr eigentliches Schutzgrundrecht das aus Art. 14 Abs. 1 GG, die Verfassungsgarantie freien Eigentums. Für den vermögenswerten Charakter einer Information ist aber nicht allein ihre Unzugänglichkeit für andere ausschlaggebend (nicht jede

---

33 Vgl. hierzu *Mayen*, Der grundrechtliche Informationsanspruch des Forschers gegenüber dem Staat, 1992; *Bizer*, Forschungsfreiheit und informationelle Selbstbestimmung, 1992, S. 39 ff.
34 Vgl. hierzu BVerfGE 30, 173, 189; 67, 213, 224; zur Informationsvermittlung durch Kunst siehe ausdrücklich die letztgenannte Entscheidung, 227.
35 S. hierzu *Langer*, Informationsfreiheit als Grenze informationeller Selbstbestimmung, 1992, S. 24.

geheime Information ist für andere von solchem Interesse, daß sie bereit sind, dafür einen Preis zu bezahlen), wenngleich dieses Merkmal selbstverständlich hinzutreten muß, um einen vermögenswerten Charakter annehmen zu können; vermögenswert sind gleichwohl nur solche Informationen, die auf dem öffentlichen Markt „gehandelt" werden können, für die also ein Publikumsinteresse allgemeiner Art besteht. Wegen des persönlichen Bezugs des geistigen Eigentums zu seinem Schöpfer (etwa von urheberrechtlich geschützten Werken oder von Patenten) ist hinsichtlich der Anwendung von Art. 14 Abs. 1 GG auf Immaterialgüterrechte die Konkurrenz zu dem durch Art. 1 und Art. 2 Abs. 1 GG gewährleisteten Persönlichkeitsrecht zu beachten. Urheberrecht und Recht des Erfinders werden deshalb nur in vermögensrechtlicher Hinsicht von der Eigentumsgewährleistung aus Art. 14 Abs. 1 GG abgesichert[36].

Aber auch soweit Art. 14 Abs. 1 GG auf die Inhaberschaft von Informationen anwendbar ist, müssen die vorhandenen Unterschiede zu Sachgütern beachtet werden[37]. Während an der Sache ein umfassendes Herrschaftsrecht des Eigentümers besteht (§ 903 BGB), ist für Informationen, zumal unter den Bedingungen der elektronischen Datenverarbeitung, die Möglichkeit beliebiger Vervielfältigung und Weitergabe charakteristisch[38]. Ein Grundsatz des „Gemeingebrauchs an Informationen" ist für die zivilrechtliche Informationsordnung, anders als für das Sacheigentum, die Grundregel, die nur unter dem Eindruck der Mißbrauchbarkeit der modernen Informationstechnologien eine gewisse Zurückdrängung durch den Gesetzgeber erfahren hat. Charakteristisch dafür ist das zivilrechtliche System des Schutzes des geistigen Eigentums, das von einem engen numerus clausus zeitlich und räumlich begrenzter Ausschließlichkeitsrechte beherrscht wird. Nur in diesen von der Rechtsordnung geschützten Fällen wird das Informationsinteresse des Informationssuchenden, das sich auf das Grundrecht der Informationsfreiheit und die allgemeine Handlungsfreiheit stützen kann, zurückgedrängt.

---

36 Vgl. dazu BVerfGE 31, 229, 298; 31, 270, 272; 36, 281, 290; 49, 382, 392; *Papier* in *Maunz/Dürig/Herzog*, Grundgesetz, Art. 14 RdNr. 187; *Badura*, in: Festschrift für Maunz, 1981, S. 1 ff., 9.
37 S. dazu *Sieber*, NJW 1989, 2569, 2577.
38 Vgl. hierzu *Kirchhof*, Der Gesetzgebungsauftrag zum Schutz des geistigen Eigentums gegenüber modernen Vervielfältigungstechniken, 1988, insbes. S. 19 ff.

2.2.3.6 Brief-, Post- und Fernmeldegeheimnis (Art. 10 Abs. 1 GG)

Mit diesem Grundrecht werden die Informationen, die auf den in Bezug genommenen Übermittlungswegen transportiert werden, gegen staatlichen Zugriff geschützt. Angesichts der Umwandlung der ehemaligen Deutschen Bundespost in privatrechtlich organisierte Unternehmen stellt sich die Frage, wo der Adressat dieses Grundrechts geblieben ist, auch wenn vom Verschwinden des hoheitlichen Grundrechtsverpflichteten in der Literatur derzeit noch gar nicht so recht Notiz genommen wird[39]. Letztendlich liegt ein Problem der Fiskalgeltung der Grundrechte vor, soweit diese Dienste nunmehr vom Staat in Privatrechtsform geführt werden[40]. Werden diese oder ähnliche Dienste aber in Konkurrenz oder auch substitutiv zum Staat von Privaten ausgeführt, so handelt es sich um ein Problem objektiver Grundrechtsgeltung, die den Gesetzgeber in Erfüllung seiner Schutzverpflichtung zum Tätigwerden verpflichtet. Daß hier wie im gesamten Problembereich des Verfassungsguts Information die normsetzende Tätigkeit der Legislativorgane der rasanten Entwicklung enorm hinterherhinkt, kann die Richtigkeit dieses Befundes nicht trüben.

2.2.3.7 Das Recht auf informationelle Selbstbestimmung

Dieses von der Wissenschaft[41] und insbesondere von der Rechtsprechung des Bundesverfassungsgerichts im sogenannten Volkszählungsurteil[42] aus einer Zusammenschau der Garantie der Menschenwürde in Art. 1 Abs. 1 GG und der Gewährleistung der allgemeinen Handlungsfreiheit in Art. 2 Abs. 1 GG entwickelte Recht wurde als Reaktion auf staatliche Informationseingriffe und die neuartigen Möglichkeiten der elektronischen Datenverarbeitung konzipiert. Vor allem in Hinblick auf deren Gefährdungspotential, das in der

---

39 Vgl. dazu etwa *Hesse*, Grundzüge des Verfassungsrechts der Bundesrepublik Deutschland, 20. Aufl. 1995, RdNr. 374.
40 S. dazu *Hesse*, ebd., RdNr. 345 ff.; *Rüfner*, in: Isensee/Kirchhof (Hrsg.), Handbuch des Staatsrechts, Bd. V, 1992, § 117 RdNr. 39 ff.
41 Vgl. hierzu *Podlech*, in: Perels (Hrsg.), Grundrechte als Fundament der Demokratie 1979, S. 50, 55 m.w.N.
42 BVerfGE 65, 1, 41 ff.; s. dazu *H. Schneider*, DÖV 1984, 161 ff.; *Krause*, JuS 1984, 268 ff.; *Simitis*, NJW 1984, 398 ff.; *Schlink*, Der Staat 25 (1986), 233 ff.; *Vogelgesang*, Grundrecht auf informationelle Selbstbestimmung?, 1987; s. weiterhin BVerfGE 78, 77, 84; BGH NJW 1991, 1532, 1533; BayVerfG 40, 7, 12.

jederzeitigen Verfügbarkeit, beliebigen Transferierbarkeit und grenzenlosen Kombinationsmöglichkeit der erhobenen Einzeldaten besteht (Erstellung von „Persönlichkeitsprofilen"), wurde gesteigerter rechtlicher Schutz als notwendig angesehen. Insoweit kann es kein belangloses Datum mehr geben, und kommt es nicht mehr auf einen persönlichen, privaten Charakter der Information an[43].

Ungeachtet der zahlreichen Probleme, die der Grundsatz informationeller Selbstbestimmung im Hinblick auf das Allgemeine Persönlichkeitsrecht, den Gesetzesvorbehalt, dem es trotz seiner auch aus Art. 1 Abs. 1 GG vorgenommenen Ableitung unterliegen soll, sowie die Subsidiarität von Art. 2 Abs. 1 GG aufwirft[44], hat diese Schöpfung des Bundesverfassungsgerichts in der Literatur weitgehende Zustimmung gefunden[45]. In der Tat scheint sie ein Gegenmittel, um der totalen Auslieferung des Staatsbürgers an eine übermächtige, über umfassendes Wissen und damit ungebundene Macht verfügende Verwaltung begegnen zu können, soweit das Recht seine Kraft als Steuerungsfaktor unter solchen Gegebenheiten überhaupt bewahren kann.

2.2.3.8 Recht des Informationssuchenden, -verarbeitenden und -nutzenden auf Abwehr von Beschränkungen (Art. 5 Abs. 1 Satz 1; 2 Abs. 1 GG)

Angesichts der Strahlkraft des Rechts auf informationelle Selbstbestimmung wurde allzuoft nicht beachtet, daß die Freiheit von Informationssuche, -verarbeitung und -verwertung jedenfalls im Verhältnis zwischen Privaten seit jeher bestand und auch heute noch die Regel sein muß[46]. Der Staat darf sie nicht mehr als unbedingt nötig behindern; insofern wirken die Grundrechte aus Art. 5 Abs. 1 GG und, soweit kein Spezialgrundrecht wie etwa das

---

43 S. dazu BVerfGE 65, 1, 45.
44 S. dazu ausführlich *Scholz/Pitschas*, Informationelle Selbstbestimmung und staatliche Informationsverantwortung, 1984, S. 24 ff., 86 ff.; *Kunig*, Jura 1993, 595 ff.; *Vogelgesang*, Grundrecht auf informationelle Selbstbestimmung?, 1987, S. 59 ff.
45 Z.B. *Hufen*, JZ 1984, 1072, *Groß*, AöR 113 (1988), 161; *Heußner*, BB 1990, 1281; *Aulehner*, CR 1993, 446; *Simitis*, NJW 1984, 398; krit. *Zöllner*, Informationsordnung und Recht, S. 16, 21 ff.
46 Vgl. hierzu *Langer*, a.a.O., S. 47 f.; *Ehmann*, AcP 188 (1988), 230, 237 f.

aus Art. 12 (Berufsfreiheit) eingreift, subsidiär die allgemeine Handlungsfreiheit zugunsten des bezeichneten Personenkreises[47].

2.3 Das Verfassungsrecht im Konflikt von informationeller Offenheit und Geheimhaltung

2.3.1 Der Zugang des Bürgers zu staatlichen Informationen

Der Faszination des Rechts auf informationelle Selbstbestimmung ist es zu verdanken, daß meist übersehen wird, daß der Bürger nicht nur einerseits von staatlichem Zugriff auf seine Daten unbehelligt sein möchte, sondern andererseits auch selbst an den Staat bzw. seine Behörden mit Auskunfts- und Informationsersuchen herantritt. Wegen des Leistungs- und Teilhabecharakters solchen Ansinnens kann angesichts der nach wie vor im Vordergrund stehenden negatorischen Orientierung der Grundrechte eine Berufung auf diese nur dann durchschlagen, wenn damit die Voraussetzungen für den Grundrechtsgenuß selbst geschaffen werden sollen. Auch das Recht auf informationelle Selbstbestimmung produziert einen entsprechenden Anspruch, der in § 19 BDSG niedergelegt ist und das Recht auf Einsichtnahme in behördlich gespeicherte personenbezogene Daten beinhaltet. Soweit demgegenüber Auskunftsansprüche im Verwaltungs-, Finanz- oder Sozialverfahren ihre Basis (nur) im objektiven Rechtsstaatsprinzip haben, kann auf die Konkretisierungsarbeit des Gesetzgebers in aller Regel nicht verzichtet werden; ein unmittelbarer Zugriff auf Art. 20 Abs. 1 GG zur Ableitung entsprechender Informationsansprüche dürfte nicht statthaft sein. Wie aber bereits oben dargestellt, besteht im demokratischen Verfassungsstaat des Grundgesetzes auch außerhalb formierter Rechtsansprüche einzelner auf Preisgabe staatlicher Informationen die Verpflichtung größtmöglicher Transparenz aller staatlicher Handlungen. Einklagbar ist dieses Verfassungspostulat vom einzelnen Bürger in dieser globalen Breite freilich nicht.

---

47 S. hierzu auch *Wente*, NJW 1984, 1446, 1447; *Gallwas*, NJW 1992, 2785, 2788.

2.3.2 Der Zugriff des Staates auf die Privatheit des Bürgers und das Recht auf informationelle Selbstbestimmung

Der das gesamte Informationsrecht durchziehende Grundkonflikt zwischen Offenheit und Geheimhaltung[48] wird besonders manifest, wenn der Bereich staatlicher Informationszugriffe auf private Daten des Bürgers in den Blick kommt. Geht man mit der herrschenden Meinung davon aus, daß das Recht auf informationelle Selbstbestimmung jedenfalls durch Gesetz oder aufgrund Gesetzes eingeschränkt werden kann, wenn auch unter strikter Wahrung des Verhältnismäßigkeitsgrundsatzes, so bedeutet dies, daß entsprechende Rechtsgrundlagen geschaffen werden müssen und daß insbesondere die im Volkszählungsurteil gezogenen unübersteigbaren Grenzen (keine Erstellung von Persönlichkeitsprofilen u. a.) zu beachten sind. Ob damit der totale Überwachungsstaat des George Orwell, den er in seinem Roman „1984" beschreibt, auf Dauer verhindert wird, weiß selbstverständlich heute noch niemand[49]; immerhin ist das Bundesdatenschutzgesetz nach Kräften bemüht, die Vorgaben des Volkszählungsurteils in operationale Normen umzusetzen, um die informationelle Apokalypse zu verhindern.

2.3.3 Das Verhältnis von privatem Informationssuchenden (-verarbeiter/-verwerter) und privatem Informationsinhaber (-betroffenen)

2.3.3.1 Keine unmittelbare Anwendbarkeit der Grundrechte im Privatrechtsverhältnis

Für die Grundrechte als staatsgerichtete Rechte ist – gewisse Sonderwege des Bundesarbeitsgerichts in den Anfängen seiner Judikatur seien ausgeklammert-praktisch allgemein anerkannt, daß sie im Privatrechtsverhältnis keine unmittelbare Geltung entfalten. Die Annahme einer unmittelbaren Drittwirkung würde nicht nur die Privatautonomie zum Erliegen bringen, sondern eine allgemeine Blockade der Rechte von jedermann durch die Grundrechte anderer bewirken[50].

---

48 *Sieber*, a.a.O., 2577.
49 So auch *Hufen*, JZ 1984, 1072, 1076.
50 S. dazu sehr deutlich *Gallwas*, a.a.O., 2786; zur Drittwirkung von Grundrechten vgl. auch *Rüfner*, in: Gedächtnisschrift für Wolfgang Martens, 1987, S. 215 ff.; *Stern*, Das Staatsrecht der Bundesrepublik Deutschland, Bd. III/1, 1988, § 76; *Dürig* in: Maunz/Dürig/Herzog, Grundgesetz, Art. 1 Abs. III, RdNr. 127 ff.

Das heißt aber nicht, daß die Grundrechte, für die der Charakter als objektive Prinzipien in der Rechtsprechung des Bundesverfassungsgerichts anerkannt ist, nicht eine Ausstrahlungswirkung besäßen, mittels deren sie als Elemente der Gesamtrechtsordnung die Gestaltung der Rechtsbeziehungen zwischen Privaten beeinflussen können[51]. Jedoch ist einsichtig, daß der Einfluß der Grundrechte als objektive Prinzipien auf das gesamte Rechtssystem, also auch auf das Zivil- und Strafrecht, einer Brechung und Filterung unterliegt, weil nach der Rechtsprechung des Bundesverfassungsgerichts solche Ausstrahlungsvorgänge zum einen zivil- oder strafrechtliche Generalklauseln oder zumindest weite, normativ aufgeladene Rechtsbegriffe benötigen und zum anderen seit dem Lüth-Urteil ihre Realisierung durch eine gerichtliche Entscheidung an die Durchführung entsprechender Abwägungs- und Ausgleichsprozesse geknüpft ist[52]. Dies führt dazu, daß selbst bei Anerkennung grundrechtlicher Einwirkungen auf das Privatrechtsverhältnis die Wirkungsweise der Grundrechte eine andere ist als im originären Staat-Bürger-Verhältnis. Die Grundrechte treten dabei gebremst und unter Rücksichtnahme auf die Erfordernisse einer auf der Ebene der Gleichordnung angesiedelten Rechtsmaterie in Erscheinung[53].

2.3.3.2 Ausgestaltung der Privat- und Strafrechtsordnung durch den Gesetzgeber unter Berücksichtigung des Abwägungsgebots und der Schutzverpflichtung des Staates zugunsten der Grundrechte

Beinhalten Grundrechte neben ihrer Komponente als negatorische Abwehrrechte des Bürgers auch eine objektive Schicht als wertentscheidende Grundsatznormen, so drängen sie auf Verwirklichung der von ihnen geschützten Rechtsgüter. Dies gilt auch dort, wo Ver-

---

51 Zur Ausstrahlungswirkung vgl. prägnant BVerfGE 34, 269, 280 m.w.N.; zu den objektivrechtlichen Grundrechtsgehalten vgl. *Dreier*, Dimensionen der Grundrechte. Von der Wertordnungsjudikatur zu den objektivrechtlichen Grundrechtsgehalten, 1993; *ders.*, Jura 1994, 505 ff.; *Jeand'Heur*, JZ 1995, 161 ff.
52 BVerfGE 7, 198, 208; zum Lüth-Urteil vgl. neuerdings wieder Hesse, JZ 1995, 265, 266; *Jeand'Heur*, JZ 1995, 161, 162; vgl. weiterhin jüngst die Stasi-Spion-Entscheidung vom 15. 5. 1995, JZ 1995, 885 mit einer Abwägung verschiedenster Gemeinwohlbelange; weiterhin BVerfGE 76, 256, 356; 78, 249, 284.
53 Zur Wirkungsweise des Rechts auf informationelle Selbstbestimmung im Zivilrecht vgl. auch *Ehmann*, AcP 188 (1988), 230, 303.

letzungen durch Akteure drohen, die nicht direkte Grundrechtsadressaten sind. Wie sich auch aus Art. 1 Abs. 2 GG ableiten läßt, besteht deshalb eine unmittelbar grundrechtsbegründete Schutzverpflichtung des Staates[54].

Durch sie ist er gehalten, eine Informationsordnung zivil- und strafrechtlicher Natur zu schaffen, welche so gestaltet ist, daß den grundrechtlichen Ansprüchen sowohl desjenigen, der auf Wahrung seiner informationellen Sphäre bedacht ist, Rechnung getragen wird als auch den ebenso berechtigten Interessen des Informationssuchenden oder -nutzenden[55].

Die Lösung von Kollisionslagen, in der auf derselben Ebene angesiedelte grundrechtliche Implikationen fallweise bevorzugt oder zurückgestellt werden müssen, nach dem Abwägungsmodell (des nach jede Richtung schonendsten Ausgleichs, der verhältnismäßigen Zuordnung bzw. der „praktischen Konkordanz")[56] unterliegt allerdings starker Kritik. Es wird eingewandt, der Vorgang des Abwä-

---

54 Ständige Rechtsprechung seit BVerfGE 39, 1, 42 ff.; zuletzt s. etwa E 79, 170, 201 f.; 88, 203, 251 ff.; vgl. zu dieser *Stern*, Das Staatsrecht der Bundesrepublik Deutschland, Bd. III/1, 1988, § 69 IV; *Hesse*, in: Festschrift für Marenholz, 1994, 547 ff.; *Isensee*, in: ders./Kirchhof (Hrsg.), Handbuch des Staatsrechts V 1992, § 111, RdNr. 77 ff.; *Murswiek*, Die staatliche Verantwortung für die Risiken der Technik, 1985, S. 88 ff.; *Alexy*, Theorie der Grundrechte, 1985, S. 410 ff.; *Hermes*, Das Grundrecht auf Schutz von Leben und Gesundheit. Schutzpflicht und Schutzanspruch aus Art. 2 Abs. 2 Satz GG, 1987, S. 187 ff.; *E. Klein*, NJW 1989, 1633 ff.; *Schmidt-Aßmann*, AöR 106 (1981), 205 ff.; *Dietlein*, Die Lehre von den grundrechtlichen Schutzpflichten, 1992; *H. H. Klein*, DVBl. 1994, 489 ff.; *Jeand'Heur*, JZ 1995, 161, 163.
55 Zum Ausgleich von Privatsphäre und Gemeinschaftsgebundenheit des Individuums im Datenschutzbereich vgl. auch BayVerfGH JZ 1995, 299, 300.
56 Zu den Fragen der Abwägung im Verfassungsrecht vgl. *Lerche*, Übermaß und Verfassungsrecht, 1961; *Hesse*, Grundzüge des Verfassungsrechts der Bundesrepublik Deutschland, 20. Aufl. 1995, RdNr. 317 ff.; *Häberle*, Die Wesensgehaltgarantie des Art. 19 Abs. 2 GG, 3. Aufl. 1983; *Schlink*, Abwägung im Verfassungsrecht, 1976; *Bethge*, Zur Problematik von Grundrechtskollisionen, 1976, S. 153, 273 ff.; *Harald Schneider*, Die Güterabwägung des Bundesverfassungsgerichts bei Grundrechtskonflikten, 1979; *Alexy*, Theorie der Grundrechte, 1985, S. 78 ff.; *Stern*, Staatsrecht, Bd. III/2, 1994, 814 ff.; *Friedrich Müller*, Juristische Methodik, 5. Aufl. 1993, S. 59 f.; *Pieroth/Schlink*, Grundrechte. Staatsrecht II, 11. Aufl. 1995, RdNr. 310 ff., 341 ff.; *Ossenbühl*, DVBl. 1995, 904 ff.

gens und Gewichtens sei rechtlich fast indeterminiert („Dezisionismus"), selbst wenn er unter Berufung auf grundrechtliche Vorgaben erfolge, weil diese angesichts ihrer Weite und Unbestimmtheit keine adäquate Leitlinie böten; die Berufung auf die grundgesetzliche Wertordnung diene nur dazu, persönliche Urteile und Vorurteile einfließen zu lassen, und komme über eine fallweise, letztlich kasuistische Beurteilung nicht hinaus[57]. Ob jedoch ohne das Mittel der Abwägung auszukommen ist, erscheint höchst zweifelhaft; richtig ist aber, daß die Objektivierung des Abwägungsvorgangs nach Möglichkeit vorangetrieben werden muß und daß zunächst alle Versuche auszuschöpfen sind, den Geltungsbereich der jeweiligen Grundrechte aus diesen heraus und kollisionsfrei zu bestimmen. Soweit es aber um die Schaffung einer privat- oder strafrechtlichen Informationsordnung geht, ist zu berücksichtigen, daß der Gesetzgeber sicherlich über einen nicht unbeträchtlichen Gestaltungsspielraum verfügt, weil er nicht subjektiven personalen Ansprüchen nachzukommen, sondern den gerechten Ausgleich zu suchen hat[58]. Ein geringeres Maß an Gestaltungsfreiheit wird man dagegen dem Zivil- oder Strafrichter zubilligen, der bei der Anwendung von Normativbegriffen oder von unbestimmten Rechtsbegriffen und Generalklauseln ebenfalls grundrechtliche Wertungen zu berücksichtigen und kollidierende Interessens- und Rechtssphären abzugrenzen hat; ihm obliegt diese Aufgabe nur und insoweit, als es an einer ins einzelne gehenden gesetzgeberischen Wertung fehlt[59].

Unter diesem Aspekt ist die bestehende privat- und strafrechtliche Informationsordnung[60] als gesetzgeberische Abgrenzung kollidierender Rechtsgüter und Interessen von Privaten einzuordnen. Grundrechtliche Wertungen können dabei nur über das Medium gesetzgeberischer Aktualisierung zum Tragen kommen. Das ursprüngliche Prinzip der Informationsfreiheit steht zwar nach wie vor im Vordergrund, wird jedoch angesichts der durch die moderne

---

57 Vgl. hierzu insbesondere *Schlink*, a.a.O.
58 Zum Verhältnis von mittelbarer Drittwirkung, Schutzpflicht des Staates und gesetzgeberischer Verpflichtung, grundrechtlich verbürgte Positionen Privater gegeneinander abzuwägen, siehe *Hesse*, Grundzüge des Verfassungsrechts der Bundesrepublik Deutschland, 20. Aufl. 1995, RdNr. 353 ff.
59 Zu den Aufgaben und den Grenzen richterlicher Tätigkeit in diesem Zusammenhang vgl. ebenfalls *Hesse*, a.a.O., RdNr. 320.
60 Zur rechtlichen Regelung des Informationsverkehrs im Zivilrecht vgl. *Ehmann*, AcP 188 (1988), 230 ff.

Informationstechnologie und das Wirken der Medien immer intensiver werdenden Gefahren für die Privat- und Intimsphäre, aber auch zwecks vermehrter gütermäßige Zuordnung von Informationen zum Vermögen eines bestimmten Informationsinhabers zunehmend durch den Gesetzgeber eingegrenzt. Dies ist unumgänglich, nicht zuletzt, da alte Hemmnisse aufgrund von Sitte, Konvention oder Moral ihre ursprüngliche Wirksamkeit verloren haben. Dadurch soll gesichert werden, daß trotz der Handlungsfreiheit des Informationssuchenden, -nutzenden und -verarbeitenden für die Weitergabe von nicht allgemein zugänglichen Informationen allein der Wille von Informationsinhaber oder -betroffenem den Ausschlag gibt. Hierin liegt der eigentliche Grund für die Entwicklung eines strafrechtlichen Geheimnis- und Ehrenschutzes wie auch des Allgemeinen Persönlichkeitsrechts zivilrechtlicher Prägung mit verfassungsrechtlicher Wurzel. Es paßt in dieses Bild, daß auch das Bundesdatenschutzgesetz bei geschäftsmäßiger Verarbeitung von Daten durch nichtöffentliche Stellen den Betroffenen ein Einsichtsrecht in die ihn betreffenden personenbezogenen Daten gewährt (§ 30 BDSG) und daß hier wie im Verhältnis zu Verwaltungseinheiten die Erstellung ganzer Persönlichkeitsprofile als absolut unzulässig einzustufen ist.

Ein Wort sei der Frage gewidmet, ob die grundrechtliche Verpflichtung des Gesetzgebers, zum Schutz des Informationsinhabers bzw. des Informationsbetroffenen tätig zu werden, die sich in der Schaffung einer adäquaten Zivil- und Strafrechtsordnung manifestiert, im Verhältnis von Privat zu Privat eine Konsequenz des Rechts auf informationelle Selbstbestimmung nach Art. 2 Abs. 1; 1 Abs. 1 GG ist, wie dies das Bundesverfassungsgericht in einer neueren Entscheidung annimmt[61]. Obwohl die Verpflichtung der staatlichen Gewalt zum Schutz der Grundrechte grundsätzlich nicht auf einzelne Verbürgungen beschränkt ist (mag sie auch im Bereich des Grundrechts auf Leben und körperliche Unversehrtheit – Art. 2 Abs. 2 GG – bislang besondere Bedeutung entfaltet haben), schließt dies ein differenziertes Vorgehen nicht aus. Ein zurückhaltendes pro-

---

61 Hierzu BVerfGE 84, 192, 194; demgegenüber weisen *Scholz/Pitschas*, Informationelle Selbstbestimmung und staatliche Informationsverantwortung, 1984, S. 37 darauf hin, daß diese Frage vom Bundesverfassungsgericht im Volkszählungsurteil gerade offengelassen worden sei. Vgl. zum Meinungsstreit auch *Langer*, Informationsfreiheit als Grenze informationeller Selbstbestimmung, 1992, S. 177 ff.

cedere ist im Hinblick auf das Recht auf informationelle Selbstbestimmung, selbst wenn es als vollwertiges Grundrecht, nicht nur als Grundrechtsderivat anzusehen sein sollte[62], schon deshalb am Platz, weil in seinem Umfeld mit dem Allgemeinen Persönlichkeitsrecht, aus dem es abgeleitet wird, ein seit langem anerkanntes Rechtsinstitut besteht[63], das die verfassungsrechtlichen Intentionen in diesem Zusammenhang sehr viel besser zu erfüllen vermag. Dies gilt vor allem deshalb, weil mit der Anerkennung des Rechts auf informationelle Selbstbestimmung ein Regel-/Ausnahmeverhältnis begründet wurde. Dieses ist zwar im Verhältnis Bürger/Staat am Platze, insofern es grundsätzlich zugunsten eines Rechts des Bürgers auf Herrschaft über seine informationelle Sphäre streitet und Eingriffe des Staates in diese unter einen Rechtfertigungszwang stellt. Im Privatrechtsverkehr würde aber die damit verbundene grundsätzliche Option zugunsten des Informationsinhabers/-betroffenen die Gewichte einseitig zu Lasten des Informationssuchenden/-nutzenden verschieben[64]. Es scheint angezeigt, insoweit auf das Allgemeine Persönlichkeitsrecht zurückzugreifen, das seit jeher als der positiven Feststellung seiner Grenzen durch einen eigenen Abwägungsprozeß bedürftig angesehen wurde[65] und von daher der gesetzgeberischen Wertung bei der Ausgestaltung privatrechtlicher Strukturen alle Chancen offenhält[66]. Daß der Gesetzgeber selbstverständlich nicht daran denkt, im Privatrechtsverkehr grundsätzlich zu Lasten der Informationssuchenden und -nutzenden zu entscheiden, beweist die noch junge Regelung des §4 Rundfunkstaatsvertrag über das Recht der Fernsehkurzberichterstattung. Sie ist vor dem Hintergrund einer drohenden Informationsmonopolisierung im Bereich von Sportveranstaltungen, insbesondere von Bundesliga-Fußballspielen, entstanden. Durch den Erwerb von Exklusivrechten durch einen bundesweit sendenden, seinerzeit technisch aber noch nicht ausreichend verbreiteten privaten Fernsehveranstalter drohte die Gefahr, daß

---

62 S. dazu *Langer*, a.a.O., S. 187.
63 Zum wenig geklärten Verhältnis von Allgemeinem Persönlichkeitsrecht und Recht auf informationelle Selbstbestimmung s. *Kunig*, Jura 1993, 595, 596; vgl. auch *Ehmann*, a.a.O., 304; *Scholz/Pitschas*, ebd., S. 87; *Vogelsang*, Grundrecht auf informationelle Selbstbestimmung?, 1987, 127 ff., 159 ff.
64 S. dazu auch BVerfGE 65, 1, 41 f; *Schlink*, Der Staat (1986), 233, 244.
65 S. dazu BGHZ 24, 72, 80; 36, 77, 81 ff.; 45, 296, 307; *Thomas*, in: Palandt, Bürgerliches Gesetzbuch, 53. Aufl. 1994, §823, RdNr. 184–196.
66 In diese Richtung auch *Langer*, a.a.O., S. 186 ff.

mehr als zwei Drittel der deutschen Fernsehteilnehmer von einer über das Verlesen von Meldungen hinausgehenden Berichterstattung über die Spiele der Bundesliga ausgeschlossen sein könnten. Das genannte Recht stellt Exklusivverträgen über die Vermarktung der Rechte an öffentlich zugänglichen Ereignissen von allgemeinem Informationsinteresse eine allerdings auf nachrichtenmäßige Berichterstattung begrenzte Sendemöglichkeit mit der Obergrenze von regelmäßig eineinhalb Minuten entgegen[67].

Im genannten Fall hat also der Gesetzgeber eine Konfliktlage zu Lasten des Informationsinhabers, aber gleichwohl in einer für den letzteren noch erträglichen Weise aufgelöst. In anderen Fällen könnte man darüber rechten, ob nicht zugunsten des Datenschutzes, der bekanntlicherweise leicht zum Tatenschutz mutiert, zuviel getan ist, mag dies auch von einer aufgeregten und seit dem Volkszählungsurteil vielleicht übersensibilisierten Öffentlichkeit begrüßt werden[68]. Es darf nicht vergessen werden, daß seit jeher das Sammeln, Speichern und Verarbeiten auch personenbezogener Daten durch Privatpersonen (anders als durch den Staat!) eine durchaus sozialadäquate Tätigkeit darstellt und daß der Kollaps unserer Informationsordnung nicht nur durch ein zuwenig an Daten- und Informationsschutz bewirkt werden kann, sondern wohl noch mehr durch fehlendes Augenmaß bei der Bestimmung der Höhe der Schutzstandards.

Diskussionsbericht zu dem Vortrag von Prof. Dr. Stettner

Zum Vortrag von Prof. *Stettner* wurde kritisch angemerkt, daß die Argumentation zu Art. 14 GG zirkulär sei. Einerseits werde darauf hingewiesen, daß der Informationsfluß frei sei. Andererseits werde behauptet, daß auch das Wirtschaftsgut Information unter den Eigentumsbegriff des Art. 14 GG falle. Zu einem vermögenswerten Gut werde das Wirtschaftsgut Information doch erst dann, wenn die Rechtsordnung dem Inhaber der Information ein Verwertungsrecht einräume. Auch wurde darauf hingewiesen, daß im Referat von Prof. *Stettner* eine deskriptive Analyse sämtlicher für das Wirtschaftsgut

---

67 S. dazu *Stettner*, JZ 1993, 1125 ff.; zum Problem s. auch *Kübler*, Massenmedien und öffentliche Veranstaltung, 1978; *Urek*, Grenzen der Zulässigkeit von Exklusivvereinbarungen über die Fernsehberichterstattung, 1991, insb. S. 136 ff.
68 S. dazu *Langer*, a.a.O., S. 203/204.

Diskussion

Information in Betracht kommender Grundrechtsbestimmungen geliefert worden sei. Gefehlt hätten dagegen Relevanzkriterien für die Anwendung der beschriebenen Grundrechtsbestimmungen im Falle von Interessenkollisionen. Hier sei eine Theorie der Präferenzen erforderlich. Der BGH habe beispielsweise einen Fall zu entscheiden gehabt, in dem eine Arzt- oder Rechtsanwaltspraxis einschließlich der Kundendatei verkauft wurde. Hier stellte sich die Frage nach dem richtigen Anhaltspunkt. Dabei gehe es nicht so sehr um die Unterscheidung zwischen Material der Karteikarten und deren Inhalt, die Daten, als darum, daß einerseits die Interessen des Praxisinhabers, andererseits die der Patienten oder Mandanten auf dem Spiel stünden und abzuwägen seien. Für die Informationsverfassung stelle sich die entscheidende Frage, ob Art. 14 GG, d.h. der Wert der Praxis, in den Vordergrund zu rücken ist oder nicht. Präferenzen ließen sich möglicherweise unter Berücksichtigung von ökonomischen Erwägungen, beispielsweise Erwägungen der Effizienz oder aber von Erwägungen der Gerechtigkeit oder Fairness entwickeln.

Dem wurde entgegengehalten, daß Relevanzkriterien für die Anwendung verschiedener Grundrechtsbestimmungen nur dann erforderlich seien, wenn es sich nicht um Grundrechte derselben Person handele. Grundrechte derselben Person kämen kumulativ zur Anwendung. Lediglich dann, wenn Grundrechte verschiedener Personen einander gegenüberstünden, ergebe sich ein Problem der Abwägung. Bei der Suche nach Kriterien für eine Abwägung zwischen den Interessen von Inhabern von Informationen einerseits und Informationssuchenden andererseits sei die Erreichung eines „Informationsgleichgewichts" anzustreben. Hauptziel müsse es sein, zu einem System informationeller Garantien zu kommen.

Es wurde weiter darauf hingewiesen, daß die anstehende Privatisierung des Telekommunikationssektors, d.h. die Ersetzung eines öffentlichen Monopolisten durch mehrere private „Service provider", eine Regelung der Strukturen, die für den Informationsaustausch maßgeblich sind, erforderlich mache, denn mit den negatorischen, staatsgerichteten Grundrechten könne dann nicht mehr gearbeitet werden. Da eine Drittwirkung von Grundrechten nur in sehr beschränktem Maße anerkannt ist, würden die Tätigkeiten privater Netzbetreiber kaum erfaßt, obwohl künftig diesen die Einhaltung juristischer Vorgaben zufalle. Eine Folge sei, daß über die Frage der Grundrechtsdrittwirkung neu nachgedacht werden müsse. Die klassische Lehre lasse sich in Anbetracht des wirtschaftlichen Umbruchs auf diesem Sektor nicht mehr durchhalten. Beispielsweise stelle eine falsche Informationsbearbeitung einen Eingriff in den eingerichteten und ausgeübten Gewerbebetrieb dar. Dagegen wurde vorgetragen, daß der Vorschlag, Grundrechten generell Drittwirkung zu verleihen, erhebliche Probleme der Abgrenzung nach sich ziehe. Mit Blick auf das Fernmeldegeheimnis sei der Beurteilung zuzustimmen, daß der Grundrechtsadressat mit der Privatisierung der Telekom verschwinde. Es sei auch zuzugestehen, daß mit der Existenz von privaten Netzbetreibern Regelungsbedarf entstehe. Die Frage, in welcher Weise hier Regelungen zu treffen sind, habe jedoch letztlich der Gesetzgeber zu beantworten.

Schließlich wurde angemerkt, daß sich das vom Bundesverfassungsgericht geschaffene Recht auf informationelle Selbstbestimmung bislang innerhalb Europas nicht zu einem Exportartikel entwickelt habe. Es habe beispielsweise nicht Eingang in die europäische Datenschutzrichtlinie gefunden. Die Strahlkraft des informationellen Selbstbestimmungsrechts scheine nicht sonderlich groß zu sein. Dazu wurde entgegnet, daß das deutsche Verfassungsrecht mehr und mehr von europäischem Recht überlagert werde. In der Europäischen Union gebe es neben der Bundesrepublik Deutschland eine Vielzahl anderer Mitgliedstaaten, in denen die Grundrechtssensibilität deutlich geringer ausgeprägt sei als in Deutschland. Unter diesem Gesichtspunkt sei die geringe Strahlkraft des vom Bundesverfassungsgericht entwickelten Rechts auf informationelle Selbstbestimmung verständlich, der Neuorientierungsbedarf um so größer.

A. Funk

Kooperation und Konflikte in Computernetzen
– Das Beispiel Internet –

Gerrit Oldenburg und Kei Ishii

1. Zum Thema des Vortrags
2. Aufbau und Strukturen des Internet
3. Wie wird im Internet kommuniziert?
   3.1 Electronic Mail
   3.2 Mailing List
   3.3 Net News
4. Wie werden Informationen ausgetauscht?
   4.1 World Wide Web
   4.2 Informationssuche
   4.3 Informationsauswertung
5. Kooperationsfälle
   5.1 Juristische Informationen im Internet
   5.2 Weltweite gegenseitige Hilfe über Net News
   5.3 Gemeinsame Entwicklung von Software als Allgemeingut
6. Konfliktfälle
7. Zusammenfassung und Schluß

Literaturübersicht

Quarterman, The Matrix. Computer Networks and Conferencing Systems Worldwide, 1. Auflage 1990; *Rheingold*, Die virtuelle Gemeinschaft, 1. Auflage 1994; *Spinner*, Die Wissensordnung, 1. Auflage 1994; *Tolhurst/Pike/Blanton*, Using the Internet, 1. Auflage 1994.

1. Zum Thema des Vortrags

Das **Internet** ist in den letzten Wochen und Monaten fast täglich in Zeitungen, Zeitschriften, Rundfunk und Fernsehen präsent. In den Beiträgen wird es je nach Standpunkt des Autors bzw. der Redaktion entweder extrem positiv als beinahe unendlich ergiebige und vielseitige Kommunikationsmöglichkeit und Informationsquelle[1]

---

[1] Wenige Beispiele aus der Vielfalt der Artikel über Informationsquellen im Internet: *o. V.*, Heiße Tips, Kurse und neue Informationsquellen tauschen private Anleger über ein spezielles Internet-Forum aus, Capital 11/95, 311; *Sandberg*, Firm Unites Auto Insurers On the Internet, Wall Street Journal v. 23.10.1995; *Colker*, A Child Is Waiting on the Internet, Los Angeles Times v. 13.10.1995, E1 (Informationen zu Adoptionskindern).

oder im anderen Extrem als Spielwiese für Hacker, Neonazis und pädophile Pornographen[2] dargestellt. Neuerdings gesellt sich zu diesen Sichtweisen die Auffassung, das Internet sei allseits überbewertet und gesellschaftlich vollkommen uninteressant.

Jedenfalls läßt sich feststellen, daß Computernetze und ihre Nutzungsmöglichkeiten im Begriff sind, in das Bewußtsein vieler Menschen zu gelangen. In besonderem Maße im Mittelpunkt der Berichterstattung steht das Internet. Dieses Computernetz ist nun nicht neu – neu ist, daß die Massenmedien es als Thema entdeckt haben.

Hinzu kommt die besondere Aufmerksamkeit, die digitalen Netzen von seiten der Politik in steigendem Maße zuteil wird. Ihre Bedeutung als Wirtschaftsfaktor ist erkannt, und mit Konzepten wie der **National Information Infrastructure** (NII) in den USA[3] oder entsprechenden Anstrengungen in Europa[4] und anderen Teilen der Welt wird überall versucht, durch politische Weichenstellungen den Weg in die Informationsgesellschaft[5] zu bahnen.

Bei der Diskussion um technische, organisatorische, rechtliche und politische Strukturen von zukünftigen Informationsinfrastrukturen dient heute in erster Linie das Internet als Grundlage. Daher werden die wesentlichen Strukturen und Mechanismen des Internet im folgenden vorgestellt, um die Hintergründe der aktuellen Diskussionen um Computernetze zu verdeutlichen.

Ausgangspunkt ist dabei folgende **Hauptthese:**

Computernetze wie das Internet stellen ein neues Medium und eine neue Form von Kommunikation dar, die erhebliche Veränderungen in Recht, Wirtschaft und Gesellschaft zur Folge haben werden.

Einige dieser Auswirkungen lassen sich bereits heute am Beispiel des Internet erkennen.

---

2 Zwei Beispiele für viele: *Cowell*, Neo-Nazis Now Network on Line and Underground, The New York Times v. 22.10.1995; *Elmer-Dewitt*, On a screen near you: Cyberporn, Time v. 3.7.1995.
3 U.S. National Telecommunications and Information Administration (NTIA), The National Information Infrastructure: Agenda for Action, 1993.
4 *Bangemann* et al., Europe and the Global Information Society. Recommendation to the European Council, 26.5.1994.
5 Was auch immer unter diesem Begriff im jeweiligen Fall verstanden werden mag.

2. Aufbau und Strukturen des Internet

Die **Ursprünge des Internet** entstanden vor über 25 Jahren in den USA unter dem Namen Arpanet[6]. Sie beruhen auf der Idee, Computer in den gesamten USA ausfallsicher miteinander zu vernetzen, indem kleine Teile der zu übertragenden Daten getrennt jeweils über den Leitungsweg übermittelt werden, der zum jeweiligen Übertragungszeitpunkt die beste Übertragungsmöglichkeit bietet. Der Übertragungsweg der einzelnen „Datenpakete" wird dabei jeweils von einem Computer zum nächsten auf vielen Zwischenstationen in Richtung des Zielcomputers gewählt.

Zu diesem Zweck werden die Computer relativ engmaschig miteinander vernetzt. So können die Daten selbst dann noch zwischen zwei Computern übermittelt werden, wenn nur noch ein Verbindungsweg im Netz existiert. Dieses Prinzip, das häufig der militärischen Herkunft des Arpanet zu Zeiten der atomaren Hochrüstung zugeschrieben wird[7], legt aber schon die wesentlichen **technischen und organisatorischen Strukturen** des Internet fest, zumal es nicht nur auf der Ebene der Datenverbindungen dezentral orientiert ist, sondern auch die Möglichkeit bietet, Dienste und Dienstleistungen in diesem Netz dezentral anzubieten bzw. zu übernehmen.

Das Internet setzt sich mittlerweile weltweit aus vielen **dezentral** von verschiedenen Organisationen und Institutionen betriebenen Computern und Computernetzen zusammen, die miteinander vielfach verbunden sind[8]. Obwohl die Entwicklung des Gesamtnetzes koordiniert wird[9], entstehen die wesentlichen Entwicklungsimpulse dezentral bei den Nutzern und Betreibern der Teilnetze.

---

6 *Quarterman* 1990, S. 143 ff.
7 *Tolhurst/Pike/Blanton* 1994, S. 27 ff.
8 Die Grundlage für das Zusammenwirken dieser Teilnetze im Internet liegt in weltweit einheitlichen Regeln für die Datenübertragung. Diese sog. „Protokolle" sind nicht von Normungsinstituten standardisiert, sondern werden im Netz von Interessierten entwickelt. Das dabei angewendete Verfahren zur Standardisierung ist ebenfalls innerhalb des Internet entstanden.
9 *Tolhurst/Pike/Blanton* 1994, S. 43 ff.

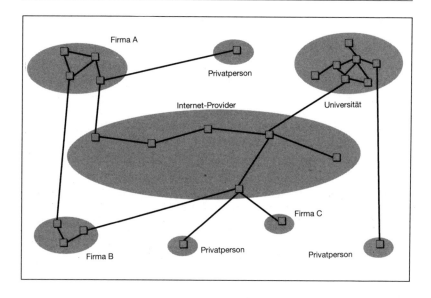

Das technische Prinzip, nach dem grundsätzlich jedes Teilnetz als Weg für die Datenübertragung zwischen zwei Computern, die Teil anderer Teilnetze sind, genutzt werden kann[10], setzt sich im **Angebot an Dienstleistungen** im Netz fort: Sie werden dezentral angeboten und können in der Regel vom gesamten Netz aus genutzt werden.

Die **Finanzierung** dieses Netzes wird entsprechend über gemeinsame Organisationen der verschiedenen Institutionen, die Teilnetze betreiben, garantiert. In der Vergangenheit haben öffentliche Zuschüsse eine wesentliche Rolle für die Entwicklung des Netzes gespielt, während zur Zeit der Anteil privater Investitionen stark wächst.

---

10 An diesem Prinzip wird deutlich, daß der Grundsatz, die dezentral eingebrachten Ressourcen der Allgemeinheit zur Verfügung zu stellen, für das Funktionieren des Netzes essentiell ist: Selbstverständlich können einzelne Computer oder Netze so konfiguriert werden, daß sie zwar die Infrastruktur nutzen, jedoch nichts dazu beitragen. Gehen jedoch viele Institutionen dazu über, die Benutzung ihrer Einrichtungen auf diese Weise zu unterbinden oder mit hohen Gebühren zu belegen, so sind die verbleibenden allgemein nutzbaren Einrichtungen überlastet, so daß die Nutzung des Internet für alle Teilnehmer stark eingeschränkt ist.

Weltweit nutzen weit über 10 Millionen Menschen das Internet; allerdings läßt sich die genaue Zahl aufgrund der dezentralen Organisation des Netzes nicht feststellen[11]. Außerdem sind die **Nutzungsmöglichkeiten** des Netzes sehr unterschiedlich ausgeprägt; beispielsweise sind sie von der regionalen Infrastruktur, der Zahl der Anbieter von Zugängen, der verfügbaren Datenübertragungsbandbreite und von den jeweiligen Dienstleistungen des Anbieters abhängig. Dabei nimmt zur Zeit die Zahl der Anschlüsse mit geringeren Nutzungsmöglichkeiten vor allem für Privatkunden überproportional zu.

Es läßt sich zusammenfassen:

Das Internet ist (in Technik, Anwendungen, Organisation) **offen** und **dezentral** organisiert und implementiert. Es besitzt zudem die Eigenschaften aller digitalen Systeme: Flexibilität durch freie Programmierbarkeit, freie Kopierbarkeit und Veränderbarkeit der Daten sowie starke Infrastrukturabhängigkeit.

Es entsteht ein Netz von ungeheurer Komplexität, einem riesigen Datenvolumen mit vielen Beteiligten und dementsprechend einer Vielzahl sich zum Teil widersprechender Interessen.

3. Wie wird im Internet kommuniziert?

Als Beispiele für die vielfältigen Möglichkeiten zur **Kommunikation** im Internet sollen im folgenden zwei der bekanntesten Anwendungen – E-Mail und Net News – näher beschrieben werden. Sie stehen zudem für die zwei wesentlichen Ausprägungen bzw. Formen von elektronischer Kommunikation.

---

11 Die Nutzerzahl kann daher nur über die Anzahl der dauerhaft im Internet erreichbaren Computer hochgerechnet werden, die aus technischen Gründen dezentral in Dateien registriert sind. Die Zahl dieser Computer wird im allgemeinen mit dem Faktor 10 multipliziert, um die Benutzerzahl anzugeben, da man davon ausgeht, daß über je einen Computer weitere Computer eine Verbindung und jeweils mehrere Personen Zugang zum Internet haben. Diese Rechenmethode ist allerdings selbst für eine Schätzung sehr ungenau.

3.1 Electronic Mail

Die am weitesten verbreitete Anwendung nicht nur im Internet, sondern in Computernetzen allgemein ist die **Electronic Mail** oder kurz „E-Mail". Die Anwendung ermöglicht es den Benutzern, an bestimmte andere Teilnehmer Nachrichten aller Art zu senden.

Zunächst besitzt jeder Teilnehmer eine sogenannte **E-Mail-Adresse,** mit der eine Nachricht, die E-Mail, an ihn gesendet werden kann. Im Internet kann sie beispielsweise folgendermaßen aussehen:

kish@cs.tu-berlin.de

Hiermit kann der Teilnehmer „kish" im Informatik-Fachbereich („cs" – Computer Science) an der Technischen Universität Berlin („tu-berlin") in Deutschland („de") angesprochen werden. Mit Hilfe von E-Mail-Programmen kann der Benutzer nun E-Mails an eine oder mehrere E-Mail-Adressen senden.

Der **Inhalt einer solchen Nachricht** ist häufig ein geschriebener Text, kann aber auch aus digitalisierten Bildern oder Klängen, Computerprogrammen oder anderen Daten bestehen, kurz also alles sein, was sich in eine digitale Form bringen läßt.

Allein die **Geschwindigkeit,** mit der eine E-Mail an einen Empfänger übertragen wird, ist beeindruckend: Es dauert in der Regel nur wenige Minuten, bis eine solche Nachricht von Deutschland aus einen Empfänger beispielsweise in Kalifornien, Japan oder Australien erreicht.

Die Offenheit und Flexibilität des Internet ermöglicht nun verschiedene Konfigurationen der **Verteilung von E-Mails,** die über die Zusendung einer Nachricht an jeweils einen Teilnehmer hinausgehen. So ist es ohne weiteren Aufwand möglich, dieselbe[12] Nachricht an mehrere Empfänger – auch Hunderte – gleichzeitig zu senden.

3.2 Mailing List

Die Mailing List nutzt die eben beschriebene Möglichkeit, eine Nachricht ohne Aufwand an viele Teilnehmer gleichzeitig senden

---

12 Aufgrund der Eigenschaft von digitalen Daten gibt es keinen Unterschied zwischen dem „Original" und der „Kopie"; es werden also Duplikate einer Nachricht an jeden Empfänger gesendet.

Wie wird im Internet kommuniziert?

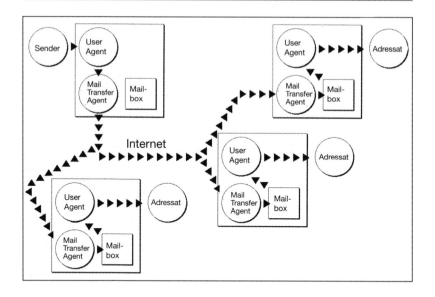

zu können, indem sie eine Art „**elektronische Verteilerliste**" implementiert.

Eine Mailing List wird in der Regel mit Hilfe eines sogenannten „**Mailing List Servers**" realisiert, ein Programm, welches die Verwaltung der Verteilerliste sowie die Verteilung der jeweiligen Nachrichten übernimmt; dazu erhält es alle E-Mails, die an die E-Mail-Adresse gesendet wurden, die der jeweiligen Mailing List zugewiesen wurde. Ein Teilnehmer sendet eine E-Mail, um sich auf die Verteilerliste setzen oder entfernen zu lassen oder um Informationen oder Hilfe anzufordern.

Die so verwaltete Verteilerliste kann nun dazu verwendet werden, Nachrichten aller Art an die Subskribenten zu verbreiten. So können beispielsweise **Mitteilungen oder Ankündigungen** einer Organisation oder Gruppierung darüber verteilt werden. Ein Beispiel dafür wären Informationen über neue Computerviren, die von einem Virenwarnungscenter verteilt werden[13].

---

[13] Ein Beispiel für solch eine Ankündigungsliste ist die advisory-Mailing List des Computer Emergency Response Team (cert-advisory-request@cert.org).

Mit der Mailing List können aber auch **Diskussionsgruppen** eingerichtet werden: Dazu erhält die Mailing List eine weitere E-Mail-Adresse, an die die Diskussionsbeiträge gesendet werden; der Mailing List Server sendet jeden dieser Beiträge per E-Mail an alle Teilnehmer auf der Verteilerliste. Diskussionsgruppen dieser Art gibt es in großer Anzahl. Sie reichen thematisch von computerspezifischen Gruppen über etwa die „Electronic Democracy"-Mailing List des Information Society Project Office der Europäischen Union[14] bis hin zu einer Diskussionsgruppe, in der es um Sumo-Sport (eine Art japanisches Ringen) geht[15].

Die **Dezentralität und Offenheit** des Internet ermöglicht es, daß jeder Teilnehmer im Internet[16] eine Mailing List etablieren kann. Darüber hinaus kann ein Mailing List-Betreiber **beliebige Zugangsbeschränkungen** an die Subskription binden: So könnte beispielsweise das oben genannte Virenwarnungscenter eine Mailing List exklusiv für Systemadministratoren betreiben (die sich entsprechend ausweisen müßten), um so keine „gefährlichen" Informationen an Personen zu geben, die diese dann für „Einbrüche" in Systeme nutzen könnten.

Wie man also sieht, kann allein mit der Grundanwendung E-Mail eine Vielzahl von verschiedenen Verteilungsmöglichkeiten, verschiedenen **Konfigurationen der Kommunikation** über das Internet realisiert werden.

3.3 Net News

Als weitere Anwendung kann **Net News** zur Kommunikation genutzt werden. In ihr ist eine der Mailung List vergleichbare Funktionalität implementiert (Verteilung von Mitteilungen sowie Einrichtung von Diskussionsforen), allerdings mit einem anderen Verteilmechanismus der Beiträge.

---

14 el-democracy@www.ispo.cec.be; Informationen über die Mailing List bei: el-democracy-owner@www.ispo.cec.be.
15 sumo@essspg.stat.ncsu.edu; Information über die Mailing List bei: sumo-owner@essspg.stat.ncsu.edu.
16 Gewisse Ausgangsvoraussetzungen an den benutzten Computer und die Telekommunikationsanbindung sind allerdings gegeben, da eine Mailing List täglich bis zu mehreren Hundert E-Mails zu verarbeiten hat.

Wie wird im Internet kommuniziert?

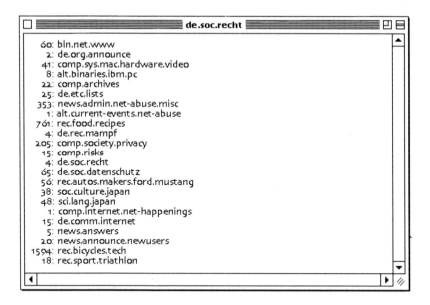

Net News besteht aus vielen verschiedenen „**Newsgroups**", einzelnen „Foren" zu jeweils einem bestimmten Thema. Weltweit gibt es mehr als 10.000 solcher Net News-„Gruppen". Innerhalb einer Net Newsgruppe kann jeder Teilnehmer Beiträge verbreiten, etwa Fragen zu einem bestimmten Thema, eine Antwort auf eine gestellte Frage oder auch einen Diskussionsbeitrag zu einer laufenden oder einer neuen Diskussion. Wichtig für eine Net Newsgruppe ist nur, daß es Teilnehmer gibt, die Beiträge senden, da solch eine Gruppe letztlich nur aus diesen Beiträgen besteht.

Ein Unterschied zu der vorher genannten Mailing List – und damit ein weiteres Beispiel für die verschiedenen Kommunikationskonfigurationen – bildet der Verteilmechanismus von Net News.

Im Gegensatz zur Mailing List, bei der man sich in eine zentrale Verteilerliste eintragen muß, werden die Beiträge von Net Newsgruppen in einem Art **Schneeballsystem** weltweit verteilt. Dies sei anhand einer Grafik kurz erläutert.

Das Nct Newsverteilsystem besteht aus einem Netz von Rechnern, von denen jeder Knoten eine oder mehrere direkte Verbindungen zu anderen Knoten hat in der Weise, daß sie regelmäßig Artikel der

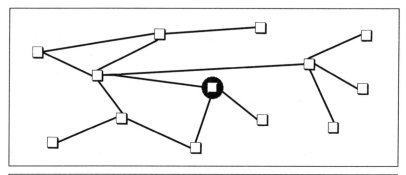
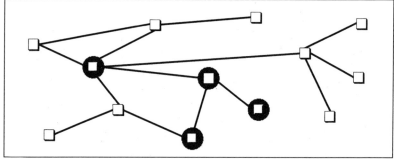
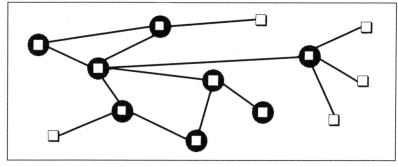
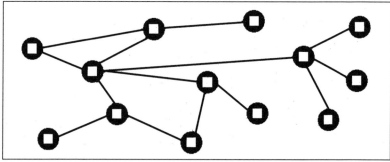

Net News austauschen. Erstellt nun ein Teilnehmer einen Artikel für eine Newsgruppe und sendet sie ab, so wird dieser Artikel auf dem lokalen System abgelegt (für die lokalen Leser) sowie an alle direkten Nachbarknoten gesandt.

Jeder dieser Nachbarrechner legt den Artikel nun auf seinem System ab und sendet ihn wiederum an seine Nachbarknoten weiter, die wiederum den Artikel ablegen und weitersenden. Jedes System stellt dabei sicher, daß ein Artikel nicht mehrfach abgelegt und weiterversandt wird. Auf diese Weise gelangen die Net News-Artikel innerhalb kurzer Zeit bis in die letzten Verästelungen dieses Netzes.

Eine explizite Änderung dieses dezentralen Verteilmechanismus besteht bei sogenannten **moderierten Gruppen** von Net News: Hier wird der Zentralismus der Verteilung wieder eingeführt, indem die Beiträge automatisch erst an eine E-Mail-Adresse des Moderators der Net News-Gruppe gesendet werden und erst von ihm in den Net News verbreitet werden. So wird beispielsweise eine redaktionelle Vorbearbeitung oder die Auswahl der zu verbreitenden Beiträge nach bestimmten Kriterien technisch ermöglicht.

Ein Unterschied zwischen der Mailing List und den Net News besteht also darin, daß die Leserschaft einer Mailing List durch die Verteilerliste einigermaßen bestimmt ist, während es so gut wie keine Informationen darüber gibt, wer welche Net News-Gruppe liest bzw. überhaupt darauf zugreifen kann[17].

Man sieht bei dieser Anwendung wie bereits bei E-Mail, daß verschiedene Möglichkeiten bestehen, die Beiträge zur Net News zu verbreiten. Auch hier erkennt man wieder die **Flexibilität der Konfiguration der Kommunikation,** die im Internet stattfinden kann. Diese Eigenschaft kann als prinzipielle Eigenschaft von Computernetzen bezeichnet werden, die sich insofern von den „traditionellen" Kommunikationsmitteln wie Telefon oder Fernsehen unterscheidet.

---

17 Viele Systembetreiber limitieren aus verschiedensten Gründen die Anzahl der Netnewsgruppen, die lokal angeboten werden.

4. Wie werden Informationen ausgetauscht?

Die vorgestellten Möglichkeiten zur Kommunikation werden selbstverständlich auch genutzt, um **Informationen** im Netz auszutauschen. Insbesondere sind Mailing Lists und Gruppen von Net News zu bestimmten Themenbereichen eingerichtet worden, die in erster Linie auf die Publikation von Informationen zielen.

4.1 World Wide Web

Zusätzlich existiert eine Möglichkeit der Informationsverbreitung, die wahrscheinlich einen großen Anteil an der Popularität des Internet hat: Das **World Wide Web** (WWW). Dabei handelt es sich um ein System von Textseiten, die um multimediale Elemente angereichert sind und die eine Vielzahl von Querverweisen untereinander aufweisen. Prinzipiell kann jeder Benutzer des Internet solche Seiten im Netz veröffentlichen, die Querverweise auf eigene und auf andere WWW-Seiten enthält.

Das Besondere entsteht bei der **Informationsbeschaffung:** Ein Benutzer beginnt einen Text zu lesen und verzweigt über die Querverweise in andere Texte, die per „Mausklick" sofort zur Verfügung stehen, und von dort aus weiter im gesamten weltweiten Netz von Texten, im Wortsinne dem World Wide Web, das ein dezentral organisiertes verteiltes Informationssystem darstellt. Eine weitere Besonderheit stellt die Tatsache dar, daß jeder Beteiligte zugleich Anbieter und Konsument sein kann.

4.2 Informationssuche

Zusätzlich gibt es eine Reihe **verschiedener Mechanismen,** um im Netz gezielt nach Informationen zu suchen. Die Entwicklung geht auch in diesem Bereich weg von einzelnen lokalen Datenbanken zur Nutzung von Interaktionsmöglichkeiten im World Wide Web hin zu Programmen, die netzweit nach bestimmten Begriffen bzw. Themenangeboten suchen[18]. Allerdings sind die Möglichkeiten einer

---

18 Momentan sind lediglich die Anwendungen „Archie" „Gopher" weit verbreitet, mit denen man netzweit nach bestimmten Dateinamen bzw. in den Dateien eines bestimmten Anbieters nach bestimmten Stichworten suchen kann.

strukturierten und systematischen Suche aufgrund der genannten Eigenschaften des Internet beschränkt. Erst in Entwicklung befinden sich Programme, die als „Agenten" des Benutzers seine Aktivitäten bei der Informationssuche im Netz weitestgehend übernehmen.

Die **gezielte Suche nach Informationen** ist (zur Zeit) daher nur möglich über bekannte Anbieter sowie deren Querverweise auf andere Angebote und über die Stichwortsuche in einzelnen Angeboten.

4.3 Informationsauswertung

Alle Möglichkeiten der Beschaffung, der Verteilung oder des Anbietens von Informationen im Internet sind aufgrund der komplexen dezentralen Organisation des Netzes und der Eigenschaften digitaler Systeme, wie etwa leichte Kopierbarkeit und Veränderbarkeit von Daten, durch ein grundlegendes Problem gekennzeichnet:

Die Bewertung von Informationen ist (außer über Plausibilitätsprüfungen) nur möglich über die Reputation des Anbieters oder durch den Abgleich mit anderen Informationen.

Dies liegt unmittelbar an der Organisation des Informationsangebots im Internet, insbesondere im World Wide Web: Ein Anbieter kann Informationen anderer Anbieter zugänglich machen durch Querverweise oder durch Kopieren, dann auch in modifizierter Form, etwa durch eigene Kommentare ergänzt. Der Urheber von Informationen ist somit schwer feststellbar.

Dies kann zu praktischen Problemen führen. Unter einer bestimmten „Signatur"[19] ist beispielsweise eine Liste der bisherigen Berliner Bürgermeister abrufbar[20].

Einem anderen Benutzer des Internet ist es leicht möglich, diese Informationen zu kopieren, zu modifizieren und als Anbieter unter einer anderen „Adresse" zu veröffentlichen.

---

19 Die genaue Bezeichnung für die eindeutige Signatur bzw. Identifikation einer Datei ist „Uniform Resource Locator" (URL). Darin sind das Datenübertragungsprotokoll (etwa „http"), der Servername (etwa „www.cs.tu-berlin.de") sowie der lokale Dateiname (wie „/cs/groups/ig/index.html") festgelegt, unter denen eine Datei zugreifbar ist. Leider enthalten URLs keine zeitlichen Komponenten, um auf eine bestimmte Version bzw. Auflage eines Dokuments gezielt zugreifen zu können.
20 http://www.fu-berlin.de/diverse/doc/berlin-bgm.html.

Berlin: Bürgermeister

Oberbürgermeister

1809-13 Leopold von Gerlach
1814-32 Johann Gottfried Büsching
1832-34 Friedrich v. Baerensprung
1834-48 Wilhelm Krausnick
1848-50 Franz C. Naunyn *(kommissar. verwaltet)*
1850-62 Wilhelm Krausnick
1862-72 Karl Seydel
1872-75 Arthur Hobrecht
1878-92 Max von Forckenbeck
1892-98 Robert Zelle
1899-1912 Martin Kirschner
1912-20 Adolf Wermuth
1920-29 Gustav Böß
1929-31 Arthur Scholtz *(kommissar. verwaltet)*
1931-35 Heinrich Sahm
1935-39 Julius Lippert
1939-45 Ludwig Steeg *(kommissar. verwaltet)*
1945-46 Artur Werner
1946-47 Otto Ostrowski
1947-49 Louise Schroeder

Oberbürgermeister Ost-Berlin

1948-67 Friedrich Ebert
1967-74 Herbert Fechner
1974-90 Erhard Krack

Regierende Bürgermeister West-Berlin

1949-53 Ernst Reuter
1953-55 Walther Schreiber
1955-57 Otto Suhr
1957-66 Willy Brandt
1966-67 Heinrich Albertz
1967-77 Klaus Schütz
1977-81 Dietrich Stobbe
1981 Hans-Jochen Vogel
1981-84 Richard von Weizsäcker
1984-89 Eberhard Diepgen
1989-90 Walter Momper

Regierende Bürgermeister

1990-91 Walter Momper
seit 1991 Eberhard Diepgen

- Berlin im Web: Stadtgeschichte
- Geschichte der Stadt Berlin (Zeittafel)
- Berlin
- Berlin im Web

Burkhard Kirste, 1995/02/18, 1995/08/31

Berlin: Bürgermeister

Oberbürgermeister

1809-13 Leopold von Gerlach
1814-32 Johann Gottfried Büsching
1832-34 Friedrich v. Baerensprung
1834-48 Wilhelm Krausnick
1848-50 Franz C. Naunyn *(kommissar. verwaltet)*
1850-62 Wilhelm Krausnick
1862-72 Karl Seydel
1872-75 Arthur Hobrecht
1878-92 Max von Forckenbeck
1892-98 Robert Zelle
1899-1912 Martin Kirschner
1912-20 Adolf Wermuth
1920-29 Gustav Böß
1929-31 Arthur Scholtz *(kommissar. verwaltet)*
1931-35 Heinrich Sahm
1935-39 Julius Lippert
1939-45 Ludwig Steeg *(kommissar. verwaltet)*
1945-46 Artur Werner
1946-47 Otto Ostrowski
1947-49 Louise Schroeder

Oberbürgermeister Ost-Berlin

1948-67 Friedrich Ebert
1967-74 Herbert Fechner
1974-90 Erhard Krack

Regierende Bürgermeister West-Berlin

1949-53 Ernst Reuter
1953-55 Walther Schreiber
1955-57 Otto Suhr
1957-66 Willy Brandt
1966-67 Heinrich Albertz
1967-77 Klaus Schütz
1977-81 Dietrich Stobbe
1981 Hans-Jochen Vogel
1981-84 Richard von Weizsäcker
1984-89 Eberhard Diebgen
1989-90 Walter Momper

Regierende Bürgermeister

1990-91 Walter Momper
1991-95 Eberhard Diebgen
seit 1995 Bill Gates

- Berlin im Web: Stadtgeschichte

- Geschichte der Stadt Berlin (Zeittafel)
- Berlin
- Berlin im Web

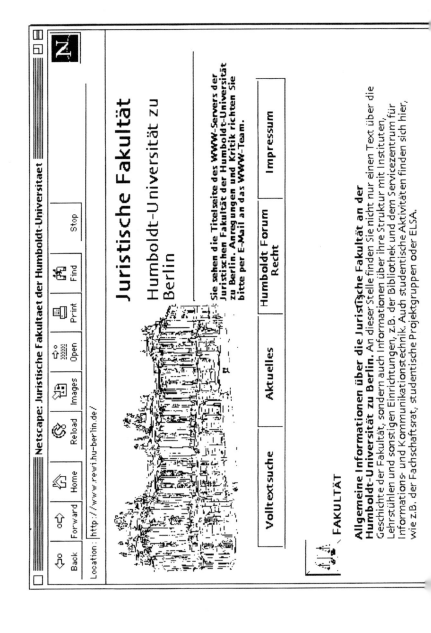

JURA-STUDIUM

Hier gibt's **Informationen rund um das Jura-Studium an der Humboldt-Universität**: Eine Einführung, das **Vorlesungsverzeichnis**, Rechtsnormen zum Jurastudium, Auslandstudium, Fremdsprachiges Rechtsstudium, Magisterstudium etc.

 ### JURISTISCHE INFORMATIONEN

Übersicht über Juristische Informationen via WWW und Gopher. Hier bieten wir Ihnen einen Einstieg in die Welt der juristischen Informationen in Internet. Neben unseren eigenen Informationssammlungen, z.B. zum Datenschutz, finden Sie Hinweise auf andere Sammlungen in der ganzen Welt.

 ### INFORMATIONEN IM INTERNET

Unser **"Tor zur Welt"**. Hier gibt es Sachgebietsgliederungen, Suchhilfen, Listen von WWW- und Gopher-Servern und Bibliotheken im Internet. Unter **"Diverses und Diffuses"** präsentieren wir unsere eigene Sammlung interessanter Links.

 ### WWW-PROJEKTE

Hier stellen wir Ihnen WWW-Projekte vor, die derzeit an der Juristischen Fakultät durchgeführt werden. Dazu gehören **Humboldt Forum Recht**, die Sammlung der **Datenschutz-Informationen** und eine **Lernsequenz zum Urkundenstrafrecht**.

 Zur Hauptseite der Humboldt-Universität

Welche der beiden Informationen korrekt ist, läßt sich nur mit Hilfe weiterer Informationen beurteilen. Der Aufbau der Informationsangebote im Internet überläßt es zudem prinzipiell dem Zufall, welche der beiden Quellen ein Benutzer findet.

Die leichte Verbreitbarkeit von Informationen führt dazu, daß sie oft zusammen mit Meinungsäußerungen verbreitet werden. Auch findet im Internet **keine scharfe Trennung von Informationen und Kommentaren** statt; die Organisation der Themengruppen der Net News sieht grundsätzlich die Kombination vor. Die Benutzer handhaben die Möglichkeiten, Informationen zu verbreiten, entsprechend; insbesondere im World Wide Web findet sich häufig eine schwer zu trennende Kombination von Information, Meinungsäußerung, Dienstleistung und Werbung.

Aus den genannten Gründen kann im Internet nicht strikt zwischen Kommunikation und Informationsaustausch unterschieden werden; das Internet dient als Medium für beide Vorgänge.

5. Kooperationsfälle

Die spezifischen Eigenschaften der bisher beschriebenen Anwendungen für Kommunikation und Information im Internet können einerseits gewinnbringend genutzt werden, andererseits führen sie (und ihr Mißbrauch) häufig zu Konflikten. Zunächst seien drei Beispiele für die besonderen Möglichkeiten, die das Internet für kooperierendes Handeln bietet, genannt.

5.1 Juristische Informationen im Internet

Insbesondere die Verknüpfung von Informationen durch gegenseitige Verweise im World Wide Web wird im wissenschaftlichen Bereich genutzt, um arbeitsteilig eine relativ **umfangreiche Sammlung** von Quellen, weiteren Arbeitsgrundlagen und Veröffentlichungen zusammenzustellen. Am Beispiel juristischer Informationen im Internet soll dies gezeigt werden.

Um festzustellen, welche Informationen zu einem Thema im gesamten Netz vorhanden sind, genügt es häufig, die „Signatur" eines Anbieters zu kennen, beispielsweise im Bereich der Rechts-

Kooperationsfälle

Humboldt-Universität zu Berlin / Juristische Fakultät -- Juristische Informationen im Internet

JURISTISCHE INFORMATIONEN IM INTERNET

✓ DATENSCHUTZ - INFORMATIONEN

sind eine Spezialität dieses Servers, die fortwährend gepflegt wird.

✓ DEUTSCHE RECHTSINFORMATIONEN

Lokal gespeicherte Gesetzestexte und Pressemitteilungen der Bundesgerichte 1994 und 1995 sowie Entscheidungen des BVerfG (Uni Hamburg).

✓ DEUTSCHE INFORMATIONSSAMMLUNGEN

In Deutschland finden sich zwei umfangreiche Sammlungen juristischer Quellen im Internet, das Juristische Internetprojekt Saarbrücken und das Jurweb Bayreuth. Auf unserem Server finden Sie außerdem eine Übersicht der Juristischen Fakultäten im Internet.

✓ INTERNATIONALE INFORMATIONSSAMMLUNGEN

Universelle Internet-Sachgebietsgliederungen, die auch einen Zweig **Law** enthalten, sind YAHOO, WWW Virtual Library und TheWorld Guide. Spezielle juristische Sammlungen sind das Legal Domain Network der *Chicago-Kent School of Law* und Hieros Gamos, aufgebaut von *Lex Mundi*. Hier findet man u.a. ein Archiv der juristischen Mailinglisten. Eine Gesamtdarstellung der juristischen Ressourcen im Internet versucht die umfangreiche Text The Legal List *(Law-Related Resources on the Internet and Elsewhere)* von Erik J. Heels, eine Gesamtdarstellung zu Recht und Wirtschaft findet sich bei Law and Economics von Tim Stanley (Stanford). An der Uni Düsseldorf wird eine Liste mit Europäischen Juristischen Informationen, and der Uni Hamburg eine Liste "International Constitutional Law" gepflegt.

✓ JURISTISCHE ZEITSCHRIFTEN IM INTERNET

Studenten und Referendare an unserer Fakultät geben das Humboldt Forum Recht heraus. Aktuelle Hinweise auf neue juristische Quellen im Internet findet man in der wöchentlich erscheinenden Legal Automation and Internet Review der *Tarlton Law Library)*. Speziell mit Fragen des Computerrechts beschäftigen sich die Zeitschriften LegaLink Newsletter *(Current legal developments concerning computers and networks)*, Harvard Journal of Law and Technology und (ab Mai 95) das Journal of Online Law der *Cornell Law School*. Das in St. Petersburg erscheinende Journal Rules and Regulations in Russia widmet sich dem russischen Recht. Thematisch nicht eingegrenzt sind die Internet-Zeitschriften Web Journal of Current Legal Issues *(Newcastle, GB)* und die Cornell Law Review.

✓ SONSTIGES

Ein sehr gutes Beispiel für hochwertige juristische Informationen im Internet ist das Projekt International Constitutional Law (ICL) an der Universität Hamburg, das den Vergleich der Verfassungen von 39 Ländern ermöglicht. Viele weitere Beispiele für juristische Informationen im Internet finden Sie in den Links zum Vortrag am 2.2.1995, den Norman Müller im PC-Pool der Fakultät hielt.

Zur Hauptseite der Humboldt-Universität

Zurück zur Hauptseite der Juristischen Fakultät

mascha@rewi.hu-berlin.de

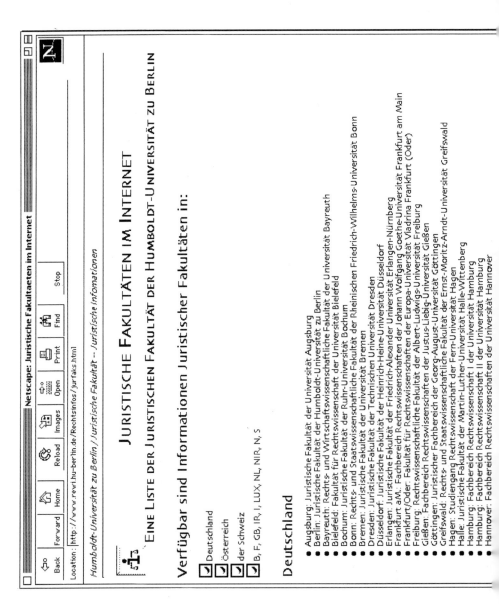

- Heidelberg: Juristische Fakultät der Universität Heidelberg
- Jena: Rechtswissenschaftliche Fakultät der Friedrich-Schiller-Universität Jena
- Kassel: FB Ang. Sozialwissenschaften, Rechtswissenschaft der Universität Gesamthochschule Kassel
- Kiel: Rechtswissenschaftliche Fakultät der Christian-Albrechts-Universität zu Kiel
- Köln: Rechtswissenschaftliche Fakultät der Universität zu Köln
- Mainz: Fachbereich Rechtswissenschaften der Johannes-Gutenberg-Universität Mainz
- Mannheim: Fakultät für Rechtswissenschaft der Universität Mannheim
- Marburg: Fachbereich Rechtswissenschaften der Philipps-Universität Marburg
- München: Juristische Fakultät der Ludwig-Maximilians-Universität München
- Münster: Fachbereich Jura der Westfälischen Wilhelms-Universität Münster
- Oldenburg: Fachbereich Wirtschafts- und Rechtswissenschaften der Carl von Ossietzky Universität Oldenburg
- Osnabrück: Fachbereich Rechtswissenschaften der Universität Osnabrück
- Passau: Fakultät Rechtswissenschaft der Universität Passau
- Potsdam: Juristische Fakultät der Universität Potsdam
- Rostock: Juristische Fakultät der Universität Rostock
- Saarbrücken: Fachbereich Rechtswissenschaft der Universität des Saarlandes
- Trier: Fachbereich Rechtswissenschaft der Universität Trier
- Tübingen: Juristische Fakultät der Eberhard-Karls-Universität Tübingen

Österreich

- Graz: Rechtswissenschaftliche Fakultät der Karl-Franzens-Universität Graz
- Innsbruck: Rechtswissenschaftliche Fakultät der Universität Innsbruck
- Linz: Rechtswissenschaftliche Fakultät der Johannes Kepler Universität Linz
- Salzburg: Rechtswissenschaftliche Fakultät der Universität Salzburg
- Wien: Rechtswissenschaftliche Fakultät der Universität Wien

Schweiz

- Basel: Juristische Fakultät der Universität Basel
- Bern: Rechts- und Wirtschaftswissenschaftliche Fakultät der Universität Bern
- Freiburg: Faculté de Droit de l'Université de Fribourg
- Genf: Faculté de Droit de l'Université de Genève
- Lausanne: Faculté de Droit de l'Université de Lausanne
- Neuchâtel: Faculté de Droit et des Sciences Economiques de l'Université de Neuchâtel
- St. Gallen: Juristische Abteilung der Universität St. Gallen
- Zürich: Rechtswissenschaftliche Fakultät der Universität Zürich

Zur Hauptseite der Humboldt-Universität

Zurück zur Hauptseite der Juristischen Fakultät

matze@rewi-hu-berlin.de

wissenschaften die juristische Fakultät der Humboldt-Universität zu Berlin[21].

Von dort aus gibt es Verweise auf eine Liste weiterer juristischer Informationen im Internet[22].

Unter anderem wird direkt auf weitere Anbieter solcher Informationen verwiesen, etwa auf die rechtswissenschaftlichen Fakultäten an deutschsprachigen Universitäten[23].

Dort werden Gesetzestexte, Entscheidungssammlungen und weitere Informationen angeboten; so gibt es beispielsweise im „Jur-Web"-Projekt an der Universität Saarbrücken eine Liste juristischer Online-Datenbanken[24].

Insgesamt entsteht durch die frei zugänglichen Quellen im Internet eine erstaunlich umfangreiche Sammlung von Quellen, die allerdings in Vollständigkeit und Qualität (noch) nicht mit juristischen Bibliotheken konkurrieren kann.

5.2 Weltweite gegenseitige Hilfe über Net News

Ebenso wie im World Wide Web existieren in den Net News eine Reihe von Gruppen, die rechtliche Themen zum Inhalt haben, wie de.soc.recht, de.soc.politik, maus.recht oder misc.legal. In diesen Diskussionsforen wenden sich häufig **Ratsuchende** mit rechtlichen Problemen an andere Teilnehmer.

Die Antworten auf die Fragen sind von sehr unterschiedlich hohem Sachverstand geprägt und können (und sollen) eine Rechtsberatung nicht ersetzen. Allerdings stellen sie häufig eine Art „Erste Hilfe" für die Ratsuchen dar.

Howard Rheingold berichtet in seinem Buch „Die virtuelle Gemeinschaft" sogar von einem Fall medizinischer Erster Hilfe, die über das Internet geleistet wurde[25]. In der Regel sind es jedoch die **Fragen des täglichen Lebens,** insbesondere natürlich technische Probleme mit dem Computer oder dem Anschluß an das Internet, auf die einzelne

---

21 Die Juristische Fakultät („rewi") an der Humboldt-Universität zu Berlin („hu-berlin") ist im World Wide Web erreichbar unter http://www.rewi.hu-berlin.de.
22 http://www.rewi.hu-berlin.de/Rechtsinfos/index.html.
23 http://www.rewi.hu-berlin.de/Rechtsinfos/jurfaks.html.
24 http://www.jura.uni-sb.de/internet/Datenbanken.html.
25 *Rheingold* 1995, S. 31.

Kooperationsfälle

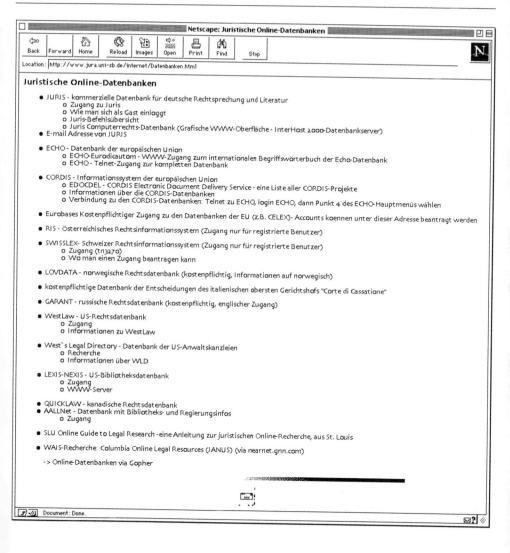

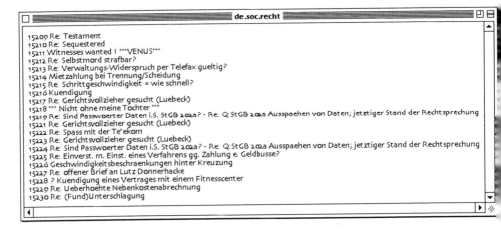

Teilnehmer von der weltweiten „Gemeinschaft" der Internet-Benutzer Antworten erhalten.

Eine weitere Form der gegenseitigen Hilfe besteht im Austausch von Meinungen über ein spezielles Thema. Über das Internet ist ein **weltweiter Diskurs** möglich. Information und Meinung sind dabei nicht klar zu trennen. Dieses allgemeingültige Prinzip wird durch das Medium verstärkt, zumal die Net Newsgruppen nur nach Themen, nicht nach den Kategorien Information und Kommunikation geordnet sind.

Bei der Vielzahl von Themen, zu denen es Net Newsgruppen gibt, reduziert sich die Zahl der Konsumenten einer solchen Gruppe weltweit auf **wenige „Spezialisten".** Die Wahrscheinlichkeit, daß sich unter diesen Interessierten jeweils mindestens einer befindet, der eine schwierige Frage beantworten kann, oder daß man in einer Diskussion unter den in diesem Themengebiet kompetenten Internet-Teilnehmern eine befriedigende Antwort oder Anregungen erhält, ist relativ groß. Kein anderes Medium ist für diese Art der Problemlösung derart geeignet wie Computernetze.

Kooperationsfälle

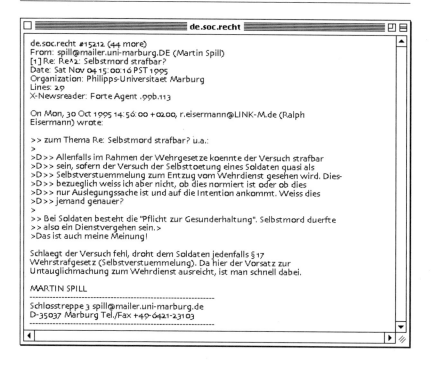

5.3 Gemeinsame Entwicklung von Software als Allgemeingut

Über das Internet werden nicht nur Meinungen oder Informationen ausgetauscht, sondern auch die **Verteilung von Software** funktioniert auf diesem Weg[26]. Es gibt spezielle Computer, die als Server dafür bereitstehen, daß mehr oder weniger nützliche Software, die einzelne Teilnehmer entwickelt haben, von diesen dort abgelegt wird und von jedem Internet-Benutzer abgerufen werden kann. Ins-

---

[26] Aus der Sicht der Informatik besteht technisch ohnehin kein (syntaktischer) Unterschied zwischen Information und Software; der Unterschied ist rein semantischer Natur. Zudem bleibt es jedem Programmierer im Einzelfall überlassen, wieviel Information er in die Algorithmen des Programms hineinlegt und wieviel Information in anderen Dateien, die nur Daten enthalten, gespeichert werden. Daher ist es von Vorteil, zwar zwischen Daten und Programmen zu unterscheiden, beides jedoch unter dem Begriff „Software" zusammenzufassen.

besondere wird dort Software bereitgestellt, die an Universitäten im Rahmen der Forschung entwickelt wird. Auf diese Weise entsteht ein großes Angebot an Software, die teilweise ausgesprochen hochwertig ist.

Diese Software wird im allgemeinen nicht gekauft. Entweder handelt es sich um Demonstrations-Versionen kommerzieller Software, deren Funktionsumfang eingeschränkt ist[27], oder um Software, für die sich besondere Formen des Nutzungsrechts in der Praxis etabliert haben, wie Shareware (die Software wird eine Zeitlang getestet und dann bezahlt), Freeware (die Nutzung der Software ist kostenlos) oder Postcardware (der Autor bittet für die Benutzung seiner Software um ein kleines Dankeschön, beispielsweise in Form einer Postkarte).

Aus diesen Ansätzen ist mittlerweile eine **Struktur** gewachsen, in der durch viele kleine Beiträge einzelner ein großer Reichtum für alle entsteht.

Diese Struktur ist aus dem Internet nicht entfernbar, ohne beispielsweise sämtliche Zugänge von Universitäten an das Internet zu sperren.

Das Internet ist jedoch nicht nur für das Bereitstellen von Software geeignet, sondern auch für die **gemeinsame Software-Entwicklung** durch verschiedene Programmierer, wie das folgende Beispiel zeigt.

Ausgangspunkt ist die Betriebssystem-Software UNIX. Sie ist – in verschiedenen Versionen – auf den Computern, die an das Internet angeschlossen sind, sehr weit verbreitet. Da diese Software sehr leistungsfähig ist, können vor allem Versionen für die weit verbreiteten Personal Computer für mehrere Tausend Mark verkauft werden. Dies macht die Nutzung für viele Benutzer des Internet, die einen PC besitzen, jedoch unmöglich.

In dieser Situation beginnt im Jahr 1991 der finnische Student Linus Torvalds, ein Programm zu entwickeln, das bestimmte Grundfunktionen eines Betriebssystems beinhaltet, und verbreitet es über das Internet[28]. Bald entsteht die Idee, aus diesem Programm eine Version

---

27 Besonders wirkungsvoll und daher besonders beliebt ist die Bereitstellung von Software, die den vollen Funktionsumfang besitzt mit der Einschränkung, daß das Ergebnis der Arbeit mit der Software nicht gespeichert werden kann. Auf diese Weise läßt sich das Arbeiten mit der Software ausgiebig testen; man kann mit der Software jedoch nicht arbeiten.

28 Die Anfänge des Projekts sind sehr ausführlich und interessant beschrieben worden von *Torvalds/Hohndel*: Meilenstein, in: iX 4/1994, S. 82 f.

des Betriebssystems UNIX zu entwickeln, an der sich mehrere Programmierer mit Internet-Anschluß beteiligen. Dabei kann auf Vorarbeiten wie das GNU-Projekt[29] und parallele Projekte wie XFree86[30] zurückgegriffen werden. Das Betriebssystem erhält (nach seinem Urheber) die Bezeichnung LINUX.

Innerhalb der darauffolgenden beiden Jahre wächst die Zahl der weltweit an der Entwicklung beteiligten Programmierer auf einige Tausend an. Jeder trägt in seiner Freizeit kleine Teile zu LINUX bei, zu deren Entwicklung er besonders kompetent ist. Die Entwicklung wird über Net News koordiniert. Einziger Lohn für diese Arbeit ist das Produkt der gemeinsamen Arbeit, ein kostenloses Betriebssystem für den PC, das durch die konsequente Weiterentwicklung in Richtung offener Standards inzwischen den kommerziellen Produkten in vielen Punkten überlegen ist.

Ein Problem bleiben die teuren Anwendungsprogramme, mit denen beispielsweise Texte wie dieser erstellt werden. Für sie gibt es bisher noch keine preiswerte und gleichwertige Alternative, die beispielsweise in Kombination mit LINUX funktioniert. Nach der dynamischen Entwicklung von LINUX darf man allerdings wohl auch in diesem Bereich gespannt sein.

6. Konfliktfälle

Die beschriebenen Kooperationsfälle zeigen unseres Erachtens eines deutlich:

Es ist bei solchen Projekten wie LINUX – aber auch bei vielen anderen – schwierig, eine Trennungslinie zu ziehen zwischen einem „Anbieter" (von Informationen, einer Software etc.) und dem (generell als eher passiv angesehenen) „Konsumenten".

Diese Unterscheidung verliert sich erst recht bei Diskussionsforen, wie sie bei den Anwendungen wie Mailing List oder Net News vorgestellt wurden: Hier besteht ein Diskussionsforum, eine Net News-

---

29 Das GNU-Projekt ist ein frühes Projekt vieler Internet-Benutzer, eine Alternative zu UNIX zu programmieren. Die Abkürzung „GNU" steht für „GNU's Not Unix".
30 XFree86 ist eine kostenlose Version der grafischen Programmoberfläche nach dem „X"-Standard.

Gruppe lediglich aus Beiträgen der „Konsumenten", also der „**Anbieter-Konsumenten**".

Diese Charakteristik der Nutzung von Computernetzen läßt sich in der Weise verallgemeinern, daß das Internet – wie auch andere Computernetze – gewisse, in dieser Art bisher nicht vorhandene Möglichkeiten zur Verbreitung und Akkumulation dessen fördern, was wir in Anlehnung an eine Kategorie der Spinnerschen „Wissensordnung"[31] mit „**Persönliche Informationen/Wissen**" bezeichnen wollen.

Wie kann man sich dies vorstellen?

Wenn ein Mitglied des Telekom-Vorstandes in einem Interview[32] annimmt, daß Spartenprogramme für „Hobby-Aquaristiker" sich „sicherlich (...) als Sackgasse erweisen" würden, so mag dies für das Fernsehen im herkömmlichen Sinne zutreffen; bei Telekommunikationsnetzen im allgemeinen dagegen verdeckt eine solche Sicht gerade eine der **Eigentümlichkeiten von Computernetzen**, die durch die neuen Verbreitungs- und Akkumulationsmöglichkeiten des „Persönlichen Wissens" in das öffentliche und wissenschaftliche Bewußtsein rücken.

Die Künste dagegen schienen sich bereits dieses Phänomens eher bewußt zu sein, wie die Karikatur aus der Le Monde vom 10. Oktober 1995 zeigt (siehe nächste Seite):

Während die Frage nach der Bedienung des Videorekorders wohl kaum über „kommerzielle" Informationskanäle gelöst werden kann, ist das Internet geradezu prädestiniert, solches Wissen zur Verfügung zu stellen.

Hier rückt also die Aufmerksamkeit von der qualitativen Bewertung des „Inhalts" ab, wie sie z.B. in der Diskussion um die Programmstruktur privater Fernsehkanäle und um Gewalt im Fernsehen betrachtet werden kann; statt dessen steht das Medium selbst mit seinen Verbreitungsmöglichkeiten des Wissens sowie die Art des Wissens im Vordergrund des Interesses. **The medium is the message.**

---

31 *Spinner* 1993, S. 79; er bezeichnet diese Kategorie als „persönliche Kenntnisse, subjektive Meinungen".
32 „Die Informationsgesellschaft ist nicht mehr aufzuhalten": Interview mit Telekom-Vorstand Hagen Hultsch, Der Tagesspiegel v. 25.2.1995.

Konfliktfälle

Daß solch eine Sichtweise keinesfalls akademisch ist, sondern handfeste Konsequenzen für das Instrumentarium eines Rechtssystems haben kann, verdeutlicht der im folgenden beschriebene Konfliktfall im Internet.

In einem spektakulären kanadischen Mordprozeß um das Ehepaar Homolka-Teale 1993 verhängt das Gericht einen **„Publication Ban"**, also eine Publikationssperre. Vertreter der kanadischen Medien dürfen zwar dem Prozeß beiwohnen, dürfen jedoch nur das veröffentlichen, was vom Gericht explizit autorisiert wurde. Da ausländische (und hier insbesondere die US-amerikanischen) Medien über z.B. Satellitenfernsehen das kanadische Publikum erreichen können, diese aber außerhalb der Jurisdiktion des kanadischen Gerichts liegen, werden ausländische Prozeßbeobachter ganz ausgeschlossen; nach Kanada eingeführte amerikanische Zeitungen und Zeitschriften werden entsprechend zensiert. Zum Besuch des Prozesses werden nur ausgesuchte Personen zugelassen.

Aus Ärger über diese Publikationssperre richtet ein kanadischer Student im Internet die Net News-Gruppe „alt.fan.karla-homolka" ein. Unerwartet für alle entwickelt sich diese Net News-Gruppe in der Folgezeit zu einem der Hauptinformationsquellen für den Fall selbst als auch für den Prozeßverlauf, die auch von den kanadischen und US-amerikanischen Medien genutzt werden.

Kanadische Internet-Betreiber, unter ihnen die meisten Universitäten, sperren ihren Teilnehmern den Lesezugriff zu dieser Net News-Gruppe; allerdings ist diese Maßnahme von geringer Wirkung, da die Net News-Gruppe ohne weiteres von anderen, auch außerhalb von Kanada liegenden Rechnern bezogen werden kann. Darüber hinaus gibt es beispielsweise eine World Wide Web-Seite an der Universität von Indiana[33], über die alle verbreiteten Informationen (von einer ausführlichen Beschreibung der Vorfälle über einige Zeitungs- und Zeitschriftenartikel über den Fall bis hin zu persönlichen Photographien der Angeklagten) zentral abgerufen werden können.

Auch die Identifizierung der Personen, die über das Internet Informationen über den Fall verbreiten, stößt auf Schwierigkeiten: Die Net News-Beiträge werden über einen sog. Anonymisierungs-Server[34] in Finnland anonymisiert. Aber auch als einer der „Informanten" zufällig identifiziert wird, wird keine Anklage wegen Verstoßes gegen die Publikationssperre erhoben.

7. Zusammenfassung und Schluß

- **Aufbau und Strukturen des Internet:** Das Internet stellt sich als eine Meta-Struktur von Netzwerken dar, die von einander unabhängigen Organisationen getragen und verwaltet werden und die durch Telekommunikationsleitungen miteinander verbunden sind. Es ist offen und dezentral organisiert und implementiert: ihrer starken Infrastrukturabhängigkeit steht eine hohe Flexibilität der Nutzbarkeit durch freie Programmierbarkeit sowie Kopierbarkeit und Veränderbarkeit der Daten entgegen.

---

33 Diese WWW-Informationsseite ist erreichbar unter http://www.cs.indiana.edu/canada/karla.html.
34 Ein Anonymisierungs-Server ersetzt aus allen ihm zugesendeten E-Mails die Informationen, die Rückschlüsse auf die Herkunft der E-Mail erlauben, durch eine anonyme Kennung und verbreitet diese anonymisierten E-Mails dann weiter – in unserem Fall als Net News-Beitrag.

Zusammenfassung und Schluß

- **Kommunikationsanwendungen:** Aufbauend auf der Infrastruktur kommunizieren die Teilnehmer im Internet über solche Anwendungen wie E-Mail oder Net News. Diese Anwendungen erlauben vielfältige Konfigurationen der Kommunikation, die sich über die traditionelle Aufteilung in Individual- und Massenkommunikation hinwegsetzen.
- **Informationsbeschaffung:** Eine Vielzahl von Informationen werden von verschiedensten Teilnehmern an ganz verschiedenen Orten im Internet angeboten und beschafft, wobei eine zusätzliche Qualität durch die diversen Querverweismöglichkeiten entsteht. Die inhaltliche Bewertung der Qualität dieser Informationen ist allerdings schwierig; es existiert keine scharfe Trennlinie zwischen Informationen und Kommentaren. Dennoch hat sich eine komplexe Struktur von Angeboten entwickelt, die auf den unzähligen kleinen Beiträgen der Teilnehmer basiert, sei es als (etwa juristische) Informationen, Hilfeangeboten oder kooperativ entwickelten Softwaresystemen.
- **Aufhebung der Anbieter-Konsumenten-Trennung:** Die übliche Trennung in (meist wenige) Anbieter auf der einen Seite und den (mehrheitlichen, dafür aber in der Regel passiven bzw. nur reaktiven) Konsumenten ist bei der Kommunikation und Informationen im Internet häufig aufgehoben; viele der Angebote bestehen lediglich aus den Kontributionen der „Konsumenten".
- **„Persönliche Informationen/Wissen":** Als spezifisches Merkmal des Internet und auch allgemein von Kommunikation über Computernetze können die neuen Möglichkeiten der Akkumulation und Verbreitung von „persönlichen Informationen/Wissen" gelten. Auch diese Charakteristik entzieht sich der bisherigen Zweiteilung der Kommunikation in persönliche 1:1-Kommunikation und redaktionell bearbeitete Massenkommunikation.
- **Entortung:** In allen Fällen wird implizit die Aufhebung örtlicher (etwa politischer) Grenzen deutlich, die zusammen mit der großen Geschwindigkeit, mit der die Daten übertragen werden, sowie den hohen Datenvolumen, die inzwischen übermittelt werden, eine große Herausforderung für die Regulierung solcher Strukturen darstellen.

Zusammengenommen belegen unseres Erachtens die Punkte die Ausgangsthese dieses Vortrags, nach dem Computernetze ein **neues Medium** darstellen, die erhebliche Veränderungen in Recht, Gesellschaft und Wirtschaft zur Folge haben werden.

Das Ziel dieses Vortrages ist erreicht, wenn die wenigen Schlaglichter auf das Internet Eindrücke von der Arbeitsweise und den Charakteristiken von Computernetzen – unter ihnen prima inter pares das Internet – vermitteln konnten, mit denen entsprechende Berichte in den Medien – seien sie nun euphorisch oder polemisch – sehr viel kritischer betrachtet werden können.

Diskussionsbericht zu dem Vortrag Oldenburg und Ishii

Jochen Schneider als Moderator schilderte zu Beginn seinen Eindruck, daß während des Referates bei den Juristen „mehrere Ampeln aufgeleuchtet" hätten, sowohl was potentielle Anwendungsmöglichkeiten als auch was Rechtsfragen angeht. Er hob einen möglichen Konflikt zwischen dem Plädoyer der Referenten für die Erhaltung der bestehenden Offenheit des Internet und der zunehmenden Kommerzialisierung hervor.

Auf Frage von *Hans-Werner Moritz* nach der Motivation der Infrastruktur-Provider, die Möglichkeiten des Internet weitgehend kostenlos anzubieten, antwortete *Gerrit Oldenburg,* daß dies zunächst in der Geschichte und Entwicklung des Internet begründet liege. Das Internet werde immer noch zum Teil durch universitäre Projekte, gemeinnützige Vereine, öffentliche Gelder und viel Idealismus getragen, wobei die einzelnen Provider sicherlich unterschiedliche Motivationen hätten. Zunehmend seien kommerzielle Anbieter und Provider im Netz, die mit dem Netzzugang und der Unterhaltung der Infrastrukturen Geld verdienen wollen. Oldenburg hob jedoch hervor, daß die Grundinfrastrukturen weiterhin durch öffentliche Organisationen wie die Universitäten und Forschungsinstitutionen angeboten würden, der Anschluß für kommerzielle Anbieter und private Nutzer aber vor allem durch deren Entgelte finanziert werde.

Matthias Brandi-Dohrn fragte nach den Möglichkeiten der Anbieter im Internet, eine Vergütung für angebotene Leistungen zu bekommen. Die Referenten stellten daraufhin klar, daß das Internet noch keinen Abrechnungsmodus bereithält und im wesentlichen nur kostenfreie Informationen zur Verfügung stellt. Dies habe bislang auch kommerzielle Datenbankangebote (wie z. B. Juris) verhindert oder zumindest erschwert. Zahlungsströme müßten über Banken oder Kreditkartenunternehmen mit entsprechenden Mißbrauchsrisiken abgewickelt werden, und die Versuche mit elektronischem Geld steckten noch in den Anfängen. Zudem müsse von einer Trennung vom Zugang zum Netz einerseits und den im Netz angebotenen Informationen und Diensten andererseits ausgegangen werden.

Michael Schneider betonte, daß die kommerzielle Nutzung des Internet begonnen hat. Die Sicht der Referenten sei als eher „akademisch" und „romantisch" zu bezeichnen; Leistungen gegen Geld könnten zumindest teilweise schon über das Netz abgewickelt werden, nur die Abrechnung müsse noch extern erfolgen. *Ursula Widmer* erwähnte als Beispiel für den „Gold Rush in Cyberspace" (so eine aktuelle Überschrift der Zeitschrift U.S. News), daß es bereits Angebote mit „Appetizern", z.B. Musik-Kataloge mit Samplern, im Netz gebe.

Kei Ishii bestätigte, daß natürlich zunehmend kommerzielle Anwendungen erschlossen würden, er fände jedoch die dahinterliegenden Strukturen des Netzes, die zu bestimmten Phänomenen – den im Referat erwähnten Kooperationen und Konflikten – geführt haben, beachtenswert und habe auf diese hinweisen wollen. Am Beispiel des Browsers „Netscape" machte er dies deutlich: Dieser sei für den persönlichen Gebrauch frei verfügbar, kommerzielle Nutzer müßten jedoch eine Gebühr bezahlen. Der Softwarehersteller würde vor allem mit Informationsverarbeitungsprogrammen für die Anbieter und seinem Wissen um den Informationszugang Geld verdienen wollen. All dies führe zu einer Neustrukturierung informationeller Möglichkeiten, sowohl im kommerziellen Bereich als auch im Bereich privater Informationen.

Wolfgang Kilian hob die Bedeutung der Registrierung und Verwaltung der Adressen im Internet hervor. Diese werde von einigen wenigen Organisationen, in den USA beispielsweise von der National Science Foundation übernommen. Hier sei bereits eine Koordinierungsfunktion vorhanden, die ausgebaut werden könne. Zudem werde aktuellen EU-Bestrebungen im Bereich „Distant Selling"/Verbraucherschutz zunehmend Bedeutung zukommen.

Auch *Gerrit Oldenburg* räumte trotz dezentralem Charakter eine Zunahme der zentralen Organisationsfunktionen ein. So sei z.B. die Zuweisung von Internet-Adressen in Deutschland seit kurzem kostenpflichtig. Die kommerzielle Nutzung widerspreche aber eigentlich der offenen Struktur des Netzes. Dieses werde sich auch in Zukunft weiterentwickeln und neue Strukturen schaffen.

Diskussion

Zum Abschluß der Diskussion warnte *Antje Post-Schulz* eindringlich vor einer Übermittlung von persönlichen Kreditkartennummern über das Internet, da deren Geheimhaltung nicht gewährleistet und einfache Aneignung und Mißbrauch möglich sei.

A. Günther

Information als Schutzgegenstand im System des geistigen Eigentums

Andreas Wiebe

1. Einführung
2. Information – Begriff und Eigenschaften
3. Ökonomische Grundlagen des Immaterialgüterrechts
4. Schutz kreativer informationsbezogener Entwicklungsleistungen im Immaterialgüterrecht
   4.1 Immaterialgüterrecht als Informationseigentum
   4.2 Grundprinzip: Gemeinfreiheit von Informationen
   4.3 Urheberrecht
   4.3.1 Schutzgegenstand
   4.3.1.1 Werk §§ 1, 2 UrhG
   4.3.1.2 Europäisches Urheberrecht
   4.3.2 Schutzinhalt
   4.4 Patentrecht
   4.4.1 Erfindung als Schutzgegenstand
   4.4.2 Nichttechnische Leistungen
   4.5 Muster- und Topographienschutz
   4.6 Markenrecht
5. Leistungsschutzrechte
6. Marktbezogener Schutz informationsbezogener Investitionsleistungen
   6.1 Know-how-Schutz
   6.2 Ergänzender Leistungsschutz § 1 UWG
7. Informationsbezogenes Interessengleichgewicht und technologische Entwicklung
   7.1 Neuartige Informationsprodukte und die Grenzen des Urheberrechtsschutzes
   7.1.1 Computerprogramme
   7.1.2 Datenbanken
   7.1.3 Informationsdienste
   7.1.4 Auswirkungen der Digitalisierung
   7.2 Informationsbezogene Ausweitung des Patentschutzes
   7.2.1 Computerprogrammbezogene Erfindungen
   7.2.2 Patentierung von Erbinformationen
   7.3 Rückbesinnung und Fortentwicklung
8. Ausblick: Informationseigentum in einer „Informationsordnung"

Literaturübersicht

Albach/Rosenkranz (Hrsg.), Intellectual Property Rights and Global Competition, 1995; *Arrow*, in: The Rate and Direction of Inventive Activity: Economic and Social Factors, National Bureau of Economic Research, 1962, S. 609–626, Wiederabdruck in Lamberton (Hrsg.), Economics of Information and Knowledge, 1971; *Badura*, Zur Lehre von der verfassungsrechtlichen Institutsgarantie des Eigentums, betrachtet am Beispiel des „geistigen Eigentums", in: FS für Theodor Maunz zum 80. Geburtstag, 1981, S. 1; *Bammé* u. a., Maschinen-Menschen, Mensch-Maschinen, 1983; *Baumbach/Hefer-*

mehl, Wettbewerbsrecht, Kommentar, 18. Aufl., 1995; *F.-K. Beier/Straus,* Gentechnologie und gewerblicher Rechtsschutz, in: Bundespatentgericht, FS 25 Jahre BPatG, 1986, 133; *F.-K. Beier,* Zukunftsprobleme des Patentrechts, GRUR 1972, 214; *H. Beyer,* Der Begriff der Information als Grundlage für die Beurteilung des technischen Charakters von programmbezogenen Erfindungen, GRUR 1990, 399; *H. Beyer,* Der Begriff der „technischen Erfindung" aus naturwissenschaftlich-technischer Sicht, in: Bundespatentgericht, FS 25 Jahre Bundespatentgericht, 1986, S. 189; *Bernhardt/Krasser,* Lehrbuch des Patentrechts, 4. Aufl., 1986; *Besen/Raskind,* An Introduction to the Law and Economics of Intellectual Property, 5 J. Econ. Persp. 3 (1991); *Betten,* Titelschutz von Computerprogrammen, GRUR 1995, 5; *Blümel/Pethig/v. d. Hagen,* The Theory of Public Goods: A Survey of Recent Issues, JITE 142, 241 (1986); *Carnap,* Introduction to Semantics, 3. Aufl., 1948; *Cornish,* Der Schutz des Urheberpersönlichkeitsrechts nach dem britischen Urheberrechtsgesetz von 1988, GRUR Int. 1990, 500; *Demsetz,* Toward a Theory of Public Goods, 57 Am. Econ. Rev. 347 (1967); *Dietz,* Das Urhebervertragsrecht in seiner rechtspolitischen Bedeutung, in: Beier/Götting/Lehmann/Moufang (Hrsg.), Urhebervertragsrecht, Festgabe für Gerhard Schricker zum 60. Geburtstag, 1995, S. 1; *Dietz,* Das Urheberrecht in der Europäischen Gemeinschaft, in: Beier/Kraft/Schricker/Wadle (Hrsg.), Gewerblicher Rechtsschutz und Urheberrecht in Deutschland, Festschrift zum hundertjährigen Bestehen der Deutschen Vereinigung für gewerblichen Rechtsschutz und Urheberrecht und ihrer Zeitschrift, Band II, 1991, S. 1445; *Dommering,* An Introduction to Information Law, Works of Fact at the Crossroads of Freedom and Protection, in: Dommering u.a. (Hrsg.), Protecting Works of Fact, 1991, S. 1; *Dreier,* Rechtsschutz von Computerprogrammen, CR 1991, 577; *Dreier,* Urheberrecht im Zeitalter digitaler Technologie, GRUR Int. 1993, 742; *Dreier,* Aufeinander bezogene Urheberrechtsverträge – Zur Weiterentwicklung des Urhebervertragsrechts im Zeitalter elektronischer Werkverwertung, in: Beier/Götting/Lehmann/Moufang (Hrsg.), Urhebervertragsrecht, Festgabe für Gerhard Schricker zum 60. Geburtstag, 1995, S. 193; *Eberle,* Informationsrechte – Der große Wurf? Zur Notwendigkeit bereichsspezifischer Regelungen, in: Wilhelm (Hrsg.), Information-Technik-Recht, 1993, S. 113; *Ernst,* Neue Informations- und Kommunikationstechnologien und marktwirtschaftliche Allokation, 1990; *Fezer,* Leistungsschutz im Wettbewerbsrecht, WRP 1993, 63; *Fiehler,* Kommunikation, Information und Sprache. Alltagsweltliche und wissenschaftliche Konzeptualisierungen und der Kampf um die Begriffe, in: Weingarten (Hrsg.), Information ohne Kommunikation?, 1990, S. 99; *Fikentscher,* Wettbewerbsrecht im TRIPS-Agreement der Welthandelsorganisation, GRUR Int. 1995, 529; *Fromm/Nordemann,* Urheberrecht, Kommentar, 7. Aufl., 1988; *Ganter,* „Laden eines Computerprogramms als Vervielfältigung?" – Eine wesentliche Frage falsch gestellt, Teil 1, jur-pc 1994, 2793; *Garstka,* Von der ‚Privatsphäre' zum umfassenden Rechtsgüterschutz?, in: Wilhelm (Hrsg.), Information-Technik-Recht, Rechtsgüterschutz in der Informationsgesellschaft, 1993, S. 27; *Gaster,* Urheberrecht und verwandte Schutzrechte in der Informationsgesellschaft, ZUM 1995, 740; *Gerybadze,* Innovation, Wettbewerb und Evolution, 1982; *Gielen/Stro-*

Literaturübersicht

wel, Guide to the New Trademark Law in Europe, Mitt. 1995, 198; *Ginsburg*, Creation and Commercial Value: Copyright Protection of Works of Information, 90 Col. L. Rev. 1865 (1990); *Gitt*, Information – die dritte Grundgröße neben Materie und Energie, Siemens-Zeitschrift 4/89, 4; *Goldstein*, Was ist Copyright?, GRUR Int. 1991, 767; *Gordon*, An Inquiry into the Merits of Copyright: The Challenges of Consistency, Consent, and Encouragement Theory, 41 Stan. L. Rev. 1343 (1989); *Görz*, Möglichkeiten der Automatisierung kognitiver Leistungen. Zur Problematik der „Künstlichen Intelligenz", in: Beckmann/Rammert (Hrsg.), Technik und Gesellschaft, Jb. 4, 1987, S. 178; *Günther*, Urteilsanmerkung, CR 1994, 611; *Habermas*, Theorie der Gesellschaft oder Sozialtechnologie?, in: Habermas/Henrich/Taubes (Hrsg.), Theorie-Diskussion Habermas/Luhmann, Theorie der Gesellschaft oder Sozialtechnologie – Was leistet die Systemforschung?, 1976, S. 142; *Haberstumpf*, Urheberrechtlich geschützte Werke und verwandte Schutzrechte, in: Beier/Kraft/Schricker/Wadle (Hrsg.), Gewerblicher Rechtsschutz und Urheberrecht in Deutschland, FS zum hundertjährigen Bestehen der Deutschen Vereinigung für gewerblichen Rechtsschutz und Urheberrecht und ihrer Zeitschrift, Band II, 1991, S. 1125; *Haberstumpf*, Der urheberrechtliche Schutz von Computerprogrammen, in : Lehmann (Hrsg.), Rechtsschutz und Verwertung von Computerprogrammen, 2. Aufl. 1993, S. 69; *Hart*, A Voluntary International Numbering System – The Latest WIPO Proposals, 11 CLSR 127 (1995); *N. Hartmann*, Ästhetik, 2. Aufl., 1966; *Hauck*, Wirtschaftsgeheimnisse – Informationseigentum kraft richterlicher Rechtsbildung?, 1987; *Heinz*, Das Patent im System der Eigentumsrechte, Mitt. 1994, 1; *Heker*, Im Spannungsfeld von Urheberrecht und Wettbewerbsrecht, ZUM 1995, 97; *v. Hellfeld*, Der Schutz von Computerprogramme enthaltenden Erfindungen durch das Europäische und das Deutsche Patentamt – eine Konfrontation–, GRUR 1985, 1025; *v. Hellfeld*, Sind Algorithmen schutzfähig?, GRUR 1989, 471; *Henkels*, Die Betriebsgeheimnisse in § 21 des Gesetzes gegen Wettbewerbsbeschränkungen, 1967; *Hirshleifer*, The Private and Social Value of Information and the Reward to Inventive Activity, 61 Am. Econ. Rev. 561 (1971); *Hoebbel*, EG-Richtlinie zum Schutz von Datenbanken, CR 1993, 12; *Hoebbel*, Der Schutz von elektronischen Datenbanken nach deutschem und kommendem europäischen Recht, in: Lehmann (Hrsg.), Rechtsschutz und Verwertung von Computerprogrammen, 2. Aufl., 1993, S. 1015; *Hopf*, Informationen für Märkte und Märkte für Informationen, 1983; *Hoppmann*, Über Funktionsprinzipen und Funktionsbedingungen des Marktsystems, in: Wegehenkel (Hrsg.), Marktwirtschaft und Umwelt, 1981, S. 219; *Hubmann*, Gewerblicher Rechtsschutz, 5. Aufl. 1988; *Hubmann/Rehbinder*, Urheber- und Verlagsrecht, 8. Aufl., 1995; *Hugenholtz*, Protection of Compilation of Facts in Germany and The Netherlands, in: Dommering u. a. (Hrsg.), Protecting Works of Fact, 1991, 59; *E. Husserl*, Erfahrung und Urteil, Untersuchungen zur Genealogie der Logik, revidiert und herausgegeben von Landgrebe, 1948; *G. Husserl*, Der Rechtsgegenstand, 1933; *Jersch*, Ergänzender Leistungsschutz und Computersoftware, 1993; *Karnell*, The Nordic Catalogue Rule, in: Dommering u.a. (Hrsg.), Protection Works of Fact, 1991, S. 67; *Katzenberger*, TRIPS und das Urheberrecht, GRUR Int. 1995, 447; *Kaufer*,

Patente, Wettbewerb und technischer Fortschritt, 1970; *Kitch,* Patents: Monopolies or Property Rights?, in: J. Palmer/Zerbe (Hrsg.), 8 Research in Law and Economics: The Economics of Patents and Copyrights 31 (1986); *Kitch,* The Law and Economics of Rights in Valuable Information, 9 The Journal of Legal Studies 683 (1980); *Knap,* Künstlerisches und Wissenschaftliches Werk als Schutzobjekt des Urheberrechts, in: Brügger (Hrsg.), FS Troller, 1976, S. 117; *F. A. Koch,* Software-Urheberrechtsschutz für Multimedia-Anwendungen, GRUR 1995, 459; *I. Koch,* Der Halbleiterschutz nach nationalem, internationalem und europäischem Recht, in: Lehmann (Hrsg.), Rechtsschutz und Verwertung von Computerprogrammen, 2. Aufl., 1993, S. 333; *Kohler,* Die Idee des geistigen Eigentums, AcP 82 (1894), 153; *Kolle,* Technik, Datenverarbeitung und Patentrecht, GRUR 1977, 58; *Krämer-Friedrich,* Informationsmessung und Informationstechnologie: oder über einen Mythos des Zwanzigsten Jahrhunderts, in: Huning/Mitcham (Hrsg.), Technikphilosophie im Zeitalter der Informationstechnik, 1986, S. 81; *Kreile/Becker,* Neuordnung des Urheberrechts in der Europäischen Union, GRUR Int. 1994, 901; *Kreile/Becker,* Multimedia und die Praxis der Lizenzierung von Urheberrechten, GRUR Int. 1996, 677; *Kubicek,* Duale Informationsordnung als Sicherung des öffentlichen Zugangs zu Informationen, CR 1995, 370; *Kummer,* Das urheberrechtlich schützbare Werk, 1968; *Kur,* TRIPS und der Designschutz, GRUR Int. 1995, 185; *v. Kutschera,* Ästhetik, 1988; *Landauer,* Information is Physical, Physics Today, May 1991, 23; *Landes/Posner,* An Economic Analysis of Copyright Law, 18 J. Legal Studies 325 (1989); *Larenz,* Allgemeiner Teil des Bürgerlichen Rechts, 7. Aufl., 1989; *Lehmann,* Eigentum, geistiges Eigentum, gewerbliche Schutzrechte, GRUR Int. 1983, 356; *Lehmann,* Der wettbewerbsrechtliche Schutz von Computerprogrammen gem. § 1 UWG – sklavische Nachahmung und unmittelbare Leistungsübernahme, in: Lehmann (Hrsg.), Rechtsschutz und Verwertung von Computerprogrammen, 2. Aufl., 1993, S. 383; *Lehmann,* Neuer Titelschutz von Software im Markengesetz, CR 1995, 129; *Lehmann/Schönfeld,* Die neue europäische und deutsche Marke: Positive Handlungsrechte im Dienste der Informationsökonomie, GRUR 1994, 481; *K. Lenk,* Tendenzen der Informationsstrukturen, in: Buder/Rehfeld/Seeger (Hrsg.), Grundlagen der praktischen Information und Dokumentation, Band 2, 3. Ausgabe, 1990, S. 1157; *Lesshaft/D. Ulmer,* Urheberrechtsschutz von Computerprogrammen nach der Europäischen Richtlinie, CR 1991, 519; *Liebowitz,* Copyright Law, Photocopying, and Price Discrimination, in: J. Palmer/Zerbe (Hrsg.), Research in Law and Economics: The Economics of Patents and Copyrights 181 (1986); *Lloyd,* Information Technology Law, 1993; *Luhmann,* Soziale Systeme, 5. Aufl., 1994; *Machlup,* An Economic Review of the Patent System, U. S. Government Printing Office, 1958; *Mackaay,* Economic Incentives in Markets for Information and Innovation, 13 Harv. J. L. & Public Policy 867 (1990); *Marly,* Urheberrechtsschutz für Software in der Europäischen Union, 1995; *Meeker,* Multimedia and Copyright, 20 Rutgers Computer & Tech. L. J. 375 (1994); *Mehrings,* Der Rechtsschutz computergestützter Fachinformation, 1990; *Menell,* Tailoring Legal Protection for Computer Software, 39 Stan. L. Rev. 1337 (1987); *Menell,* An Analysis of the Scope of Copyright Protection for Application Programs, 41 Stan. L. Rev. 1045 (1989); *Menger*, Grundsätze der Volkswirtschaftslehre, Wien 1871, Wiederabdruck in v. *Hayek* (Hrsg.), Carl Menger, Gesammelte Werke, Band I, 1968, S. 1; *Merges/ Nelson*, 90 Colum. L. Rev. 839 (1990); *Mie*, Fakteninformationssysteme, in: Buder/Rehfeld/Seeger (Hrsg.), Grundlagen der praktischen Information und Dokumentation, Band 1, 3. Ausgabe, 1990, S. 547; *Morris*, Zeichen, Sprache, Verhalten, 1973; *Moufang*, Genetische Erfindungen im gewerblichen Rechtsschutz, 1988; *W. Müller*, Ansätze für eine Theorie der Informationsverarbeitung in der Unternehmung, unveröff. Habilitationsschrift, 1973; *Musgrave/ Musgrave/Kullmer*, Die öffentlichen Finanzen in Theorie und Praxis, Band 1, 1975; *Musto*, Information als Kulturphänomen und Machtressource, in: Borbé (Hrsg.), Mikroelektronik, 1984, 109; *Nimmer/Krauthaus*, Information as a Commodity: New Imperatives of Commercial Law, 55 Law and Contemporary Problems 102 (1992); *O. T. A.*, Intellectual Property Rights in an Age of Electronics and Information, 1986; *Oeser*, Der Informationsbegriff in der Philosophie und in der Wissenschaftstheorie, in: Folberth/Hackl, Der Informationsbegriff in Technik und Wissenschaft, 1986, S. 231; *Ohly*, Gewerbliche Schutzrechte und Urheberrechte an Forschungsergebnissen von Forschungseinrichtungen und ihren Wissenschaftlern, GRUR Int. 1994, 879; *J. Palmer*, Copyright and Computer Software, in: J. Palmer/Zerbe (Hrsg.), Research in Law and Economics 205 (1986); *T. Palmer*, Intellectual Property: A Non-Posnerian Law and Economics Approach, 12 Hamline L. Rev. 261 (1989); *Pataky*, TRIPS und Designschutz, GRUR Int. 1995, 653; *Pethig*, Copyrights and Copying Costs: A New Price-Theoretic-Approach, JITE 144, 462 (1988); *Pfaff*, Der Know-how-Vertrag im bürgerlichen Recht, BB 1974, 565; *Picot*, Zur Bedeutung allgemeiner Theorieansätze für die betriebswirtschaftliche Information und Kommunikation: Der Beitrag der Transaktionskosten- und Principal-Agent-Theorie, in: Kirsch/Picot (Hrsg.), Die Betriebswirtschaftslehre im Spannungsfeld zwischen Generalisierung und Spezialisierung – Edmund Heinen zum 70. Geburtstag, 1989, S. 361; *Picot/Reichwald*, Informationswirtschaft, in: Heinen (Hrsg.), Industriebetriebslehre, 9. Aufl. 1991, S. 241; *Pierson*, Der Schutz der Programme für die Datenverarbeitung im System des Immaterialgüterrechts, 1991; *Pigou*, The Economics of Welfare, 4. Aufl., 1960; *Priest*, What Economists can tell Lawyers about Intellectual Property, in: J. Palmer/Zerbe (Hrsg.), Research in Law and Economics 19 (1986); *Reinach*, Zur Phänomenologie des Rechts, 1953; *Rheinbothe*, Der Schutz des Urheberrechts und der Leistungsschutzrechte im Abkommensentwurf GATT/TRIPS, GRUR Int. 1992, 707; *Roellecke*, Kopierabgabe? UFITA 85 (1979), 147; *Ropohl*, Information gibt keinen Sinn, oder: Das Relevanzdefizit in der Informationstechnik und seine gesellschaftlichen Gefahren, in: Huning/Mitcham (Hrsg.), Technikphilosophie im Zeitalter der Informationstechnik, 1986, S. 97; *Sambuc*, Die Eigenart der „wettbewerblichen Eigenart", GRUR 1985, 130; *Say*, Traité d'Economie Politique, 8. Aufl. Paris 1876, 1. Buch; *Saxby*, Encyclopedia of information technology law, London 1990; *Scherer*, Industrial Market Structure and Economic Performance, 2. Aufl., 1980, 411; *J. Schneider*, Schutz der Rechte an Software und Know-how, in: Bullinger (Hrsg.), Handbuch des Informationsmanagements im Unternehmen, 1991, S. 1413; *Schönherr,* Zur Begriffsbildung im Immaterialgüterrecht, in: FS Troller, 1976, S. 57; *R. Schmidt,* Funktionale Dienste, in: Buder/Rehfeld/Seeger (Hrsg.), Grundlagen der praktischen Information und Dokumentation, Band 1, 3. Ausgabe, 1990, S. 440; *Schricker,* Zur Harmonisierung des Urheberrechts in der Europäischen Wirtschaftsgemeinschaft, in: FS Steindorff, 1990, S. 1437; *Schricker,* Urheberrecht zwischen Industrie- und Kulturpolitik, GRUR 1992, 242; *Schricker* (Hrsg.), Urheberrecht, Kommentar 1987; *G. Schulze,* Sind neue Leistungsschutzrechte erforderlich?, ZUM 1989, 53; *Schwuchow,* Informationsökonomie, in: Buder/Rehfeld/Seeger (Hrsg.), Grundlagen der praktischen Information und Dokumentation, Band 2, 3. Ausgabe, 1990, S. 928; *Scotchmer,* Standing on the Shoulders of Giants: Cumulative Research and the Patent Law, 5 J. Econ. Persp. 28 (1991); *Seeger,* Zur Entwicklung der Information und Dokumentation, in: Buder/Rehfeld/Seeger (Hrsg.), Grundlagen der praktischen Information und Dokumentation, Band 1, 3. Ausgabe, 1990, S. 9; *Sellnick,* Der Gegenstand des Urheberrechts, 1995; *Sieber,* Rechtsinformatik und Informationsrecht, Jura 1993, 561; *Sieber,* Informationsrecht und Recht der Informationstechnik, NJW 1989, 2569; *Spinner,* Die Wissensordnung, Ein Leitkonzept für die dritte Grundordnung des Informationszeitalters, 1994; *Stamm,* Lehre oder Gegenstand?, Mitt. 1995, 121; *Steinmüller,* Informationstechnologie und Gesellschaft, 1993; *Steinmüller,* Informationswissenschaftliche und technische Voraussetzungen einer neuen Informationsordnung, NfD 44, 215 (1993); *Stiglitz,* Information and Capital Markets, Working Paper, Standford University, 1974; *Strombach,* ‚Information' – in philosophischer Sicht, in: Huning/Mitcham (Hrsg.), Technikphilosophie im Zeitalter der Informationstechnik, 1986, S. 3; *Stumpf,* Der Know-how-Vertrag, 3. Aufl., 1977; *Troller,* Der urheberrechtliche Schutz von Inhalt und Form der Computerprogramme, Teil II, CR 1987, 278; *Troller,* Urheberrecht und Ontologie, UFITA 50 (1967), 385; *Ullrich,* Die wettbewerbspolitische Behandlung gewerblicher Schutzrechte in der EWG, GRUR Int. 1984, 89; *Ullrich,* Technologieschutz nach TRIPS: Prinzipien und Probleme, GRUR Int. 1995, 623; *Ulmer,* Urheber- und Verlagsrecht, 3. Aufl., 1980; *Ulmer/Kolle,* Der Urheberrechtsschutz von Computerprogrammen, GRUR Int. 1982, 489; *van Raden,* Die Informatische Taube, GRUR 1995, 451; *van Raden/Wertenson,* Patentschutz für Dienstleistungen, GRUR 1995, 523; *Wand,* Dreifach genäht hält besser! – Technische Identifizierungs- und Schutzsysteme, GRUR Int. 1996, 897; *C. C. v. Weizsäcker,* Rechte und Verhältnisse in der modernen Wirtschaftslehre, 34 KYKLOS 343 (1981); *C. F. v. Weizsäcker,* Der Aufbau der Physik, 1985, 573; *Wersig,* Information – Kommunikation – Dokumentation, 2. Aufl., 1974; *Wersig,* Informationssoziologie, 1973; *Wiebe,* Rechtsschutz für Software in den neunziger Jahren, BB 1993, 1094; *Wiebe,* Information als Naturkraft – Immaterialgüterrecht in der Informationsgesellschaft, GRUR 1994, 233; *Wiebe,* Know-how-Schutz von Computersoftware, Eine rechtsvergleichende Untersuchung der wettbewerbsrechtlichen Schutzmöglichkeiten in Deutschland und den U.S.A., 1993; *Willgerodt,* Die gesellschaftliche Aneignung privater Leistungserfolge als Grundelement der wettbewerblichen Marktwirtschaft, in: FS Böhm, 1975, S. 687; *Willke,* Politische Steuerung der Wissensgesellschaft?,

Zs. f. Rechtssoziologie 16 (1995), 94; *Wittmann,* Information, in: Grochla (Hrsg.), Handwörterbuch der Organisation, 2. Aufl., 1980, Spalte 894; *Zemanek,* Information und Ingenieurwissenschaft, in: Folberth/Hackl, Der Informationsbegriff in Technik und Wissenschaft, 1986, S. 17; *Zipse,* Wird das künftige europäische Patenterteilungsverfahren den modernen, zukunftsintensiven Technologien gerecht?, GRUR Int. 1973, 182; *Zöllner,* Rechtsgüterschutz im Rahmen sinnvoller Informationsordnung, in: Wilhelm (Hrsg.), Information – Technik – Recht, 1993, S. 35; *Zurek,* Decoherence and the Transition from Quantum to Classical, Physics Today, May 1991, 36.

1. Einführung

Informationen, die früher nur bloßes „Beiwerk" zu Transaktionen materieller Güter waren, rücken in den Mittelpunkt von Handel und Wirtschaft. Moderne Technologien verändern nicht nur die Art der Durchführung von Transaktionen, sondern es entstehen neuartige Informationsgüter. Je stärker Informationen zu Wirtschaftsgütern werden, desto mehr stellt sich die Frage nach Verfügungsrechten an Informationen als wichtige Voraussetzung für deren Handelbarkeit.

Verfügungsrechte an immateriellen Gütern werden traditionell durch das **Immaterialgüterrecht** begründet[1]. Zu untersuchen ist daher, inwieweit Informationen im System des geistigen Eigentums Schutz erlangen können. Dieses System und seine Ausgestaltung bleiben aber von den Auswirkungen der informationstechnisch bedingten Veränderungen im Bereich von Informationen nicht verschont. Für die Entwicklung von Information zum Wirtschaftsgut ist es daher von großer Bedeutung, wie die Technikfolgen in das System integriert werden können und ob neue konzeptionelle Ansätze erforderlich sind.

2. Information – Begriff und Eigenschaften

Bevor die Schutzmöglichkeiten für Informationen näher untersucht werden, ist zunächst das Schutzobjekt näher zu bestimmen. Eine einheitliche **Definition von Information** ist bis jetzt nicht gelungen[2].

---

1 Der Begriff soll im folgenden im Sinne objektiven Rechts und nicht im subjektiven Sinne als Vermögensrechte an immateriellen Gütern verwendet werden, vgl. *Schönherr,* in: FS Troller, S. 57 ff.

2 Vgl. die Übersichten bei *Steinmüller,* Informationstechnologie, S. 189 ff.; *Wersig,* Informationssoziologie, S. 25 ff.; *Fiehler,* in: Weingarten (Hrsg.), S. 99 ff.

Die Definitionen lassen sich in mehr prozeßbezogene und mehr objektbezogene einteilen[3].

Betrachtet man Information im Sinne von Kommunikation als Prozeß, so geht es um die „Übertragung" von Wissen, das beim Empfänger aufgebaut oder „aktualisiert" wird. Während der „Übertragung" kann Information verschiedene Verkörperungs- und Speicherformen annehmen, die sich als Signale, Daten oder Nachricht bestimmten semiotischen Ebenen zuordnen lassen[4]. In dieser vom menschlichen Geist loslösbaren Form wird der Gegenstand des Kommunikationsvorgangs auch als „Informationen" im Plural bezeichnet[5]. In einer solchen mehr objektbezogenen Betrachtung läßt sich Wissen als „Struktur des internen Außenweltmodells"[6] und als „gespeicherte Information" bezeichnen[7]. Hierbei kommt der mehr „inhaltliche" Aspekt der Abbildeigenschaft zum Tragen.

Als integrierendes informationstheoretisches Konzept läßt sich die **Zeichentheorie** für die Analyse von Information fruchtbar machen, da Zeichen als Träger von Information dienen[8]. Danach lassen sich im wesentlichen drei Ebenen unterscheiden:

- Syntaktik
formale Beziehung der Zeichen untereinander, Beschaffenheit und Verknüpfungsmöglichkeiten der Zeichen; Strukturen; Signale, Daten;
- Semantik
Beziehung der Zeichen zu ihrer Bedeutung bzw. zum Bezeichneten, Betrachtung von Aussagen mit faktisch überprüfbarem Realitätsgehalt; inhaltliche Beziehungen von Informationen; Nachricht;

---

3 Vgl. etwa *W. Müller*, Ansätze, S. 1: Abbildung der realen und abstrakten Welt; *Strombach*, ‚Information', S. 3, 9: „eine Struktur, die im empfangenden System etwas bewirkt"; bis hin zu einem pragmatischen Informationsbegriff als zweckorientiertes Wissen, als Vorbereitung des Handelns, vgl. *Wittmann*, Spalte 894.
4 Vgl. *Wersig*, Dokumentation, S. 75 ff.
5 Vgl. *Seeger* in: Buder/Rehfeld/Seeger (Hrsg.), S. 10.
6 Vgl. *Wersig*, Dokumentation, S. 64.
7 *Steinmüller*, Informationstechnologie, S. 236.
8 Vgl. *Morris*, Zeichen, S. 92 ff., 324 ff.; *Carnap*, Semantics; *Steinmüller*, Informationstechnologie, S. 202 f. Zu den Grundlagen von Semiotik und Sprachphilosophie und ihrer Fruchtbarmachung für die Bestimmung des Gegenstandes des Urheberrechts vgl. *Sellnick*, Gegenstand, S. 38 ff.

- Pragmatik
  Beziehung der Zeichen zu ihrem erzeugenden oder nutzenden System, ihr Nutzen für dieses, praktischer Verwendungszusammenhang, Zweckbestimmung der Information als Voraussetzung für menschliches Handeln.

Jede der Ebenen schließt die niedrigere ein, und erst alle Ebenen zusammen machen Information aus[9]. Dieses Konzept soll im folgenden für die Analyse der immaterialgüterrechtlich geschützten Informationsaspekte fruchtbar gemacht werden[10].

Die technische Informationsverarbeitung bezieht sich auf **Daten**, also auf die syntaktische Ebene[11]. Das Konzept der Information ist insofern an den Kommunikationsprozeß zwischen Sender und Empfänger gebunden. Information ist kontextabhängig und kann nicht vom Interpretierenden losgelöst und insofern „verobjektiviert" werden[12]. Sie muß jeweils aus Daten wieder situationsabhängig neu erstellt werden. Der Computer ist eine „perfekte Syntaxmaschine", hat aber keine eigenständige semantische Ebene.

Information weist gegenüber materiellen Wirtschaftsgütern **Sondereigenschaften** auf, die für die Begründung von Verfügungsrechten von großer Bedeutung sind[13]:

- Unkörperlichkeit
  Aus der Immaterialität ergeben sich die Eigenschaften potentieller Ubiquität, geistiger Allgegenwart, endloser Existenz und beliebiger Vervielfältigungsmöglichkeit;

---

9 Daneben wird oft noch eine vierte Ebene der Sigmatik als Beziehung der Zeichen zur „abgebildeten" realen Wirklichkeit aufgeführt, vgl. *Steinmüller*, a.a.O., die z.T. aber auch zur Ebene der Semantik gerechnet wird.
10 Vgl. auch *Dommering*, Information Law, S. 1, 13.
11 Nachdrücklich *Krämer-Friedrich*, in: Hunning/Mitcham (Hrsg.), S. 81, 85 ff. Anders *Ropohl*, in: Hunning/Mitcham (Hrsg.), S. 97, 101, der durch Ein- und Ausgabeeinheiten auch die semantische Ebene abgedeckt sieht, dabei aber den menschlichen Benutzer einbeziehen muß, und weitergehend auch die pragmatische Ebene berührt sieht, wenn mehrere Systeme verknüpft sind und ein System als Benutzer des anderen angesehen werden könne.
12 Vgl. *Zemanek*, in: Folberth/Hackl, S. 17, 32; *Gantner*, jur-pc 1994, 2793, 2796.
13 Vgl. *Spinner*, Wissensordnung, S. 28 ff.; *Picot/Reichwald*, in: Heinen (Hrsg.), S. 241, 250 f.

- Nichtausschließbarkeit
  Eng mit der Unkörperlichkeit verbunden ist die fehlende Aneignungsfähigkeit bzw. Nichtausschließbarkeit von Dritten an der Nutzung von Information;
- Nichttrivialität der Nutzung
  Auch bei Nutzung durch mehrere gleichzeitig wird die Information für den einzelnen nicht vermindert;
- Wandlungsfähigkeit und Wanderfreudigkeit von Träger zu Träger
  Information bedarf zwar zur Wahrnehmbarkeit eines Trägers, die Bindung von Informationen an Träger wird durch die technische Entwicklung immer geringer;
- Information über Information ist gleichbedeutend mit Kenntnis/„Besitz", die mehreren Personen gleichzeitig zukommen kann.

Die für körperliche Gegenstände geltenden Eigentumsregeln lassen sich aufgrund dieser besonderen Eigenschaften nicht auf Information übertragen[14]. Vielmehr kommt der Konstitution von Ausschlußrechten eine besondere Bedeutung zu, die sich ökonomisch erklären läßt.

3. Ökonomische Grundlagen des Immaterialgüterrechts

In der neueren ökonomischen Theorie wird die Bedeutung von Transaktionskosten und der daraus folgenden Koordinationsmängel in unvollkommenen Märkten hervorgehoben[15]. Das Bestreben zu deren Senkung führt zur Ausbildung von Institutionen und Normen, und die Ausbildung von Eigentumsrechten ist Voraussetzung für freiwillige Tauschvorgänge und die Bildung von Märkten[16]. Dazu bedarf es der Spezifizierung und personellen Zuordnung exklusiver **Verfügungsrechte** an Gütern. Eigentumsrechte sparen solche Kosten, die zur Inbesitznahme von knappen Gütern und deren Schutz aufgewendet werden müßten.

---

14 Vgl. *Kohler*, AcP 82 (1894), 153, 157.
15 Zur Neuen Institutionenökonomie vgl. den Überblick bei *Picot*, in: Kirsch/Picot (Hrsg.), S. 361 ff. Zur Koordinations- und Evolutionstheorie vgl. *Hoppmann*, in: Wegehenkel (Hrsg.), S. 219 ff.
16 Vgl. *Ernst*, Allokation, S. 153 ff.

Ökonomische Grundlagen des Immaterialgüterrechts

Bei Informationen sind vor allem deren Sondereigenschaften zu beachten. Nichtausschließbarkeit und Nichtrivalität der Nutzung konstituieren ein **öffentliches Gut,** bei dem externe Effekte auftreten und eine rein marktmäßige Bereitstellung zumindest zu einer Unterversorgung führt[17]. Informationen – einmal produziert – können wegen der Nichtrivalität der Nutzung zu marginalen Kosten gegen Null angeboten werden, und unter statischer Betrachtung wäre eine entsprechende maximale Verbreitung effizient. Wegen der hohen Produktionskosten und der Nichtausschließbarkeit fehlt dann aber der Anreiz zur Produktion.

Nun sind diese grundsätzlichen Aussagen für manche Fälle zu differenzieren[18]. So wird das Problem der Nichttrivalität der Nutzung bei Marktinformationen durch verschiedene Faktoren gemindert, etwa dadurch, daß diese „veralten" können und deren Wert mit der Verbreitung abnehmen kann, etwa bei Insider-Wissen. Die Gebundenheit an körperliche Träger begrenzt Nutzung und Verbreitung. Auch kann eine homogene Verbreitung bei ungleicher Informationsverteilung, verbunden mit Informationskosten, scheitern. In unvollkommenen Märkten kann der Informationsproduzent insoweit seinen zeitlichen Vorsprung nutzen. Auch können Informationen von unterschiedlichem Wert für die Marktteilnehmer sein und diese über unterschiedliche Kapazitäten zur Informationsverarbeitung verfügen.

Mit diesen Einschränkungen kommt technischen Schutzvorkehrungen und vor allem der Zuweisung von exklusiven Verfügungsrechten bei immateriellen Gütern konstitutive Bedeutung für ihre Handelbarkeit als **Wirtschaftsgut** zu[19]. Dasselbe gilt für die Geheimhaltung, die den Charakter von Informationen als in der Produk-

---

17 Vgl. *Musgrave/Musgrave/Kullmer,* Öffentliche Finanzen, S. 54 ff.; *Stiglitz,* Capital Markets, Working Paper, Stanford University, S. 2; *Pigou,* Welfare, S. 172 ff.
18 Vgl. *Ernst,* Allokation, S. 185 ff.; *Wersig,* Informationssoziologie, S. 180 f. Vgl. ferner *Kitch,* 9 The Journal of Legal Studies 683, 711 ff. (1980).
19 Zur Unterversorgungsthese hinsichtlich des Informationsangebots bei vollkommener Konkurrenz vgl. *Arrow,* Inventive Activity, S. 141 ff.; demgegenüber vertritt *Hirshleifer,* 61 Am. Econ. Rev. 561 ff. (1971), eine Überinvestitionsthese. Vgl. zu beiden *Hopf,* Märkte, S. 170 ff. Zum Verhältnis von Marktstruktur und Innovation und der Schumpeter-These vgl. die Nachweise bei *Hopf,* a.a.O., S. 174 ff. Zur Diskussion zum Patentschutz vgl. *Machlup,* Economic Review, S. 25 ff.

tionsphase privates Gut erhält. In der Ausbreitungsphase haben wir es häufig mit einem sog. „Mischgut" zu tun[20], das entweder die Eigenschaft der Nichtausschließbarkeit oder der Nichtrivalität nicht aufweist und damit durch verzögerte Ausbreitung eine Teilinternalisierung des Nutzens zuläßt. Damit erscheint grundsätzlich eine marktmäßige Produktion und Distribution von Informationen möglich.

Kommt zu dieser Beurteilung auf der Basis individueller Präferenzen eine diesen übergeordnete kollektive Präferenz hinzu, so handelt es sich um sog. **„meritorische Güter"**. Bei diesen kommt aus Gründen von „verfälschten" individuellen Präferenzen, aus verteilungspolitischen Überlegungen einer ungleichen Distribution oder aufgrund von externen Effekten eine teilweise öffentliche Bereitstellung des Gutes Information in Betracht[21]. Hier muß der Staat eingreifen, um eine ausreichende Informationsmenge und -qualität sowie eine homogene Informationsverteilung sicherzustellen[22].

Grundsätzlich läßt sich damit feststellen, daß die Konstitution bzw. Anerkennung von Ausschließlichkeits- und Verfügungsrechten sowohl an Sachen wie an Immaterialgütern der Internalisierung positiver und negativer Effekte dient[23]. Zusätzlich erfüllt die Abgrenzung eines Schutzgegenstands im Recht der immateriellen Güter dieselbe Funktion wie physische Abgrenzungen bei körperlichen Sachen. Property Rights bilden die Grundlage für die Durchführung von Transaktionen und Koordination auf Märkten. Andererseits grenzen sie Verantwortungsbereiche ab.

Die Funktion des Rechtsschutzes immaterieller Güter läßt sich auch **volkswirtschaftlich** verdeutlichen. Aufbauend auf der Güter-

---

20 Vgl. *Musgrave/Musgrave/Kullmer*, Öffentliche Finanzen, S. 63 ff.
21 Vgl. *Hopf*, Märkte, S. 88 ff.; *K. Lenk*, in: Buder/Rehfeld/Seeger (Hrsg.), S. 1157, 1162; *Schwuchow*, a.a.O., S. 928, 974 f., mit der Differenzierung öffentlicher Güter in nicht ausschließbare Nutzung sowie prinzipiell ausschließbare, bei denen aber die Versorgung über den Markt unzureichend ist („meritorische" Güter), was er für Teilbereiche der Fachinformationen annimmt. Vgl. dazu auch *Dommering*, Information Law, S. 17 ff.
22 Dies kann durch direkte Bereitstellung von Informationen oder durch rechtliche Regelungen geschehen, die Informationsproduktion vorschreiben, wie Aufklärungs- und Sorgfaltspflichten, oder den Rahmen für freiwillige Informationsproduktion setzen, wie Garantien, Reputation, Werbung, vgl. *Hopf*, Märkte, S. 51–54, 61–67, 89–94, 98.
23 Vgl. auch *Demsetz*, 57 Am. Econ. Rev. 347, 450 (1967); *Arrow*, Inventive Activity, S. 609 ff.; *Willgerodt*, FS Böhm, 1975, S. 687, 693 ff.

ordnung von Menger und Böhm-Bawerk unterscheidet C.C. v. Weizsäcker drei Ebenen wirtschaftlich relevanter Tätigkeit:
- Konsum
- Produktion
- Innovation.

Seine zentrale These ist dabei, daß die partikulare Begrenzung des Wettbewerbs auf einer Ebene erst den Wettbewerb auf der nächsthöheren Ebene ermöglicht[24]. Die Ausschaltung des freien Zugriffs auf das Gut durch Eigentumsrechte auf der Konsumebene schafft **Anreize** zur Produktion solcher Güter, soweit der Zugang zu diesen Märkten für alle Produzenten offen ist. Dasselbe gilt für das Verhältnis von Produktion und Innovation. Dies läßt sich auch für Immaterialgüter fruchtbar machen[25].

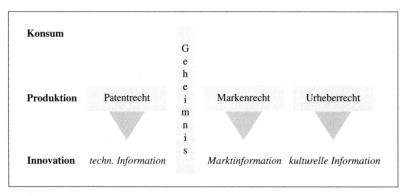

Abbildung 1: Ökonomische Begründung des Immaterialgüterrechts (nach C.C.v. Weizsäcker)

Informationen entfalten ihren Nutzen auf allen drei Ebenen. Im Lichte der Gütertheorie von Menger[26] führt technische Information zu einem Wert- und Nutzenzuwachs auf der Ebene der Produktionsgüter (Güter „zweiter Ordnung"), Marktinformation dient einer verbesserten Bedürfnisbefriedigung mit Konsumgütern (Güter „erster

---

24 Vgl. *C. C. v. Weizsäcker*, 34 KYKLOS 343, 349 ff. (1981).
25 Vgl. *Lehmann*, GRUR Int. 1983, 356 ff.
26 *Menger*, Volkswirtschaftslehre, S. 1 ff.

Ordnung")[27]. Beide Informationsarten lassen sich der Innovation als dritter Güterebene zuordnen, die über die Ebene der Produktionsgüter einer verbesserten Bereitstellung von Konsumgütern dient. Die technischen Schutzrechte, vor allem das Patentrecht, konstituieren Beschränkungen primär auf der Ebene der Produktion und schaffen so Anreize auf der Ebene der Innovation. In ähnlicher Weise schafft auch das Markenrecht Anreize zur Schaffung von Marktinformation und wirkt sich als Beschränkung auf der Ebene der Produktion aus. Die Markeninformation dient auch der Durchsetzung von Innovation. Der Geheimnisschutz beinhaltet übergreifend Beschränkungen auf allen drei Ebenen, er läßt sich insgesamt schwer in dieses Schema einordnen.

Kulturelle Information ist selbst Konsumgut und entfaltet seinen Nutzen auf der Konsumebene. Das Urheberrecht ist primär auf die Erfassung der Endnutzung gerichtet, auch wenn es dies nur mittelbar durch die Erfassung auch der Vorstufen der Verwertung tut. Man könnte das Urheberrecht daher als Beschränkung auf der Ebene des Konsums ansehen, die einen Anreiz auf der Ebene der Produktion solcher Güter schafft. Letztendlich wirken sich die rechtlichen Beschränkungen aber auf der Produktionsebene aus, und das Urheberrecht fördert den Wettbewerb um die (insoweit auch innovative) Schaffung neuer kultureller Informationen.

Ökonomischer „Kern" des Immaterialgüterrechts ist somit ein **Spannungsverhältnis** zwischen partikulärer Wettbewerbsbeschränkung und Anreiz auf den verschiedenen Ebenen. Dieses unterliegt einer „Feinsteuerung" über die Abgrenzung von Schutzgegenstand und -umfang, Schutzdauer, Rechten und Ansprüchen[28]. Dabei besteht ein Dilemma zwischen Unterproduktion bei fehlendem

---

27 Vgl. *C. C. v. Weizsäcker*, 34 KYKLOS 343, 348 f. (1981), der die Ebene der Produktion von Informationen als „Innovation" bezeichnet und insofern nur technische Informationen behandelt. Vgl. ferner *Hopf*, Märkte, S. 71 ff.; *Ernst*, Allokation, S. 57 ff. Die Anerkennung auch immaterieller Güter als wirtschaftliche Güter geht auf *Say*, Traité, Kap. 13, zurück.

28 Dieses Spannungsverhältnis bestimmt auch eine mehr dynamische Betrachtungsweise, vgl. *C. C. v. Weizsäcker*, 34 KYKLOS 343, 364 ff. (1981); *Scherer*, Market Structure, S. 411; *Gerybadze*, Innovation, S. 22 ff. Insofern wirken begrenzte Monopolrechte und Wettbewerbsfreiheit unabdingbar zusammen zur Förderung technischen Fortschritts und wirtschaftlichen Wachstums, vgl. *Kaufer*, Patente, S. 212 ff.; *Ullrich*, GRUR Int. 1984, 89, 91 ff.

Schutz und zu geringer Nutzung und Verbreitung bei Vorhandensein von Ausschließlichkeitsrechten. Die ökonomische Theorie beschäftigt sich zunehmend mit der Frage eines „vollkommenen" Immaterialgüterschutzes[29]. Empirische Probleme, Komplexität, Heterogenität und Globalisierung der Märkte und technische Entwicklungen haben dazu geführt, daß Ökonomen bis jetzt keine eindeutigen Antworten auf die Frage nach den „perfekten" Schutzrechten geben konnten[30].

4. Schutz kreativer informationsbezogener Entwicklungsleistungen im Immaterialgüterrecht

Ergibt die ökonomische Untersuchung die grundsätzliche Bedeutung von Ausschlußrechten für die Konstitution von Information als Wirtschaftsgut, so ist nunmehr zu untersuchen, welche **Informationsaspekte** Schutz durch das traditionelle System des geistigen Eigentums erlangen können.

4.1 Immaterialgüterrecht als Informationseigentum

Dazu bedarf es zunächst einer genaueren Bestimmung des Verhältnisses zwischen immateriellen Gütern und Informationen. Im Ausgangspunkt ist „Gegenstand des ‚geistigen Eigentums' dasjenige Produkt des Geistes, das wir als kommunikationsfähigen Inhalt und damit als ‚Information' bezeichnen"[31]. Versteht man das Immaterialgüterrecht insoweit als **Informationseigentum,** so bedarf es einer ontologischen Differenzierung. Die immateriellen Gegenstände werden genauso im subjektiven Bewußtsein „abgebildet" wie materielle Gegenstände und sind dann Gegenstand von Wissen, das

---

29 Vgl. *Scotchmer,* 5 J. Econ. Persp. 28 (1991); *Landes/Posner,* 18 J. Legal Studies 325 (1989); *Besen/Raskind,* 5 J. Econ. Persp. 3 (1991); *Mackaay,* 13 Harv. J. L. & Public Policy 867 (1990); *Kitch,* 8 Research in Law and Economics 31 (1986); *Gordon,* 41 Stan. L. Rev. 1343 (1989); *Pethig,* JITE 144, 462 ff. (1988); *J. Palmer,* 8 Research in Law and Economics 205 ff. (1986); *T. Palmer,* 12 Hamline L. Rev. 261 (1989); *Hopf,* Märkte, S. 180 ff.
30 Vgl. *Priest,* 8 Research in Law and Economics 19, 21 (1986); *Blümel/ Pethig/v. d. Hagen,* JITE 142, 241, 296 (1986); *Merges/Nelson,* 90 Colum. L. Rev. 839, 871 ff. (1990); *Liebowitz,* 8 Research in Law and Economics 181 (1986); *Hauck,* Wirtschaftsgeheimnisse, S. 75 ff. m.w.N.
31 *Heinz,* Mitt. 1994, 1, 5.

"übertragen" werden kann. Durch Information werden sie intersubjektiv verfügbar. Dadurch besteht ein enger Zusammenhang zwischen immateriellen Gütern und Informationen. Schutzgegenstand sind die immateriellen Güter als eigenständiger Gegenstand, der Schutz erfaßt aber die darauf bezogene Information in unterschiedlicher Weise, die sich semiotisch bestimmen läßt. Davon zu unterscheiden sind die Verkörperungen der Informationen, die auch in unterschiedlicher Weise in den Schutz einbezogen werden.

Betrachtet man die **informationsbezogene „Güterordnung"** unter diesem Gesichtspunkt, so erfaßt das Informationseigentum nur einen geringen Ausschnitt aus der Gesamtheit der Informationen, für die ein besonderer Anreiz geschaffen wird[32]. Dieser „Numerus clausus" umfaßt die Ergebnisse schöpferischer Tätigkeit, also das Hervorbringen objektiv „neuer" geistiger Gegenstände[33]. Man kann insoweit auch von „Informationsentwicklungsleistungen"[34] sprechen. Für auf vorbestehende geistige Güter bezogene Leistungen gewährt das Recht einzelne Leistungsschutzrechte. Grundprinzip ist aber Information als freies Gut, das jedermann zur Kenntnisnahme und Verwertung offensteht. Rechtlich wird dieser Bereich durch Institutionenschutz beherrscht, vor allem durch Rahmenregelung des Wettbewerbs, die sich in einzelnen Bereichen zu einem Schutz von Information verdichten kann. Daneben kann Information als „gewillkürtes" Gut konstituiert werden durch Persönlichkeitsrechte oder vertragliche Regelungen inter partes[35].

Die normativ-rechtliche **Ausgestaltung des Immaterialgüterrechts** muß sich zwar an die „wesensmäßige Beschaffenheit" der geistigen

---

32 Vgl. *Hauck*, Wirtschaftsgeheimnisse, S. 104 ff.
33 Vgl. *Troller*, UFITA 50 (1967), S. 385, 401 f. Vgl. demgegenüber *Hubmann*, Gewerblicher Rechtsschutz, § 4 I 3., der als Grundlage der gewerblichen Schutzrechte nicht schöpferische, sondern geistig-gewerbliche Leistungen sieht, die in der gewerblichen Verwertbarmachung geistiger Gegenstände liegt, „die vielfach irgendwie vorgegeben und vorbestimmt sind". Demgegenüber wird sogar angenommen, daß faktenbezogene Information nicht entdeckt, sondern geschaffen werde, vgl. *Hugenholtz*, Compilation of Facts, S. 59, 60. Vgl. ferner *Larenz*, Allgemeiner Teil, § 16 III. Zur „objektiven Neuheit" des Urheberwerkes vgl. *Knap*, FS Troller, 1976, S. 125.
34 *Hauck*, Wirtschaftsgeheimnisse, S. 111.
35 Zu weiteren Regelungsprinzipien neben der Güterordnung vgl. *Hauck*, Wirtschaftsgeheimnisse, S. 112 ff.

Güter anpassen, es besteht aber kein „ontologischer Zwang"[36], sondern Art und Ausgestaltung des Schutzes sind letztlich Ergebnis gesellschaftlicher Bewertung. Auf das jeweilige immaterielle Gut richten sich verschiedenartige Interessen, die durch rechtliche Regelung zum Ausgleich gebracht werden[37]. Auch hierbei geht es letztlich wie beim Sacheigentum um die Regelung der Beziehung zwischen Personen. Die Interessenlage läßt sich für Urheber- und Patentrecht beispielhaft verdeutlichen:

	Urheberrecht	Patentrecht
Schaffender	wirtschaftliche Verwertung/Entgelt	
	ideelle und geistige Interessen	
Konkurrent	Aufbauen auf fremden Leistungen	
Nutzer	Befriedigung kultureller Bedürfnisse	Güterproduktion
Vermittler	Amortisation der Investitionen	
Allgemeinheit	uneingeschränkter Kulturgenuß	unbeschränkte Verbreitung
	Mehrung des Kulturbestandes	technischer Fortschritt

Abbildung 2: Interessenlage Patent- und Urheberrecht

Das Immaterialgüterrecht konstituiert einzelne Schutzgegenstände, die als Informationseigentum einzelnen Personen zugeordnet werden. Die Interessen von Schaffenden, Konkurrenten, Vermittlern, Nutzern und der Allgemeinheit werden durch Abgrenzungen innerhalb des Schutzgegenstands, die begrenzte Schutzdauer und weitere Beschränkungen der gewährten Rechte berücksichtigt. Hierin drückt sich der bereits ökonomisch konstatierte Grundkonflikt des Informationseigentums aus: das Spannungsverhältnis zwischen Anreiz bzw. ausschließlicher Zuweisung einerseits und freier Verbreitung und Nutzung andererseits. Dieses Spannungsverhältnis ist,

---

36 So *Troller*, UFITA 50 (1967), S. 385, 392 ff.; Vgl. auch *Knap*, FS Troller, S. 117, 122 ff.; *Pierson*, System, S. 77 ff. Troller bezieht sich dabei auf N. Hartmann, Ästhetik. Zu den Grundlagen der Phänomenologie vgl. *E. Husserl*, Erfahrung und Urteil; *G. Husserl*, Rechtsgegenstand; *Reinach*, Phänomenologie.
37 Vgl. für das Urheberrecht *Hubmann/Rehbinder*, Urheber- und Verlagsrecht, §7; für das Patentrecht *Bernhardt/Krasser*, Patentrecht, §3.

auf die jeweiligen immateriellen Güter spezifisch zugeschnitten, in unterschiedlicher Weise gelöst, und die Interessen sind ins Gleichgewicht gebracht worden, um den für den jeweiligen Informationsaspekt spezifischen Schutzzwecken gerecht zu werden.

4.2 Grundprinzip: Gemeinfreiheit von Informationen

Das Grundprinzip der **Information als freiem Gut** drückt sich zum einen darin aus, daß nur bestimmte schöpferische Informationsentwicklungsleistungen durch Ausschließlichkeitsrechte erfaßt und diese Rechte durch Schrankenregelungen eingegrenzt werden. Diese Rechte geben zudem keine umfassende Nutzung. Vielmehr ist beim Urheberrecht die Nutzung durch den Endverbraucher frei und wird über die Werkvermittlung nur mittelbar erfaßt. Beim Patentrecht ist die Kenntnisnahme der technischen Lehre frei im Gegensatz zu deren Anwendung.

Darüber hinaus wird innerhalb der geschützten immateriellen Güter ein Bereich der Gemeinfreiheit „herausgeschnitten", der vor allem im Interesse der Allgemeinheit an der freien geistigen Auseinandersetzung und dem wissenschaftlichen und technischen Fortschritt schutzfrei bleibt. So werden Entdeckungen, wissenschaftliche Theorien und Methoden im Patentrecht nicht geschützt, sondern nur deren Umsetzung in eine konkrete Regel zur technischen Problemlösung. Hier erfordert zusätzlich die systematische Abgrenzung zu den technischen Schutzrechten, daß wissenschaftliche Erkenntnisse, Lehren und Theorien urheberrechtlich nicht geschützt werden[38]. Hierauf stützt die Rechtsprechung auch den Ausschluß von Algorithmen aus dem Schutz[39].

4.3 Urheberrecht
4.3.1 Schutzgegenstand
4.3.1.1 Werk §§ 1, 2 UrhG

Im Urheberrecht, das traditionell der Schaffung kultureller Information dient, ergibt sich eine enge Beschränkung des Eingriffs in den gemeinfreien Bereich von Information auch durch den Charakter als **Darstellungsschutz.** Nach §§ 1, 2 Abs. 2 UrhG genießen Werke der

---

[38] Vgl. BGH GRUR 1984, 659, 660 – „Ausschreibungsunterlagen".
[39] Vgl. BGHZ 94, 276, 285 – „Inkassoprogramm".

Literatur, Wissenschaft und Kunst Urheberrechtsschutz, soweit es sich um „persönliche geistige Schöpfungen" handelt. In §2 Abs. 1 UrhG sind beispielhaft sieben Werkarten aufgezählt. Zum näheren Verständnis des schutzfähigen Informationsaspekts ist das zugrundeliegende geistige Schaffen näher zu betrachten[40].

Im Werk verwirklicht sich der menschliche Geist selbst. Er entfaltet dabei allgemeinmenschliche und individuelle Anlagen und schöpft aus freien Quellen und individuellen Anlagen und Fähigkeiten. Im **Schöpfungsvorgang** teilt der Mensch seine geistigen Inhalte anderen mit und macht sie durch Ausdrucksmittel zum Objekt der Wahrnehmung, denen er eine Form gibt. Mit dieser Formgebung schafft er einen neuen geistigen Gegenstand in der Außenwelt.

Rein natürliche Signale sind als solche nicht schutzfähig, sondern es muß eine Verarbeitung durch den menschlichen Geist hinzukommen. Es ist ein Kennzeichen aller Informationsprodukte, daß sie eine „**value-added activity**" und damit eine Dienstleistungskomponente enthalten[41]. Man kann das Urheberrecht insofern auch als Versuch der Abgrenzung zwischen vorbestehenden Informationen und dem hinzugefügten Wert, soweit dieser sich in individueller Gestaltung niederschlägt, interpretieren. In diesem Sinne ist es ein Grundzug urheberrechtlichen Schaffens, daß der Schaffende auf Vorgegebenem aufbaut und daraus auswählt und dies mit Selbstgeschaffenem zu einer neuen Einheit zusammenfügt[42].

Die **Mitteilungsform,** das Wirken auf die menschlichen Sinne, das Bewirken von Gedanken, Eindrücken, Empfindungen und Gefühlen im aufnehmenden Bewußtsein macht das Wesen des Werkes aus, dessen Nutzung daher im sinnlichen Erfassen der Werkschöpfung besteht[43]. Damit wird deutlich, daß es sich um „qualifizierte menschliche Kommunikation" handelt[44].

Das Werk muß immer Ausdruck eines geistigen Inhalts sein. Damit scheidet ein reiner Ausdruckswert, also die sinnliche Erscheinungs-

---

40 Vgl. *Hubmann/Rehbinder,* Urheber- und Verlagsrecht, §5 III.
41 Vgl. *Nimmer/Krauthaus,* 55 Law and Contemporary Problems 102, 106ff. (1992).
42 Vgl. *Kummer,* Werk, S. 43ff.
43 Vgl. *Troller,* UFITA 50 (1967), S. 385, 407ff.
44 Vgl. *Schricker,* Urheberrecht, Einleitung Rdnr. 7. Vgl. auch *Roellecke,* UFITA 85 (1979), 147, 155: „rechtliche Verselbständigung eines Kommunikationszusammenhanges".

weise, der kein Inhalt oder Gehalt zukommt, als Werk aus[45]. Dasselbe gilt, wenn eine geistige Tätigkeit vorausgeht, aber im Werk keinen Niederschlag findet, nicht erkennbar wird. Auf einem Rechenschieber aufgedruckte Buchstaben, Skalen und Symbole konnten eine Schutzfähigkeit nicht begründen, da die Methode der Ermöglichung von Rechenoperationen im Rechenschieber nicht dargestellt war[46]. So dürften auch die Grundraster von Kommunikationsdienstleistungen, etwa ein Nummernsystem, einem urheberrechtlichen Schutz nicht zugänglich sein[47].

Zu unterscheiden ist der Ausdruck von der noch ungestalteten Idee. Der geistige Inhalt muß in einer bestimmten Form Ausdruck gefunden haben, die Formgebung muß so weit **fortgeschritten** sein, daß sie den individuellen Geist überhaupt auszudrücken vermag[48].

Ein urheberrechtlicher Ausdruckstyp[49] umfaßt mehr die mit dem Erleben verbundene **emotionale Komponente**. Die Art und Weise, wie der erlebte Gegenstand, der Objekt der Umwelt oder Seelisches oder Geistiges sein kann, aufgefaßt wird, drückt sich im Werk aus und soll ein Erleben durch den Betrachter bewirken. Damit ist die Beziehung der Zeichen zum Schaffenden bzw. Empfänger, also die pragmatische Ebene, angesprochen. Wegen der emotionalen Perspektive ist hier die Verbindung von Gehalt und Formgebung sehr eng, wie die Beispiele der Lyrik oder des Gemäldes deutlich machen. Die traditionelle Abgrenzung von Inhalt und Form kann in diesem Bereich heute als überwunden angesehen werden[50].

Wissenschaftliche und technische Werke kann man eher dem Ausdruckstyp des „**Darstellens**" zuordnen. Derselbe Inhalt kann durch verschiedene Formulierungen beschrieben werden, er stellt die semantische Komponente dar. Dasselbe gilt für andere Zeichen, etwa Bilder, Pläne etc. Hinsichtlich des abgebildeten bzw. beschrie-

---

45 Vgl. BGHZ 18, 177. A. A. *Haberstumpf*, FS GRUR II, 1991, S. 1133.
46 Vgl. BGH GRUR 1963, 633, 635 – „Rechenschieber". Vgl. ferner BGH GRUR 1959, 251 – „Einheitsfahrschein".
47 Vgl. *J. Schneider*, in: Bullinger (Hrsg.), S. 1413, 1421, unter Berufung auf KG, CR 1987, 850, 852, wo ein Kontenrahmen nicht als individuelle Leistung angesehen wurde.
48 Vgl. *Hubmann/Rehbinder*, Urheber- und Verlagsrecht, §6 I. 1.d).
49 Vgl. *Haberstumpf*, FS GRUR II, 1991, S. 1125, 1129 ff., unter Bezugnahme auf *v. Kutschera*, Ästhetik.
50 Vgl. BGH GRUR 1959, 379, 381 – „Gasparone"; *Fromm/Nordemann*, §2 Rdnr. 25; *Loewenheim*, in: Schricker (Hrsg.), Urheberrecht §2 Rdnr. 28.

benen Gegenstands in der realen Wirklichkeit beinhaltet sie auch eine sigmatische Ebene. Bei Werken wissenschaftlichen und technischen Inhalts fordert es nach h. M. die Freiheit des geistigen Lebens, daß der Inhalt als im Allgemeininteresse an der freien geistigen Auseinandersetzung sowie dem wissenschaftlichen und technischen Fortschritt frei bleibt, also wissenschaftliche Lehren, Theorien und Systeme[51], und nur deren Umsetzung in eine konkrete Regel zur technischen Problemlösung Patentschutz erlangt. Der BGH hebt darüber hinaus die Abgrenzungsfunktion hervor, da bei einem urheberrechtlichen Schutz der technischen Lehre „in das bestehende Ordnungssystem der technischen Schutzrechte mit ihren anders gearteten formellen und materiellen Schutzvoraussetzungen und ihrer wesentlich kürzeren Schutzdauer eingegriffen"[52] würde.

Nur an die Formgebung soll daher der Urheberrechtsschutz anknüpfen. Wegen der Schwierigkeiten der Unterscheidung Form/Inhalt wurde als Zwischenschicht die sog. **„innere Form"** eingeführt. Danach kann sich die Schutzfähigkeit auch ergeben aus der Gedankenforschung und -führung des dargestellten Inhalts sowie der geistvollen Form und Art der Sammlung, Einteilung und Anordnung des dargebotenen Stoffs[53]. Bei wissenschaftlichen Werken scheide darüber hinaus die Anknüpfung an die Gedankenführung weitgehend aus, da diese aus wissenschaftlichen Gründen notwendig und üblich sei und damit der Individualität entbehre[54].

Grundsätzlich soll dem Urheber in Abhebung vom geistigen Gemeingut nur dasjenige als sein geistiges Eigentum zugeordnet werden, was der individuelle Geist aus sich selbst heraus hinzugefügt hat, also nicht jeder in der gleichen Situation ebenso geschaffen hätte. Diese **Individualität** als der auf den Informationserzeuger bezogene pragmatische Aspekt ist als „qualifizierendes" Merkmal für die Abgrenzung des Schutzgegenstandes sowie den Schutzumfang anzusehen .

---

51 Vgl. BGH GRUR 1985, 1041, 1047 – „Inkassoprogramm".
52 BGH GRUR 1984, 659, 660 – „Ausschreibungsunterlagen".
53 Vgl. BGH GRUR 1980, 227, 230 – „Monumenta Germaniae Historica"; BGH GRUR 1981, 352, 353 – „Staatsexamensarbeit"; BGH GRUR 1981, 520, 521 – „Fragensammlung"; BGH GRUR 1984, 659, 660 – „Ausschreibungsunterlagen"; BGH GRUR 1985, 1041, 1047 – „Inkassoprogramm". Kritisch *Haberstumpf*, FS GRUR II, 1991, S. 1137f.; *Sellnick*, Gegenstand, S. 23 ff.
54 Vgl. BGH GRUR 1986, 739, 741.
55 Vgl. *E. Ulmer*, Urheber- und Verlagsrecht, S. 122 ff.

Bei den meisten Werkarten läßt die Rechtsprechung ein geringes **Maß** an Individualität ausreichen, und es spricht eine tatsächliche Vermutung dafür, wenn dem Urheber ein ausreichend großer Gestaltungsspielraum zur Verfügung stand. Wegen der „von Natur aus" geringeren Gestaltungsfreiheit gelten geringere Anforderungen auch bei der Werkart der Darstellungen wissenschaftlicher oder technischer Art gem. §2 Abs. 1 Nr. 7 UrhG, z.B. Stadtplänen oder topographischen Landeskarten[56], auch in digitalisierter Form. Bei wissenschaftlichen und nicht-literarischen Sprachwerken fordert die Rechtsprechung, daß nach einem Gesamtvergleich mit vorbestehenden Werken individuelle Eigenheiten ein „deutliches Überragen" gegenüber vorbestehenden Gestaltungen aufweisen[57]. Diese ganz wesentlich bei der Beurteilung von Computerprogrammen entwickelte Rechtsprechung ist nunmehr durch die EU-Richtlinien zum Schutz von Software sowie Datenbanken einem Druck in Richtung auf eine Absenkung ausgesetzt.

4.3.1.2 Europäisches Urheberrecht

Initiativen und punktuelle Regelungen auf europäischer Ebene haben eine **Harmonisierung** des Urheberrechts in Gang gebracht[58]. Von großer Bedeutung für die zukünftige europäische Urheberrechtsentwicklung wird sein, wie die unterschiedlichen Ansätze des kontinentalen Urheberrechts und des anglo-amerikanischen Copyright zum Ausgleich gebracht werden können. Hier möchte ich auf zwei Aspekte eingehen.

Den hohen deutschen **Schutzanforderungen** für wissenschaftliche Werke stehen die geringen Anforderungen des britischen Copyright gegenüber. Danach kommt es nur etwa bei Computerprogrammen darauf an, daß ein Programm nicht lediglich kopiert ist, zum anderen muß ein Mindestmaß an „skill and labour" aufgewendet sein[59].

---

56 Vgl. BGH CR 1987, 360, 361 – „Werbepläne"; BGH CR 1988, 205, 208 – „Topographische Landeskarten".
57 Vgl. BGH GRUR 1985, 1041, 1047 – „Inkassoprogramm"; BGH GRUR 1991, 1231, 1232 – „Betriebssystem".
58 Vgl. *Dietz*, in: Beier/Kraft/Schricker/Wadle (Hrsg.), S. 1445 ff.; *Kreile/Bekker*, GRUR Int. 1994, 901 ff. Vgl. auch das Grünbuch Urheberrecht und verwandte Schutzrechte in der Informationsgesellschaft vom 19.7.1995, KOM (95) 382 final.
59 Vgl. zu Sec. 1 (1)a des Copyright, Designs and Patents Act von 1988 *Saxby*, Encyclopedia, Band 1, Rdnr. 2.19, 2.113.

Hieraus wird vereinzelt gefolgert, die Individualität des Werkes „Computerprogramm" werde nach europäischem Standard durch einen minimalen Aufwand an Können und Mühe begründet[60]. Damit wäre ein Bruch mit dem bisherigen Urheberrechtsverständnis vollzogen und das Urheberrecht zu einem Investitionsschutz umgeformt. Trotz der Regelung in einem eigenen Abschnitt des UrhG würde diese den grundlegenden Anknüpfungspunkt des urheberrechtlichen Schutzes betreffende Änderung von den Rändern her im Zuge der europäischen Harmonisierung auch Rückwirkungen auf die urheberrechtlichen Kernbereiche haben[61].

Vielmehr hat die Softwareschutz-Richtlinie in dieser Hinsicht Kompromißcharakter. Sie beinhaltet zwar eine Absenkung der deutschen Anforderungen auf **einfache Individualität,** aber keine Übernahme des britischen Verständnisses[62]. Letzteres widerspräche auch neueren Entwicklungen im anglo-amerikanischen Bereich. Für Sammelwerke hat sich der U.S.-Supreme Court in der *Feist*-Entscheidung ausdrücklich die „sweat of the brow"-Doktrin, die nur auf die eingesetzte Mühe und Aufwand abstellte, als unvereinbar mit grundlegenden urheberrechtlichen Prinzipien verworfen und die Lehre favorisiert, nach der zumindest eine gewisse Kreativität gefordert wird, die zudem eine verfassungsrechtliche Dimension habe[63]. Diese Entscheidung ist nicht ohne Auswirkungen auch auf die Beurteilung von Computerprogrammen geblieben.

Darüber hinaus wird auch auf europäischer Ebene immer mehr die Bedeutung des bisher kontinental verankerten **Urheberpersönlichkeitsrechts** anerkannt[64]. Hierfür spricht auch die Aufnahme eines besonderen Abschnitts über „Moral Rights" in Sec. 77 ff. des britischen Copyright Acts von 1988[65]. Das Urheberpersönlichkeitsrecht bleibt jedoch gerade angesichts der technischen Entwicklung unter

---

60 Vgl. *Marly,* Urheberrechtsschutz, S. 121 ff.
61 Vgl. *Wiebe,* Know-how-Schutz, S. 422.
62 Vgl. *Lesshaft/Ulmer,* CR 1991, 519, 524; *Dreier,* CR 1991, 577, 578; *I. J. Lloyd,* Information Technology Law, S. 241.
63 „Independent creation plus a modicum of creativity", vgl. *Feist Publications, Inc. v. Rural Telephone Service Co.,* 111 S. Ct. 1282, 1284 (1991). Vgl. auch *P. Goldstein,* GRUR Int. 1991, 767, 772.
64 Vgl. *Kreile/Becker,* GRUR Int. 1994, 901, 904. Vgl. auch Grünbuch (Fn. 58), S. 65.
65 Vgl. *Cornish,* GRUR Int. 1990, 500.

ständigem Druck von seiten der Industrie. Das hat sich etwa in Art. 9 Abs. 1 S. 2 TRIPS niedergeschlagen, wonach urheberpersönlichkeitsrechtliche Befugnisse ausgeschlossen sind[66].

4.3.2 Schutzinhalt

Die Reichweite des Informationsschutzes wird auch durch die verliehenen **Rechte** und deren Schranken bestimmt. Neben den persönlichkeitsrechtlichen Befugnissen (§§ 11–14 UrhG) stehen dem Urheber vor allem Verwertungsrechte zu. Diese in § 15 aufgezählten Befugnisse bilden ein abgestuftes System zur Erfassung der verschiedenen Verbraucherkreise. Der Werkgenuß des Endverbrauchers, und damit die benutzerbezogene pragmatische Seite, wird indirekt erfaßt, da ein unmittelbarer Anspruch gegen den Endverbraucher tatsächlich nur schwer durchsetzbar erschien[67]. Das Urheberrecht setzt daher bei der Werkvermittlung an.

Zu den **Schranken** gehört, daß nicht nur der Werkgenuß als solcher, wie das Lesen eines Buches, frei ist, sondern auch Vervielfältigungen zum privaten oder sonstigen eigenen Gebrauch (§ 53 UrhG). Austariert werden diese Schranken durch die Vergütungsansprüche gem. § 54 UrhG. Dem kulturellen Fortschritt dient die Abgrenzung zwischen freier und unfreier Benutzung gem. § 24 UrhG, die es anderen geistig Schaffenden ermöglicht, auf dem Werk aufzubauen. Daneben haben auch Aspekte der Informationsfreiheit mit dem Ziel einer schnellen und vollständigen Unterrichtung der Öffentlichkeit Eingang in das Urheberrecht gefunden[68].

4.4 Patentrecht

4.4.1 Erfindung als Schutzgegenstand

Bei den gewerblichen Schutzrechten geht es um geistige Leistungen auf gewerblichem Gebiet. Das Patentrecht dient der Schaffung innovativer **technischer Information**.

---

66 Entsprechende Verpflichtungen aus Art. 6bis RBÜ bleiben davon unberührt, vgl. *Katzenberger*, GRUR Int. 1995, 447, 465; *Rheinbothe*, GRUR Int. 1992, 707, 709; a.A. *Dietz*, in: Beier/Götting/Lehmann/Moufang (Hrsg.), 1995, S. 1, 21.
67 Vgl. *Hubmann/Rehbinder*, Urheber- und Verlagsrecht, § 8 III. 3.
68 Vgl. §§ 5, 48, 49, 50 UrhG.

Schutz kreativer Entwicklungsleistungen

Der Bundesgerichtshof definiert eine **Erfindung** als „Lehre zum planmäßigen Handeln unter Einsatz beherrschbarer Naturkräfte zur Erreichung eines kausal übersehbaren Erfolges"[69]. Zunächst ist die Erfindung nur als **Erfindungsgedanke** im Geist des Erfinders vorhanden, der bereits einen gewissen Schutz genießt. „Tritt" der Erfindungsgedanke aus dem Bewußtsein des Erfinders „heraus" und wird intersubjektiv verfügbar, so wird anknüpfend an den Inhalt des Erfindungsgedankens die **„Erfindungsidee"** sichtbar, die bereits ein gegenüber dem Erfinder verselbständigtes, verkehrsfähiges geistiges Gut darstellt, also ein Immaterialgut. Die Erfindungsidee existiert einmalig, ihre Abbildung im menschlichen Geist, also der Erfindungsgedanke, kann aber bei mehreren Personen vorkommen. Die Erfindungsidee steht zum Erfinder insofern in einer Beziehung, als er sie in seinen Gedanken aufgefunden und praktische Verwertbarkeit herbeigeführt hat. Diese Leistung des Erfinders begründet seine Beziehung zur Erfindungsidee, diese enthält aber nicht wie das urheberrechtliche Werk Elemente seiner Individualität. Insofern besteht nicht die starke persönliche Beziehung des Erfinders zur Erfindung wie beim Urheber zu seinem Werk. Überwiegend wird auch hier eine schöpferische Komponente angenommen[70]. Die Erarbeitung der konkreten Lösung eines technischen Problems aus der Vielfalt der Auswahl und Verknüpfungsmöglichkeiten auf der Basis der Naturgesetze begründet nicht nur erst die Existenz dieser konkreten Lösung, sondern bringt auch über etwas Vorbestehendes hinaus etwas Neues hervor[71]. In diesem Aspekt jedenfalls unterscheidet sich die Erfindung von der Entdeckung.

Konsequenz der Einmaligkeit der Erfindungsidee ist, daß es nur ein Recht an der Erfindungsidee geben kann, was zur Sperrwirkung des Patents mit den Instituten der Priorität und des Vorbenutzungsrechts führt. Auch wird dadurch ein formelles Erteilungsverfahren und eine öffentliche Verfügbarmachung der Patentschriften notwendig.

Zur Entfaltung ihrer technischen Wirkung muß die Erfindungsidee in einer **Ausführungsform** verwirklicht werden. Dies kann eine Raumform, etwa eine Maschine, eine innere Gestaltung, etwa eine Stoffzusammensetzung, oder ein Verfahren sein. Diese Ausfüh-

---
69 BGHZ 52, 74, 79 – „Rote Taube".
70 A.A. *Hubmann*, Gewerblicher Rechtsschutz, §4 I. 3.
71 Vgl. *Bernhardt/Kraßer*, Patentrecht, §11 I.

rungsform als etwas Geistiges ist zu unterscheiden von der Mitteilungsform, etwa der Beschreibung der Erfindung mit Worten oder Zeichnungen. Die Beschreibung wirkt auf den menschlichen Geist, und erst die Umsetzung in menschliches Verhalten, nämlich die Ausführung der Erfindung, führt zur Wirkung auf die Natur. Erst die Veranlassung des Menschen zu einem Tun wird vom Patentrecht erfaßt, was man dem **pragmatischen** Aspekt der Information zuordnen kann. Die Beschreibung als syntaktischer und semantischer Aspekt, also das Hervorrufen von Vorstellungen im Bewußtsein des Empfängers, ist patentrechtlich frei und wird sogar durch das Patentrecht gefördert, da es dem technischen Fortschritt zugute kommt. Dieser Aspekt liegt im Bereich des Urheberrechts. Damit wird der Kern des „trade-offs" des Patentrechts deutlich: zeitlich begrenztes Ausschlußrecht gegen Preisgabe zur allgemeinen Kenntnisnahme, Anreiz zur Informationsproduktion und deren Verbreitung.

4.4.2 Nichttechnische Leistungen

Darüber hinaus ist auch nach dem Inhalt der Information, also dem **Gegenstand** der Lehre, zu differenzieren: nur die technische Information fällt in diesen Bereich. Dies wird auch deutlich, wenn man die in § 1 Abs. 2 PatG (Art. 52 Abs. 2 EPÜ) aufgezählten Leistungen betrachtet, die „als solche" von der Patentfähigkeit ausgeschlossen sind, weil sie nicht technischer Natur sind.

Der **Ausschluß nichttechnischer Handlungsanweisungen** zeigt, daß das Patentrecht nur das durch eine Handlungsanweisung ausgelöste Verhalten eines Menschen erfassen will, der unter Nutzbarmachung von Naturkräften auf die außersubjektive Realität einwirkt. Die gedankliche Tätigkeit stellt als solche keine Nutzbarmachung von Naturkräften „zur Erreichung eines kausal übersehbaren Erfolgs" dar. In diesem Sinne lassen sich in bezug auf den Inhalt der Lehre „intellektuelle Gegenstände" von „technischen Gegenständen" abgrenzen[72]. Dies erklärt auch den Ausschluß von mathematischen Methoden sowie der Wiedergabe von Informationen, bei der es um die Informationsdarstellung geht, also auch lediglich die Erzeugung von Vorstellungen.

Der Ausschluß von Entdeckungen, wissenschaftlichen Theorien und Methoden beruht schließlich auch auf der Erwägung, daß eine

---

72 Vgl. *Stamm*, Mitt. 1995, 121, 123.

breite, sich auf die Grundlagenforschung erstreckende Monopolisierung innovationshemmend wirken würde. Zum Interessengleichgewicht des Patentrechts gehört die Begrenzung der Ausschlußwirkung durch den konkreten Anwendungsbezug der Erfindung[73].
Neben der gewerblichen Anwendbarkeit muß die Erfindung auch auf erfinderischer Tätigkeit beruhen (§ 4 PatG) und Neuheit (§ 3 PatG) aufweisen, darf also nicht zum Stand der Technik gehören. Damit sind hohe Anforderungen an die Patentfähigkeit gestellt, um nicht den technischen Fortschritt durch einen zu breiten Schutz zu behindern.

4.5 Muster- und Topographienschutz

Neben dem Gebrauchsmuster als dem „kleinen Patent" mit geringeren Schutzanforderungen, aber durch den Ausschluß von Verfahren auch eingegrenztem Schutzbereich, wurde für den Schutz von **Halbleitertopographien** ein Schutzrecht sui generis installiert. Der Schutz gilt der dreidimensionalen Struktur eines Halbleitererzeugnisses (Topographie) unter Ausschluß der zugrundeliegenden Verfahren und Techniken und im Erzeugnis gespeicherter Informationen (§ 1 Abs. 4 HLSchG), knüpft also an die Form an. Die neuartige Voraussetzung der „Eigenart" liegt nach § 1 Abs. 2 HalbLSchG dann vor, wenn „sie als Ergebnis geistiger Arbeit nicht nur durch bloße Nachbildung einer anderen Topographie hergestellt und nicht alltäglich ist"[74]. Dem Charakter als Investitionsschutz entspricht die Zulassung des reverse engineering (§ 6 HalbLSchG).

Das **Geschmacksmusterrecht** läßt sich als Urheberrecht auf gewerblichem Gebiet ansehen. Schutzgegenstand ist die äußere Formgebung für eine Flächen- oder Raumform, die Modellfähigkeit besitzt, sich also als Vorbild für die Herstellung von gewerblichen Erzeugnissen eignet sowie Neuheit und Eigentümlichkeit[75] aufweist. Geschützt wird allerdings nur der ästhetische Überschuß, der durch das Auge auf den Formen- oder Farbensinn wirkt.

---

73 Vgl. *Bernhardt/Kraßer*, Patentrecht, § 10 I.
74 Vgl. *I. Koch*, in: Lehmann (Hrsg.), S. 333, 353 f.
75 Zur kumulativen Zulässigkeit beider Erfordernisse unter TRIPS vgl. *Pataky*, GRUR Int. 1995, 653 ff.; *Kur*, GRUR Int. 1995, 185 ff.

4.6 Markenrecht

Marktinformationen lassen sich in gewissem Umfang im Markenrecht schützen. Die Marke dient als „Informationskanal zwischen Anbieter und Nachfrageseite"[76]. Ihr kommt eine Herkunfts-, Qualitäts- und Werbefunktion zu[77], sie ist aber auch Immaterialgut. Der Kreis der markenfähigen Zeichen hat im neuen Markengesetz eine erhebliche Ausweitung erfahren und umfaßt neben Wort, Bild und deren Kombinationen auch Personennamen, Abbildungen der Ware, Buchstaben, Zahlen, Farben, Hörzeichen sowie die Ausstattung. Schutzvoraussetzung ist nach § 8 Abs. 2 MarkenG die Unterscheidungskraft.

Mit der äußeren Gestalt des Zeichens, seiner Bedeutung und der Unterscheidungskraft sind die syntaktische und semantische Seite der Information betroffen. Nicht diese aber wird monopolisiert, sondern die Beziehung des Symbols zum Betrieb, die betriebliche **Herkunftsfunktion** und damit die pragmatische Dimension in ihrem Bezug auf das „erzeugende System" und im Hervorrufen dieser Beziehung beim Empfänger[78]. Allerdings geht das Gesetz nicht nur mit dem Verwässerungsschutz, der aus dem Wettbewerbsrecht übernommen wurde, über die Herkunftsfunktion hinaus und schützt den in der Marke verkörperten Goodwill. Auch die Verwechslungsgefahr bezieht sich möglicherweise nicht mehr nur auf die Herkunft aus einem Unternehmen, sondern soll nunmehr alle Fälle von Verwechslungen einschließen[79]. Dann reicht die rechtliche Ausschließlichkeit in die semantische Ebene hinein und schützt auch die mit der Marke durch Investitionen verbundenen Nebenbedeutungen. Der Schutz umfaßt dann zumindest indirekt auch produkt- oder unternehmensbezogene Marktinformationen.

Der Markenschutz kann auch für Informationsprodukte und -dienste nutzbar gemacht werden. Marken können für Dienstleistungen oder für **Waren** im handelsrechtlichen Sinne verwendet werden. Letztere umfassen nur bewegliche körperliche Sachen, also keine

---

76 *Lehmann/Schönfeld*, GRUR 1994, 48.
77 Vgl. *Lehmann/Schönfeld*, GRUR 1994, 481, 487.
78 Vgl. *Steinmüller*, Informationstechnologie, S. 202.
79 Vgl. Begründung zu § 9 MarkenG, BT-Drucks. 12/6581, 71. Vgl. auch *Gielen/Strowel*, Mitt. 1995, 198, 199 f. Für Kontinuität mit der bisherigen Rechtsprechung BPatG, Mitt. 1995, 250, 251. Vgl. ferner den Vorlagebeschluß des BGH, Mitt. 1995, 248, zur Bedeutung des Sinngehalts von Marken für die Verwechslungsgefahr.

geistigen und gewerblichen Schutzrechte. Computerprogramme sind zumindest dann verkörpert, wenn sie elektronisch gespeichert werden. Als Standardprogramme werden sie auch für eine größere Anzahl von Nutzern vervielfältigt und können insoweit als Waren angesehen werden[80]. Entsprechendes wird man auch für Fachinformationen in Datenbanken annehmen können[81].

Schließlich ist auch der **Titelschutz** gem. §5 Abs. 3 MarkenG für Informationsprodukte interessant. Er bezieht sich nicht auf Waren, sondern auf „Werke", allerdings nicht im urheberrechtlichen Sinne. Zur „Druckschrift" nach dem bisherigen §16 Abs. 1 UWG hat der BGH auf dessen Eigenschaft als Kommunikationsmittel abgestellt, „dessen gedanklicher Inhalt für andere erst durch geistige Umsetzung beim angesprochenen Leser oder Betrachter existent wird und deshalb als etwa Immaterielles ... einen eigenen Bezeichnungsschutz erfordert"[82]. Ein entsprechender Schutz des Titels wird aufgrund der Schutzbedürftigkeit des geistigen Gehalts von der h.M. auch bei Computerprogrammen befürwortet, obwohl diese nicht immer als Kommunikationsmittel eingesetzt werden[83].

5. Leistungsschutzrechte

Im Unterschied zum kreativen Schaffen neuer geistiger Gegenstände betreffen die Leistungsschutzrechte **Leistungen** des Entdeckens, Wiedergebens oder Realisierens eines bereits vorhandenen geistigen Gutes und sind mit schwächeren Rechten versehen.

Neben individuellen Leistungen (§§70; 72; 73 ff. UrhG) sind hier vor allem gewerbliche Leistungen mit einem gewissen Maß an **Mühe und Kosten** zusammengefaßt, die der Gesetzgeber für schutzfähig erachtete. Der Arbeits- und Kostenaufwand begründet ein Leistungsschutzrecht für den Herausgeber nachgelassener Werke (§71 UrhG). Die Unternehmensleistung als organisatorische und wirtschaftliche Leistung liegt den Leistungsschutzrechten für Konzert- und Theaterveranstalter (§§81 ff. UrhG), die Hersteller von Tonträgern (§§85 ff.

---

80 Vgl. BGH CR 1986, 130 – „Datenverarbeitungsprogramme als Ware".
81 Vgl. *Mehrings*, Rechtsschutz, S. 155 f.
82 BGH GRUR 1993, 767, 768 – „Zappel-Fisch".
83 Vgl. OLG Hamburg, CR 1995, 335, 337; LG München I, CR 1995, 344, 345; *Lehmann*, CR 1995, 129 ff. A.A. *Betten*, GRUR 1995, 5, 8 ff.

UrhG), Sendeunternehmen (§ 87 UrhG), Filmhersteller (§ 94 UrhG) und die Hersteller von Laufbildern (§ 95 UrhG) zugrunde.

6. Marktbezogener Schutz informationsbezogener Investitionsleistungen

Außerhalb der genannten Schutzsysteme herrscht Wettbewerbsfreiheit. Allerdings können sich auch Rahmenregelungen des Wettbewerbs zu einem Schutz von Informationen „verdichten".

6.1 Know-how-Schutz

Vor allem im Entstehungszeitraum sind Informationen auf den Bereich des Unternehmens beschränkt und können insoweit als Know-how schutzbedürftig sein[84]. Eine geschützte Rechtsposition ergibt sich erst bei **geheimem Know-how**. Ein Betriebs- oder Geschäftsgeheimnis setzt nach der Rechtsprechung voraus: Zusammenhang mit einem Geschäftsbetrieb, Nichtoffenkundigkeit, Geheimhaltungswille und -interesse[85]. Nichtoffenkundigkeit der Information setzt voraus, daß die geheimzuhaltende Tatsache nicht beliebigem Zugriff preisgegeben ist und in ihrer konkreten Erscheinungsform nicht von jedem Interessenten ohne größere Schwierigkeiten und Opfer in Erfahrung gebracht werden kann, was auch bei vermarkteten Produkten möglich ist[86].

Information kann durch die Kombination mit dem Geheimsein einen bedeutenden wirtschaftlichen Wert erlangen. Aber auch offenkundiges Know-how kann noch einen relativen Wettbewerbsvorsprung aufgrund ungleicher Zugangsmöglichkeiten verschaffen, woran sich zeigt, daß es sich bei Information um kein reines öffentliches Gut handelt.

Die auch zivilrechtlich relevanten §§ 17 ff. UWG bieten umfangreichen **Schutz** gegen unbefugte Weitergabe durch Arbeitnehmer während des Arbeitsverhältnisses, die Verwertung und Mitteilung durch Vertragspartner, etwa bei Scheitern von Vertragsverhandlungen,

---

84 Zum Know-how-Begriff vgl. *Stumpf*, Know-how-Vertrag, S. 27.
85 Vgl. BGH GRUR 1955, 424, 425.
86 Vgl. RG GRUR 1939, 573, 575.

sowie die unbefugte Erlangung oder Verwertung durch jeden Dritten. Hier hat vor allem das 2. WiKG[87] der modernen Informationstechnik angepaßte Tatbestände eingeführt, die nach § 17 Abs. 2 Nr. 1 UWG bereits das Ausspähen mittels technischer Hilfsmittel in weitem Umfang erfassen, ebenso wie nach Nr. 2 auch die unbefugte Verwertung oder Mitteilung. Der Schutzumfang macht deutlich, daß hier über den flankierenden vertraglichen Schutz hinaus ein gesetzlicher Schutz gewährt wird, der mit den genannten Ausschließlichkeitsrechten zumindest vergleichbar ist[88].

Damit besteht eine in Deutschland im Vergleich zu den U.S.A. bisher kaum genutzte Schutzmöglichkeit für Computerprogramme[89]. Durch reverse engineering läßt sich – wenn überhaupt – das im Programm enthaltene Know-how, das sich noch nicht durch die bloße Benutzung erschließt, nur unter größerem Aufwand gewinnen, so daß in der Regel auch eine Verbreitung des Programms im Objektformat nicht die Offenkundigkeit und damit den Verlust des Geheimnisschutzes nach sich zieht.

Informationstheoretisch geht es beim Geheimsein um die Relation der Information zu ihrem Ursprung, ihrem „erzeugenden System", also einen **pragmatischen Aspekt,** wenn man den Absenderbezug mit Steinmüller einbezieht[90]. Entwickelt jemand die Geheimformel von Coca-Cola unabhängig durch eigene Versuche, so ist das Geheimnis verloren und Coca-Cola kann keine Rechte an der Information mehr geltend machen. Die Pragmatik im Sinne des Empfängerbezugs, also die Formel als technische Anleitung, aufgrund deren das Getränk hergestellt wird, unterliegt nicht dem Geheimnisschutz. Wird aber die Geheimformel ausgespäht, dann sind die Leistungen betroffen, die das Unternehmen in die Geheimhaltung, also die Wahrung der Beziehung zum Betrieb, gesteckt hat, um sich einen Wettbewerbsvorsprung zu verschaffen. Diese, und nicht die Lei-

---

87 Zweites Gesetz zur Bekämpfung der Wirtschaftskriminalität vom 15. 5. 1986, BGBl. 1986 I, 721.
88 Vgl. BGH GRUR 1977, 539, 542 – „Prozeßrechner". Für eine Einordnung als geistiges Eigentum vgl. Henkels, Betriebsgeheimnisse, S. 41. Vgl. demgegenüber *Pfaff*, BB 1974, 567.
89 Die Rechtsprechung betrifft hauptsächlich Spielprogramme, vgl. BayObLG, CR 1990, 725; OLG Hamm, CR 1991, 233. Zum Know-how-Schutz auch in den U.S.A. vgl. ausführlich *Wiebe*, Know-how-Schutz, S. 330 ff.
90 Vgl. *Steinmüller*, Informationstechnologie, S. 202.

stung der Entwicklung der Information, ist geschützt, auch wenn der Schutz mittelbar dem Informationsinhalt zugute kommt. Es handelt sich daher beim Geheimnisschutz um einen relativen, institutionellen Schutz des freien Gutes Information mit essentiell **wettbewerbsrechtlicher Natur**[91]. Die Leistung wird gegen bestimmte Handlungen im Wettbewerb geschützt, die sich mit dem Leitbild des Leistungswettbewerbs nicht vertragen. Dies wird auch deutlich in neueren Bestrebungen der Rechtsprechung, den Schutz auf den Zeitraum des Wettbewerbsvorsprungs zu beschränken[92].

6.2 Ergänzender Leistungsschutz §1 UWG

Ein wettbewerbsrechtlicher Schutz von Information selbst kann über §1 UWG im Rahmen des sog. **ergänzenden Leistungsschutzes** in Betracht kommen. Die Rechtsprechung gewährt im Rahmen der Fallgruppe der „unmittelbaren Leistungsübernahme" dann wettbewerbsrechtlichen Schutz, wenn ein Leistungsergebnis ohne eigene Leistung übernommen wird, meist mit Hilfe technischer Mittel[93]. Schutzvoraussetzungen sind wettbewerbliche Eigenart und das Vorliegen besonderer wettbewerblicher Umstände.

Die **wettbewerbliche Eigenart** kann neben der Eignung von Merkmalen, auf die betriebliche Herkunft hinzuweisen, auch durch Besonderheiten des Erzeugnisses begründet werden[94]. Hier wurde in einigen Fällen auf die Mühe-und-Kosten-Formel des Reichsgerichts zurückgegriffen: Wer sich durch die Ausnutzung fremder Leistung in den Stand setze, die Ware ohne eigenen Aufwand billiger in den Handel zu bringen und so den Erzeuger um die Früchte seines mit Mühe und Kosten hergestellten Erzeugnisses zu bringen, verstoße gegen die guten Sitten[95]. Damit reduziert sich die Eigenart auf die Aufwendung von Mühe und Kosten bei der Erstellung und fällt im Ergebnis zugleich mit der Begründung der Unlauterkeit zusammen[96]. Korre-

---

91 Vgl. auch *Hauck*, Wirtschaftsgeheimnisse, S. 188 ff. Auch der deliktische Schutz geht nicht darüber hinaus, vgl. *Hauck*, a.a.O., S. 296 ff.; BGH GRUR 1963, 367, 369.
92 Vgl. OLG Celle, WRP 1994, 114, 115.
93 Vgl. *Baumbach/Hefermehl*, §1 Rdnr. 498 ff.
94 Vgl. *Sambuc*, GRUR 1985, 130 ff.
95 Vgl. RG, RGZ 101, 1, 2 – „Siegfried-Möbel"; *Jersch*, Ergänzender Leistungsschutz, S. 32 m.w.N.
96 Zu den verschiedenen Tendenzen in dieser Fallgruppe vgl. *Schricker*, Urheberrecht, Einl. Rdnr. 40 ff.

spondierend mit diesem Schutzgrund wird eine Begrenzung der Schutzdauer auf die Amortisations- bzw. Vermarktungszeit befürwortet[97].

In der BGH-Entscheidung „Informationsdienst" gab der Kläger Informationsblätter für die Bauwirtschaft heraus, die monatlich etwa 8.000 Informationen über die Planung von Baumaßnahmen, Submissionsergebnisse, Teilnahmewettbewerbe und Ausschreibungen enthielten[98]. Die Informationen kamen von Architekten, aus Zeitungen sowie zu 92 % durch Kontakt zu Bauherren, Planern und anderen Baubeteiligten, wozu die Firma 41 Redakteure beschäftigte und Gesamtkosten von 100.000,- DM monatlich aufwendete. Die Beklagte brachte mit unwesentlicher Verspätung eigene Informationsblätter heraus und übernahm dabei ohne eigene Nachforschungen und Ermittlungen die von der Klägerin veröffentlichten Informationen.

Der BGH begründete die schutzwürdige Eigenart der Informationsblätter als Leistungsergebnis mit dem erheblichen Personal- und Kostenaufwand. Durch die Übernahme auch von unabsichtlichen Fehlern, aber auch gezielten Falschmeldungen konnte auch die unveränderte Übernahme durch die Beklagte nachgewiesen werden. Die Unlauterkeit ergab sich daraus, daß die Klägerin „systematisch um die ihr billigerweise zustehenden Früchte ihrer Arbeit gebracht"[99] werde, da die Beklagte eigene Aufwendungen erspare, dadurch einen günstigeren Preis fordern könne, den Benutzerkreis der Klägerin verringere und letztlich den Fortbestand des Betriebs der Klägerin gefährde. Unter semiotischen Gesichtspunkten spielte die andere äußere Anordnung der Informationen keine Rolle: „das Leistungsergebnis, auf das es hier entscheidend ankommt, sind

---

97 Vgl. *Lehmann*, in: Lehmann (Hrsg.), S. 383, 398 ff. OLG Frankfurt, WRP 1984, 79, 86: 6 Monate bis 1 Jahr als „bei derartigen Spielen übliche(n) Publikumswirksamkeit".
98 Vgl. BGH GRUR 1988, 308, 309 – „Informationsdienst". Vgl. auch LG Hamburg, CR 1989, 697, 698.
99 BGH GRUR 1988, 308, 310. Vgl. auch OLG Frankfurt, CR 1996, 211, 212 sowie LG Hamburg, CR 1994, 476, 478, für die technische Vervielfältigung von auf CD-ROM gespeicherten Telefonbuchdaten sowie LG Mannheim, CR 1996, 411, 412, für das Abschreiben der Telefonbücher in China. Auf den eigenen Aufwand bei der manuellen Vorbereitung des Abscannens des Telefonbuchs stellte demgegenüber ab OLG Frankfurt, CR 1995, 85, 87 f. – „Telefonbuch scannen".

Sammlung und Inhalt der umfangreichen, detaillierten Spezialinformationen, nicht ihre äußere Darstellungsform"[100].

Anders kann die Beurteilung im Verhältnis von Informationsquelle zu Informationsdienst ausfallen. In einer Entscheidung des OLG Köln[101] ging es um einen Recherchedienst, der sich auf eine Sammlung von Fachzeitschriften stützte. Unter dem Motto „Informationsvorsprung statt Informationsflut" bot er den Kunden ein Verzeichnis der einschlägigen Artikel, aber auch die Übersendung von Kopien von Beiträgen an, von denen einige auch den Wirtschaftsmagazinen der Klägerin entnommen waren. Das Gericht vertrat den Standpunkt, daß diese Zeitschriften und die beklagte „CB-Infobank" zwar identische Zielgruppen, jedoch verschiedenartige Kundeninteressen ansprachen. Der Dienst sei insoweit keine alternative Informationsquelle, sondern eine Alternative zum Aufbau eines eigenen Archivs durch die Kunden. Eine Verringerung des Benutzerkreises habe die Klägerin nicht dargetan, und eine über die Eigenleistung hinausgehende besondere Vergütung habe die Beklagte nicht erhalten[102].

Auch die Übernahme von **Teilen** des Leistungsergebnisses kann relevant sein. Der ergänzende Leistungsschutz erfaßt auch sachlich unwesentliche und quantitativ unbedeutende kleinere Änderungen. So bestand in einem Fall des LG Hamburg hinsichtlich eines Mailboxsystems eine Übereinstimmung in 33 von 36 Oberbegriffen und nur geringfügige Änderungen in einem der Befehlssätze.[103]

Für die **Reichweite** des Schutzes ist von Bedeutung, daß aufgrund des Erfordernisses eines Wettbewerbsverhältnisses der private Endverbraucher nicht erfaßt wird. Auch hat die Rechtsprechung immer wieder den Grundsatz der Nachahmungsfreiheit und die Subsidiarität des Wettbewerbsrechts hervorgehoben, so daß nicht immaterial-

---

100 BGH GRUR 1988, 308, 310.
101 Vgl. OLG Köln, GRUR 1995, 265, 268 – „Infobank".
102 Vgl. auch BGH GRUR 1992, 383, 383 – „Leitsätze", wo eine Zeitschrift die Leitsätze von finanzgerichtlichen Entscheidungen aus der Zeitschrift „EFG" abdruckte und auf Wunsch Kopien der Entscheidungen versandte. Hier spielte auch das Informationsinteresse der Allgemeinheit eine Rolle, da es keine andere Quelle für die Entscheidungen gab.
103 Vgl. LG Hamburg, CR 1989, 697, 699, für den Befehlssatz eines Mailboxsystems mit 1‰-Anteil am Gesamtprogramm, das aber den „Schlüssel zum gesamten System" darstellte. Das OLG Frankfurt hielt sogar die Übereinstimmung von 80 % bei den Funktionen und 20 % bei den Anweisungen für ausreichend, vgl. OLG Frankfurt, NJW 1989, 2631, 2632.

güterrechtlich geschützte abstrakte Werbeideen, Motive, Methoden und Techniken mangels Eigenart auch wettbewerbsrechtlich nicht schutzfähig sind[104].

Der ergänzende Leistungsschutz diente meist dazu, in Bereichen mit auftretendem besonderen Schutzbedürfnis als **Vorreiter** für sondergesetzlichen Schutz zu fungieren. Dies betrifft das Nachpressen von Schallplatten, die technische Reproduktion künstlerischer Aufführungen, den fotomechanischen Nachdruck freier Werke, aber auch Modeneuheiten[105]. Damit ist neben Computerprogrammen natürlich auch ein Anwendungsbereich bei neuen Informationsprodukten gegeben, deren Einordnung in das System des geistigen Eigentums unklar oder ungenügend ist, bei denen aber ein dringendes Schutzbedürfnis durch die aufgrund von Digitalisierung und Vernetzung potenzierten Vervielfältigungsmöglichkeiten aufgetreten ist.

7. Informationsbezogenes Interessengleichgewicht und technologische Entwicklung

Die Übersicht hat die Systematik aufgezeigt: Nur für kreative „Entwicklungsleistungen" ist immaterialgüterrechtlicher Schutz vorgesehen, gegliedert in abgegrenzte Schutzsysteme. Ergänzend bestehen für bestimmte Bereiche Leistungsschutzrechte. Schutz für Investitionen können in gewissem Umfang wettbewerbsrechtliche Regelungen bereitstellen. Die Folgen der technologischen Entwicklung lassen das System des geistigen Eigentums aber nicht unberührt und beeinträchtigen das „trade-off" aus der Ära herkömmlicher Technik und Medien.

7.1 Neuartige Informationsprodukte und die Grenzen des Urheberrechtsschutzes

Die Auswirkungen der sich entwickelnden Informations- und Kommunikationstechnik im Bereich der Information zeigen sich vor allem im Urheberrecht. Zum einen entstehen neue Informations-

---

104 Vgl. etwa BGHZ 18, 175, 183 f.; BGH GRUR 1976, 434, 436 – „Merkmalklötze"; BGH GRUR 1979, 119, 120 – „Modeschmuck"; BGH GRUR 1979, 705, 706 – „Notizklötze".
105 Vgl. *Fezer*, WRP 1993, 63 ff. m.w.N.

produkte als immaterielle Güter mit „hybridem" Charakter, die sich einer eindeutigen Zuordnung zu den geregelten Kategorien der Informationsentwicklungsleistungen entziehen bzw. Anknüpfungspunkte für mehrere Schutzrechte bieten. Zum anderen werden die vom Immaterialgüterrecht gewährten Rechte in ihrer Bedeutung durch andersartige Befugnisse ersetzt. Die immer stärker werdende Unabhängigkeit vom Übertragungsmedium macht Information immer mehr zu einem „reinen" öffentlichen Gut. Dies verschärft das Problem der Nichtausschließbarkeit im Hinblick auf „Free-Rider"-Verhalten und damit das Schutzbedürfnis im Hinblick auf die Möglichkeit zur Amortisierung der Aufwendungen während der „lead time".

7.1.1 Computerprogramme

Das erste Informationsprodukt, das sich nicht reibungslos in die herkömmliche Systematik des Immaterialgüterrechts einordnen ließ, waren die **Computerprogramme,** das „Herzstück" der Informatik. Der „hybriden" Natur der Programme entspricht es, daß die Ansatzpunkte für fast alle beschriebenen Schutzsysteme des Immaterialgüterrechts bieten. Von ihrem „Wesen" her handelt es sich bei Algorithmen um „detaillierte Verhaltensmuster zur automatischen Lösung von Problemen". Der Algorithmus läßt sich als die Erfindung, das Quellprogramm als Beschreibung der Erfindung und das Objektprogramm als der gemäß der Beschreibung angefertigte Teil der Maschine ansehen[106]. Damit handelt es sich im Kern um **technische Information,** die in den Bereich des Patentrechts fällt. Das Patentrecht kann jedoch aufgrund der hohen Schutzvoraussetzungen nur einen geringen Prozentsatz aller Programme schützen. Es wird damit dem durch hohe Investitionen und neue technische Aneignungsmöglichkeiten erhöhten Schutzbedürfnis allein nicht gerecht.

Der Ausweg führte ins **Urheberrecht,** das als einfaches und effektives Schutzsystem gegen Raubkopien nutzbar gemacht werden konnte und die Vorteile eines internationalen Schutzsystems aufwies. Ansatzpunkte bot die Schriftwerkform des Programms. Anders als bei traditioneller Technik erfaßt aber der urheberrechtliche Schutz dieser „Beschreibung" mittelbar zugleich die technische Funktion, da die Einspeicherung und z.T. auch der Programmlauf

---

106 Vgl. *Troller,* CR 1987, 278, 282 f.

eine urheberrechtliche Vervielfältigung darstellen[107]. Dies ist das Besondere an Programmen: sie beschreiben nicht nur die Problemlösung, sie enthalten in der Umsetzung ins Objektformat zugleich die Anwendung des Verfahrens.

Andererseits ist die Anknüpfung an Kriterien der individuellen Formgebung den **Qualitätsmerkmalen** des Programmierschaffens genau entgegengesetzt. Die Programmerstellung ähnelt heute mehr einer Ingenieurtätigkeit als einer kreativ-gestalterischen Tätigkeit und wird z.T. schon von Programmen übernommen. Die eigentlich kreative Tätigkeit verlagert sich immer mehr in die frühen konzeptionellen Phasen des Programmschaffens und damit weg von der endgültigen Formgestaltung. Nicht von ungefähr haben die Gerichte bei dem Versuch der Begründung der Schutzfähigkeit von Programmen immer wieder Kriterien wie Komplexität, Arbeitseinsatz der Programmierer, Neuheit der Aufgabengestaltung herangezogen und sich damit an der Funktionalität von Programmen ausgerichtet[108], die zwar mit dem Urheberrecht nichts zu tun haben, aber auf die eher patentrechtlichen Merkmale hindeuten, die die Schutzbedürftigkeit von Programmen ausmachen. In der Praxis traten hier erhebliche Nachweisprobleme auf.

Ein weiterer Punkt, der erst jetzt größere Bedeutung erlangen wird, betrifft die **Bearbeitungsrechte.** Der umfassende Schutz auch gegen Veränderungen birgt die Gefahr, daß die Anwendung eines nicht auf technische Innovation zugeschnittenen Schutzsystems ernsthafte Behinderungen des technischen Fortschritts zur Folge haben kann. Die Erfahrungen aus den U.S.A., in denen nach einer Phase breitesten Schutzes von den Gerichten seit 1992 eine restriktive Linie verfolgt wird, mahnen uns, bei einer Ausdehnung des Programmschutzes über 1:1-Kopieren hinaus sehr vorsichtig zu sein.

Die Umsetzung der EG-Richtlinie in §§ 69a bis 69g UrhG macht deutlich, daß es einer Regelung mit **sonderrechtlichem Charakter** bedurfte, um diesen Schutzgegenstand unter das Dach des Urheberrechts zu bringen. Allein ein Blick auf die Regelung des reverse engineering von Schnittstelleninformationen in § 69e UrhG macht deut-

---

107 Letzteres ist allerdings umstritten, vgl. *Haberstumpf*, in: Lehmann (Hrsg.), S. 69, 136, Rdnr. 122 m.w.N.
108 Vgl. LG Bielefeld, CR 1986, 444, 445; OLG Frankfurt, NJW 1989, 2631, 2632; OLG Frankfurt, GRUR 1985, 1049, 1050. Vgl. auch BGH CR 1991, 80, 84.

lich, welche Probleme die Einpflanzung des Programmschutzes in das Urheberrecht aufwirft. Die Erfahrungen mit Programmen sollten uns sensibel machen für die Gefahren einer unüberlegten „Einzwängung" neuer Informationsgüter in die bestehende Systematik des Immaterialgüterrechts.

Dies wird sich auch bei der Abgrenzung des Schutzgegenstands auswirken. Nach Umsetzung der EG-Richtlinie in den §§ 69a bis 69g UrhG wird die Form/Inhalt-Abgrenzung ersetzt durch die Unterscheidung zwischen ungeschützter **Idee** und geschütztem **Ausdruck** (§ 69a Abs. 2 UrhG). Diese auch dem Wortlaut nach dem anglo-amerikanischen Copyright entnommene Unterscheidung deutet auf eine Unterscheidung nach Abstraktionsstufen hin. Nach dem in den U.S.A. angewandten „abstraction-filtration-comparison"-Test wird das Programm zunächst in verschiedene Abstraktionsebenen zwischen Idee und Ausdruck unterteilt[109]. Das Gericht in der Entscheidung *Gates Rubber* benannte sechs Programmebenen:

- Hauptzweck
- Programmstruktur oder -architektur
- Module
- Algorithmen und Datenstrukturen
- Source Code
- Object Code.

In einem zweiten Schritt werden auf jeder der Ebenen dann ungeschützte Elemente herausgefiltert. Dabei können Effizienzgesichtspunkte und andere externe Faktoren wie Kompatibilitätserfordernisse, Standards und verbreitete Programmiertechniken die Gestaltungsfreiheit und damit die Schutzfähigkeit der entsprechenden Elemente einengen. In einer dritten Stufe können die verbleibenden Elemente mit dem Programm des Beklagten verglichen werden. Dieser Test läßt sich durchaus mit der im deutschen Recht vertretenen „Gewebetheorie" in Einklang bringen und kann damit eine Grundlage für die Auslegung der Richtlinie hinsichtlich der Idee/Ausdruck-Abgrenzung bilden[110]. Dann werden auch Elemente des informatik-technischen Algorithmus Berücksichtigung finden.

---

109 Vgl. *Computer Associates*, 982 F. 2d 693, 707 ff. (2d Cir. 1992); *Gates Rubber Co. v. Bando Chemical Industries* Ltd., 9 F. 3d 823, 834 (10th Cir. 1993).
110 Vgl. *Wiebe*, BB 1993, 1094, 1096. Vgl. auch *Günther*, CR 1994, 611, 614. Zur Gewebetheorie vgl. *Ulmer/Kolle*, GRUR Int. 1982, 489, 497.

Ein weiteres aktuelles Problemfeld bildet die Frage, ob die **Benutzeroberflächen** als eigenständiges Werk behandelt werden können oder eine Ausdrucksform des Computerprogramms darstellen. Als „ergänzende" Ausdrucksform lassen sich Benutzeroberflächen wohl nur insoweit ansehen, als sie die Programme „in ihrem funktionalen Ablauf sinnlich wahrnehmbar" machen[111]. Ein amerikanisches Gericht hat die Benutzeroberfläche mit einem Buch verglichen und beides als „System" oder „Methode" zur Kommunikation von Ideen und Bildern bezeichnet, die aber urheberrechtlich grundsätzlich schutzfähig seien, wurde aber in der Berufung aufgehoben mit der Begründung, die Menübefehlsstruktur von Lotus' 1-2-3- stelle eine schutzunfähige „Method of operation" dar, deren Schutz gegenüber herkömmlichen Werken negative Wirkungen habe, da die Gesellschaft auf freien Zugang zu Innovation und Arbeitsmitteln angewiesen sei[112]. Die U.S.-Entscheidung macht m.E. deutlich, daß die Kommunikationsfunktion der Oberfläche nicht mit der bedruckten Seite eines Buches vergleichbar ist und die technische Funktionalität eine genaue Prüfung der Gestaltungsfreiheit erfordert.

7.1.2 Datenbanken

Für die Informationsgesellschaft immer größere Bedeutung erlangen **Datenbanken**. Man spricht auch von zukünftigen „Supermärkten" für Informationen aller Art[113]. Fakten als solche sind nicht urheberrechtlich schutzfähig, auch wenn sie mit großem Kostenaufwand gewonnen wurden[114]. Die Darstellung einer Adresse oder eines Wertpapierkurses bietet keinen Raum für eine individuelle Gestaltung. Entsprechendes gilt für eine rein schematische oder routinemäßige Zusammenstellung wie bei Fernsprechverzeichnissen und Theaterprogrammen. Dies ist bereits anders bei Kurzreferaten, sog. Abstracts[115]. Die digitale Speicherform eines geschützten Werkes hat als Vervielfältigung Teil am Schutz des jeweiligen Werks.

---

111 Vgl. *Koch*, GRUR 1995, 459, 465. Vgl. auch OLG Karlsruhe, CR 1994, 607.
112 Vgl. *Lotus Development Corp. v. Borland Int'l, Inc.*, 831 F. Supp. 223, 231 (D. Mass. 1993), rev'd, 49 F. 3d 807 (1st Cir. 1995); aff's, 116 S. Ct. 804 (1996). Dagegen erscheint ein Patentschutz möglich, vgl. EPA CR 1995, 214, 217 – „TEXAS/Menübasiertes Eingabesystem".
113 *Hoebbel*, Schutz, S. 1015 ff., Rdnr. 3.
114 Vgl. BGH GRUR 1987, 704, 705 – „Warenzeichenlexika".
115 Vgl. *Mehrings*, Rechtsschutz, S. 132 ff.

Die Datenbank selbst kann nach §2 Abs. 1 Nr. 1 bzw. als Sammelwerk nach §4 UrhG Schutz erlangen, wenn die Sammlung oder Anordnung eine individuelle schöpferische Leistung darstellt. So hat der BGH bei einem alphabetischen Rechtsstandslexikon der deutschen Warenzeichenanmeldungen und -eintragungen, dessen Ziel es war, dem Fachmann Informationen über den Bestand an Zeichen zu geben, Urheberrechtsschutz für möglich gehalten[116]. Der BGH knüpfte zum einen an die **Informationsauswahl** an, die sich auf die für den Praktiker wichtigen Nachtragsveröffentlichungen beschränkte. Weiterer Anknüpfungspunkt war die **Informationsvermittlung** unter Verwendung von Code-Zeichen, die sich auf die Veröffentlichungen in den amtlichen Warenzeichenblättern bezogen und die Übersichtlichkeit erleichterten. Dabei kam es nicht auf die Code-Zeichen als äußeres Darstellungsmittel an, sondern an die dadurch verkörperte Konzeption. Den Einwand, bei den Konzeptionen der Informationsauswahl und -vermittlung handele es sich um abstrakte Ideen, wies der BGH mit dem Argument zurück, daß diese ihren Niederschlag in der Art der Materialauswahl, -einteilung und -anordnung gefunden und damit eine konkrete Ausformung erfahren hätten.

Über die Verwendung einer „Vielzahl individueller Auswahlkriterien" hinaus kam es dem Blatt auf die Feststellung an, ob den Lexika im Gesamtvergleich zu vorbestehenden Warenzeichenlexika **individuelle Eigenheiten** zukamen, die über das „rein Handwerksmäßige, die mechanisch-technische Aneinanderreihung und Zusammenfügung des Informationsmaterials" hinausgingen oder durch zwingende, etwa praktische Bedürfnisse vorgezeichnet seien[117]. Das Gericht hob hervor, daß der Schutz der Konzeption nicht zu einer Monopolisierung führen dürfe, die Dritten den Markt für Warenzeichenlexika versperren könne.

Auch im Bereich der Datenbanken wird eine **europäische Harmonisierung** angestrebt. Art. 1(2) der Datenbankrichtlinie definiert als **Datenbank:** „Eine Sammlung von Daten, Werken oder anderen

---

116 Vgl. BGH GRUR 1987, 704, 705 f. – „Warenzeichenlexika".
117 Vgl. BGH GRUR 1987, 704, 706. Vgl. auch BGH GRUR 1991, 130, 133 – Themenkatalog, wonach „je nach den Umständen auch ein geringeres Maß geistiger Betätigung genügen kann". Vgl. ferner BGH GRUR 1980, 227 – „Monumenta Germaniae Historica"; BGH GRUR 1981, 520 – „Fragensammlung".

unabhängigen Elementen, die systematisch oder methodisch angeordnet und einzeln mit elektronischen Mitteln oder auf andere Weise zugänglich sind". Dies schließt alle Arten von Daten und auch Elemente ein, die für den Betrieb oder die Abfrage der Datenbank erforderlich sind, wie ihr Thesaurus, Index oder Abfragesystem, nicht jedoch das für die Erstellung oder den Betrieb der Datenbank verwendete Computerprogramm[118]. Die Rechte aufgenommener Werke bleiben unberührt. Die auch technisch problematische Beschränkung auf elektronische Datenbanken ist in Anlehnung an Art. 10 Abs. 2 TRIPS in der endgültigen Fassung weggefallen.

Die Auswahl oder Anordnung des Stoffes muß nach Art. 3 (1) eine „eigene geistige Schöpfung" darstellen, um Individualität zu begründen, andere Kriterien dürfen aber nicht angewendet werden. Dies entspricht der Regelung der Softwarerichtlinie und wird zu einer Absenkung der hohen deutschen Anforderungen in dieser Hinsicht führen[119].

Es bedarf aber genauerer Untersuchung, was als geschützte „**Struktur**"[120] bzw. systematische und methodische Anordnung anzusehen ist. Die Anordnung der Daten auf dem Speichermedium ist technisch bedingt und kommt als Anknüpfung nicht in Betracht[121]. Meist bedarf es auch aus technischen Gründen keiner besonderen Anordnung. Die Anordnung der Informationen bei der Wiedergabe wird aber durch den Nutzer bzw. die Software bestimmt. Bei Fakteninformationssystemen wird man eine Strukturleistung, die sich nicht nur in der Software, sondern auch in der Datenbank niederschlägt, nur im Entwurf des Datenmodells erblicken können. Ein Datenmodell dient dazu, einen Ausschnitt der realen Welt im Rechner abzubilden[122]. Es bildet die Struktur des Informationssystems und bestimmt die Form, in der die Informationen erhoben werden können. Das Datenbankmanagementsystem setzt dann die Modellstrukturen in physische Strukturen des Speichers um[123]. Dieser Entwurfprozeß kann urheberrechtlich relevantes Formgestalten bein-

---

118 Vgl. Erwägungsgrund 20 der Richtlinie 96/6/EG des Europäischen Parlaments und des Rates vom 11.3.1996 über den rechtlichen Schutz von Datenbanken, AB1EG L77/21 vom 27.3.1996, S. 5.
119 Vgl. *Hoebbel*, CR 1993, 12, 15.
120 Erwägungsgrund 15 (Fn. 118).
121 Vgl. Erwägungsgrund 21 (Fn. 118).
122 Vgl. *Mie*, in: Buder/Rehfeld/Seeger (Hrsg.), S. 547, 552 ff.
123 Vgl. *Mie*, a.a.O., S. 556.

halten, und es wird im Hinblick auf den Verwendungszweck jeweils zu prüfen sein, inwieweit ein individuelles Gestalten gegeben ist. Darüber hinaus wird für die Schutzfähigkeit hauptsächlich an die **Auswahl** der Daten anzuknüpfen sein. Auch hier ergibt sich aber das Problem, daß die verbleibenden Anforderungen an die Individualität den Qualitätsmerkmalen von Datenbanken wie etwa Vollständigkeit zuwiderlaufen und der Gestaltungsspielraum durch die sachbezogenen Anforderungen des Verwendungszwecks eingeschränkt sein wird[124]. Darüber hinaus wird bei Online-Datenbanken oft nur ein kleiner Teil der Daten abgerufen, die dann nicht einen als Sammelwerk schutzfähigen Teil der Datenbank darstellen und deren unbefugte Verwertung eine Urheberrechtsverletzung insofern nicht begründen kann.

Die eigentlich schutzbedürftige Leistung wird durch das Urheberrecht nicht erfaßt[125]. Die Richtlinie sieht daher zum Schutz von quantitativ oder qualitativ wesentlichen finanziellen und beruflichen Investitionen in die „Beschaffung, die Überprüfung oder die Darstellung" des Inhalts einer Datenbank (Art. 7(1)) ein **gesondertes Schutzrecht** vor. Dieses umfaßt die unerlaubte Entnahme, d.h. Übertragung auf einen anderen Datenträger (Art. 7(2)a)), oder Weiterverwendung („öffentliche Verfügbarmachung", Art. 7(2)b)) der Gesamtheit oder wesentlicher Teile des Inhalts der Datenbank. Unter eingeschränkten Voraussetzungen kann auch die Entnahme oder Verwendung unwesentlicher Teile unzulässig sein (Art. 7(5))[126]. Die Schutzdauer beträgt 15 Jahre und beginnt für jede „wesentliche Neuinvestition" neu zu laufen (Art. 10(3)). Begünstigter ist als „Hersteller" die Person, „die die Initiative ergreift und das Investitionsrisiko trägt" (Erwägungsgrund 41). Die Umsetzung ist zum 1. Januar 1998 vorgesehen.

Das neue Recht beschreitet den Weg in den Sonderrechtsschutz und wird erhebliche Bedeutung für die weitere Entwicklung des Immaterialgüterrechts haben. Das als Recht sui generis bezeichnete Aus-

---

124 Vgl. *Hoebbel*, in: Lehmann (Hrsg.), Rdnr. 17 ff.; *Mehrings*, Rechtsschutz, S. 127.
125 Vgl. Erwägungsgründe 7, 12, 38, 40 (Fn. 118).
126 Eine sogar auf wesentliche Teile bezogene Ausnahme betrifft nichtkommerzielle Unterrichts- und Forschungszwecke, Zwecke der öffentlichen Sicherheit, des „reibungslosen Ablaufs eines Verwaltungs- oder Gerichtsverfahrens" sowie, allerdings nur bei nichtelektronischen Datenbanken, die Entnahme zu privaten Zwecken (Art. 9).

schlußrecht zeigt deutliche Anklänge an das Wettbewerbsrecht[127]. Es schützt die **wirtschaftliche** bzw. **organisatorische Leistung**, verleiht aber kein Ausschlußrecht an den Informationen als solchen, soweit sie unabhängig beschafft werden. Trotzdem wird der Zugang zu Informationen stärker als durch das Wettbewerbsrecht beschränkt. Es wird auch die private Verwendung erfaßt. Der rechtmäßige Benutzer darf bei der Öffentlichkeit zugänglich gemachten elektronischen Datenbanken nur „unwesentliche Teile" entnehmen, und dies auch nur ohne Beeinträchtigung der „normale(n) Nutzung" und eingeschränkt durch eine Interessenabwägung (Art. 8). Ein möglicher eigener Aufwand bei der Bearbeitung und „Weiterentwicklung" der Informationen durch den Übernehmer als wettbewerbsrechtlich relevantes Kriterium spielt hier keine Rolle. Man wird das neue Recht daher wohl eher als Leistungs- bzw. Sonderrechtsschutz einordnen müssen.

7.1.3 Informationsdienste

Immer häufiger werden Datenbanken auch von **Informationsdiensten** genutzt, die bei Informationsanfrage, -beschaffung, -aufbereitung und -umsetzung bzw. -anwendung Leistungen erbringen[128]. Diese können als individuelle kompilatorische bzw. wissenschaftliche oder literarische Leistungen urheberrechtsfähig sein. Informationsdienstleistungen befinden sich insofern eine Stufe weiter in der „Informationsentwicklungskette" gegenüber Datenbanken. Onlineabrufbare Fachinformationen bieten im Hinblick auf die Bedürfnisse etwa der mittelständischen Wirtschaft häufig nur den Rohstoff, der durch „intellektuelle Weiterbehandlung und problemorientierte Veredelung zu einem anwendbaren Informationsprodukt verarbeitet werden muß"[129]. Informationsdienste haben insofern Funktionen sowohl der Informationsverbreitung als auch der -produktion. Im Vergleich zu Datenbanken steht noch stärker der Problembezug der Leistung und die Rezipierbarkeit der Information als Qualitätsmerkmal im Vordergrund. Dies gibt Raum für individuelles Gestalten.

---

127 Erwägungsgrund 6 weist ausdrücklich auf die fehlende Harmonisierung im Bereich des Rechts des unlauteren Wettbewerbs hin. Deutliche Anklänge bestehen aber auch zum skandinavischen „Catalogue Rule" als einer Art verwandtem Schutzrecht, vgl. *G. W. G. Karnell*, Nordic Catalogue Rule, S. 67 ff.
128 Vgl. *R. Schmidt*, in: Buder/Rehfeld/Seeger (Hrsg.), S. 440, 444 ff.
129 *R. Schmidt*, a.a.O., S. 455.

Der Spielraum ist unterschiedlich groß. Modifizierende Leistungen etwa von „Information Brokern" strukturieren die Informationen ohne inhaltliche Veränderung, und die Individualität kann sich in Auswahl und Anordnung des gesammelten Materials niederschlagen. Qualifizierende Leistungen beinhalten auch eine inhaltliche Gewichtung und Aufbereitung der Informationen zur Vorbereitung von Entscheidungen des Kunden. Die resultierenden Gutachten oder Dossiers können Schutz als wissenschaftliche Werke genießen. Entsprechendes gilt für die Ergebnisse evaluierender Tätigkeit, die dem Kunden auch die problembezogene Bewertung und anwendungsorientierte Umsetzung von Informationen in Problemlösungen abnehmen, etwa im Rahmen einer Unternehmens- oder Technologieberatung. Der Grad an individuellem Spielraum ist hier relativ hoch, soweit im Rahmen der Dienstleistung noch konkrete Werke entstehen.

Der Schutz wird jedoch begrenzt durch die Form/Inhalt-Abgrenzung. Der BGH hat bei einem umfangreichen Anwaltsschriftsatz neben der Auswahl des Materials auch an die Gedankenführung angeknüpft. Diese zeige eine „tiefe Durchdringung des Tatsachen- oder Rechtsstoffes und eine souveräne Beherrschung der Sprach- und Stilmittel", durch die ein vielschichtiger Sachverhalt einfach und leicht verständlich beschrieben wird[130]. Wenn aber neue Inhalte geschaffen werden, werden diese nicht geschützt, sondern nur die Mitteilungsform.

7.1.4 Auswirkungen der Digitalisierung

Digitalisierung führt alle Arten von Information auf ein gemeinsames technisches Format zurück und bringt **neue Arten des Werkschaffens, der -verwertung und -nutzung** mit sich. Das digitale Format erlaubt die Benutzung von minimalsten Teilen bestehender Werke und ihre beliebige Zusammenführung zu neuen Werken durch Vervielfältigung oder Bearbeitung (z.B. Sampling) ohne Qualitätsverlust. Hier wird es immer schwieriger zu bestimmen, welcher Werkart diese zuzuordnen sind und ob geschützter Ausdruck oder

---

[130] Vgl. BGH GRUR 1986, 739, 741 – „Anwaltsschriftsatz". Der Kläger hatte für den 122 Seiten umfassenden Schriftsatz u.a. 10.000 Blatt umfassende Ermittlungsakten durchgearbeitet und eigene Ermittlungen angestellt.

ungeschützte Elemente übernommen worden sind. Daraus ergeben sich auch eminente praktische Probleme. Es ist möglicherweise die Zustimmung einer großen Zahl von Rechteinhabern vorbestehender Werke und von Leistungsschutzberechtigten einzuholen, deren Identifikation, aber auch das Einholen deren Zustimmung enorme Transaktionskosten verursachen kann. Hier müssen, nicht nur im Bereich der Rechtewahrnehmung, praktikable Lösungen gefunden werden, will das Urheberrecht seinem Schutzzweck weiterhin gerecht werden[131]. Die Vielzahl möglicher Rechte macht es z.B. schwierig für die Auftraggeber, den Entwicklern von Multimediaprodukten Haftungsfreistellung zuzusagen. Können die Entwickler keinen Versicherungsschutz erlangen oder sich leisten, wirkt sich das Urheberrecht anreizhemmend aus.

Die Veränderungen betreffen also auch den **Schutzgegenstand** und stellen das Konzept des „Werks" in Frage. Zum einen verflüchtigt sich das Konzept des Autors durch Abnehmen der kreativen Anteile der Erstellungsarbeit und zunehmende technische Unterstützung. In einer interaktiven Umgebung wird die Abgrenzung gegenüber den Beiträgen des Nutzers zunehmend schwierig. Zum anderen kann das Urheberrecht die schutzbedürftige Leistung kaum noch erfassen. Den Inhalt von Datenbanken, also die gesammelten Daten in ihrer Bedeutung als Informationen, schützt das Urheberrecht nicht, da die Mühe der Sammlung keine Leistung ist, die das Urheberrecht fördern will. Bei Multimedia betrifft dies nicht mehr nur Informationen faktischer Art und nicht mehr nur Informationen in Textform, sondern auch in Ton- und/oder Bildform[132]. Bei Virtual Reality schließlich geht es um die möglichst naturgetreue Abbildung der Wirklichkeit, die kaum Raum läßt für individuelle Gestaltung. Insofern erscheint es fraglich, ob die auf die individuelle Mitteilungsform abstellende Urheberrechtskonzeption bei der digitalen Verkörperungsform, die sich immer weiter von der unmittelbaren Wahr-

---

131 Vgl. *Dreier*, GRUR Int. 1993, 742, 745, auch zu der Möglichkeit von Clearing-Stellen; *ders.*, in: Beier/Götting/Lehmann/Moufang (Hrsg.), S. 193 ff; *Kreile/Becker*, GRUR Int. 1996, 677 ff.; *Wand*, GRUR Int. 1996, 897 ff. Zu Vorschlägen eines internationalen Numerierungssystems für urheberrechtlich geschützte Werke vgl. *Hart*, 11 CLSR 127 ff. (1995).
132 Sieht man dabei von dem Programmschutz ab, wie ihn *Koch*, GRUR 1995, 459, 462 ff., ganz in den Vordergrund stellt.

nehmbarkeit traditioneller Medien entfernt hat, überhaupt noch Sinn macht[133].

Das auf die **Verbreitung** von körperlichen Vervielfältigungsstücken zugeschnittene Urheber- und Verlagsrecht kann in einer digitalen Umgebung nicht mehr den angestrebten Ausgleich zwischen Anreiz und Verbreitung herstellen[134]. Einerseits stellt der Vorgang der Digitalisierung eine urheberrechtlich relevante Vervielfältigung dar. Erfolgt die Verbreitung nicht über CD oder andere körperliche Träger, sondern online über Datennetze, so wird aber das Eingreifen des Erschöpfungsgrundsatzes als wichtiger Schranke der urheberrechtlichen Befugnisse zweifelhaft[135]. Während die Reichweite der körperlichen und unkörperlichen Verwertungsrechte unklar wird, rückt andererseits das Interesse an der Kontrolle des Zugangs zu digitalen Informationen und deren Nutzung in den Vordergrund[136]. Die Working Group on Intellectual Property Rights hat 1992 die Konstituierung eines eigenen ausschließlichen Rechts zur digitalen Übertragung vorgeschlagen, das keine „öffentliche" Verbreitung voraussetzt[137].

Die Abgrenzung zwischen öffentlichem und privatem Gebrauch stellt im traditionellen Urheberrechtskonzept aber ein wesentliches Merkmal des **Interessenausgleichs** dar. Sie basiert auf der Vorstellung, daß massenhafte Verbreitung die primäre Art der kommerziellen Verwertung dieser Art von Informationen darstellt, aber dadurch auch der Zugang der Allgemeinheit und die Verbreitung der Information gewährleistet wird. Der Wandel von der Massenkommunikation hin zur Individualkommunikation erschwert auch den Zugang. Soweit die Benutzung relevante Vervielfältigungshandlungen erfordert, erfaßt der Schutz indirekt auch die enthaltenen Ideen. Hier muß der Zugang zu den Ideen gesichert werden.

---

133 Zur digitalen Darstellung von Informationen vgl. *Koch*, GRUR 1995, 459, 460. Vgl. auch den Vorschlag des British Copyright Council, die digitale Form als selbständigen Schutzgegenstand zu etablieren, 11 CLSR 115, 116 (1995).
134 Vgl. *O.T.A.*, Intellectual Property Rights, S. 204 f.
135 Vgl. Erwägungsgrund 33 (Fn. 118), S. 8. Eine parallele Entwicklung zeichnet sich mit der Auflösung des Rechts der Vervielfältigung zum privaten Gebrauch in der Software- und Datenbankrichtlinie sowie generellen Überlegungen der Kommission in diese Richtung ab.
136 Dies findet seinen Ausdruck auch in den neueren EDV-bezogenen Strafrechtsvorschriften, vgl. §§ 202a; 263a; 303a; 303b StGB.
137 Vgl. *Koch*, GRUR 1995, 459, 467.

Zugleich bietet das technische Medium auch **neue Kontrollmöglichkeiten**[138]. Die individuelle Nutzung („pay-per-use") kann technisch erfaßt werden. Dies macht einen Wechsel von dem traditionellen Konzept der indirekten Erfassung der Endnutzung zu einer direkten Erfassung möglich. Erkennt das Recht diese Möglichkeit an, muß es auch die Schrankenbestimmungen darauf zuschneiden. Entsteht hier die Vision, daß Informationen zukünftig nur noch in privaten Datenbanken gespeichert und gegen individuelle Nutzungsgebühr verfügbar gemacht werden, so mag dies sogar ökonomisch effizient sein, vernachlässigt aber die soziale und kulturelle Bedeutung freier Informationsverbreitung, die auch im Urheberrecht angelegt ist. Zugangsrechte können in letzter Konsequenz auch durch gesetzliche und Zwangslizenzen gesichert werden, die durchaus einen mittleren Weg zwischen zu breitem und zu geringem Schutz darstellen können[139]. Jedenfalls muß ein auf die digitale Verkörperungsform zugeschnittenes Gleichgewicht zwischen Anreiz und Verbreitung gefunden werden.

7.2 Informationsbezogene Ausweitung des Patentschutzes

Die Entwicklung der Informationstechnik wirft die Frage nach der Entwicklung des Schutzes von Information auch für das Schutzsystem auf, dessen Gegenstandsbereich die Technik bildet.

7.2.1 Computerprogrammbezogene Erfindungen

Das Patentrecht wird vor allem für computergestützte Verfahren der Informationsverarbeitung als Schutzform relevant. In der **Rechtsprechung** des BGH wurden Computerprogramme lange in Einengung der Betrachtung auf den erfinderischen „Kern" als Rechen- und Organisationsregel angesehen, die sich als Anweisung an den menschlichen Geist ohne technischen Charakter darstellt[140]. Erst im Gefolge einer weniger restriktiven Rechtsprechung des EPA und einiger Kammern des BPatG hat der BGH 1992 eine Kehrtwende vollzogen und betrachtet nunmehr auch programmbezogene Erfindungen als Ganzes unter Einschluß aller verwandten technischen Mittel[141]. Danach kommt es – ganz grob gesagt – heute darauf an, ob

---

138 Vgl. *Dreier*, GRUR Int. 1993, 742, 745f.
139 Vgl. *Ginsburg*, 90 Col. L. Rev. 1865, 1927ff. (1990).
140 Vgl. BGHZ 67, 22, 26f. – „Dispositionsprogramm".
141 Vgl. BGH CR 1992, 600, 602f. – „Tauchcomputer".

die Programme einen technischen Inhalt bzw. einen „technischen Effekt" haben bzw. „technischen Beitrag" leisten. Allein die Tatsache, daß ein Computerprogramm Bestandteil der beanspruchten Lehre ist, führt also nicht zum Ausschluß der Patentierbarkeit.

Befinden wir uns dagegen auf im herkömmlichen Sinne **nichttechnischem Gebiet,** etwa der Textverarbeitung, so wird der technische Charakter nach wie vor abgelehnt[142]. Die Verarbeitung von Zeichen und Informationen ist danach ein nichttechnischer Gegenstand. Das EPA hat 1991 ein System zur maschinellen Zusammenfassung eines Dokuments und Abspeicherung der Zusammenfassung, also zur „Abstract"-Erzeugung, als rein gedanklicher Art und die datenverarbeitungstechnischen Mittel zur Ausführung als nachrangige Hilfsmittel eingestuft[143]. Der computergerechte Lösungsweg entspricht aber sicher nicht dem, den das menschliche Gehirn wählen würde. Es drängt sich die Frage auf, ob hier nicht bereits mit den Steuerungsanweisungen an den Rechner planmäßig Materie und Energie eingesetzt wird[144].

Aber auch hier schreitet die Entwicklung voran. Das EPA hat 1994 in der Entscheidung „Transformationsmethode/IBM" bei einem Verfahren zur Textumformung differenziert zwischen der sprachlichen Bedeutung digitaler Textdaten und deren Eigenschaft als Steuerbefehle, die **technische Merkmale** des Textverarbeitungssystems darstellten[145]. Die Umformung solcher Daten in digitaler Form in eine andere digitale Form mit demselben Informationsgehalt zur Herstellung einer kommunikativen Verbindung zwischen nichtkompatiblen Textverarbeitungssystemen stelle eine technische Wirkung dar. Hier wird also hinsichtlich des technischen Charakters der Information unter deren pragmatischem Aspekt differenziert. Eine solche Sichtweise setzt voraus, daß man Information nicht nur auf

---

142 Vgl. etwa BGH, GRUR 1992, 36 – „Chinesische Schriftzeichen".
143 Vgl. EPA, CR 1991, 286 – „Zusammenfassen und Wiederauffinden/IBM".
144 Vgl. *Pierson,* Systematik, S. 190 f. Zum Ausschluß der Programme „als solche" als Leerformel vgl. *van Raden,* GRUR 1995, 451, 456; *Pierson,* a.a.O., S. 166 ff.
145 Vgl. EPA, CR 1994, 340, 343 – „Transformationsmethode/IBM". Nach der Entscheidung „SOHEI/Computermanagementsystem" kommt es nunmehr darauf an, ob bezüglich der Einzelheiten der Implementierung „technische Überlegungen" angestellt werden müssen, vgl. EPA, CR 1995, 208, 210. Vgl. ferner EPA CR 1995, 205 – „IBM/Elektronisches Dokumentenverteilungssystem"; EPA CR 1995, 214 – „TEXAS/Menübasiertes Eingabesystem".

den Menschen bezieht, sondern hinsichtlich der Wirkung andere „informationsverarbeitende Systeme" einbezieht[146]. Letzteres entspricht der Auffassung von *Hans Beyer*, der Computerprogramme als Information des Senders Mensch an den Empfänger Computer ansieht[147]. Da der Computer aber keine eigenständige semantische Ebene hat, also nicht Informationen verarbeiten kann, muß man im Sinne eines weiten Informationsverständnisses „funktionale Äquivalenz" ausreichen lassen[148]. Damit wird aber auch für Computerprogramme die im Patentrecht vordringende Lehre relevant, die **Information** neben Materie und Energie **als Naturkraft** ansieht[149]. Nach dem modernen naturwissenschaftlich-technischen Verständnis wird neben Masse und Energie Information als dritte Entität der Natur bzw. Naturkraft anerkannt[150].

Der **Technikbegriff** sollte der technologischen Entwicklung angepaßt und im Sinne des modernen naturwissenschaftlich-technischen Verständnisses **erweitert** werden. Ziel des Patentrechts ist es, den neuesten Stand der Wissenschaft und Forschung der Allgemeinheit zugänglich zu machen. Zu Zeiten des PatG 1877 bedeuteten Wirtschaftswachstum und Förderung der gewerblichen Güterproduktion durch technischen Fortschritt Ersetzung menschlicher Arbeitskraft durch Maschinen. Heute erleben wir das gleiche auf höherer Stufe, nämlich die Ersetzung geistiger Tätigkeit durch die Einheit Hardware/Software. Materie und Energie werden zuneh-

---

146 Für eine entsprechende Einbeziehung von Maschinenbefehlen und Erbinformationen, die als solche nicht an einen menschlichen Empfänger gerichtet, sondern in einem anderen „informationsverarbeitenden" System etwas bewirken sollen, vgl. *Strombach*, ‚Information', S. 3, 6; *Oeser*, in: Folberth/Hackl, S. 231, 236 ff.
147 Vgl. *H. Beyer*, GRUR 1990, 399, 402. Vgl. auch *van Raden*, GRUR 1995, 451, 455.
148 Vgl. *Gitt*, Siemens-Zeitschrift 4/89, 4, 9; *Görz*, in: Beckmann/Rammert (Hrsg.), S. 178, 194. Vgl. auch *van Raden*, GRUR 1995, 451, 456. Das Bundespatentgericht, BPatGE 30, 90, 92, stellte auf die pragmatische Wirkung, das „Verständnis (die pragmatische Wirkung)" der durch den Rechner ermittelten Information durch die Steuereinrichtung eines Kernreaktors, ab.
149 Vgl. *H. Beyer*, in: FS 25 Jahre Bundespatentgericht, 1986, S. 189; *ders.* GRUR 1990, 399. Vgl. ferner *v. Hellfeld*, GRUR 1989, 471; *Wiebe*, GRUR 1994, 233, 235 ff.; *van Raden*, GRUR 1995, 451, 456 f.
150 Vgl. *C.F. v. Weizsäcker*, Aufbau der Physik, S. 573; *Gitt*, Siemens-Zeitschrift 4/89, 4 ff.; *Zurek*, Physics Today, May 1991, S. 36, 44; *Landauer*, Physics Today, May 1991, S. 23, 29.

mend durch Information und deren Verarbeitung ersetzt. Man spricht heute von der „transklassischen Maschine", die durch ihr „Verhalten" definiert wird: „Der Algorithmus ist die Maschine"[151]. Der angeführte Fall bestätigt die Einschätzung von Troller: „Wörter und Zeichen sind technisch funktionelle Elemente der Datenverarbeitung"[152]. Wird Information immer mehr zum Produktionsfaktor und verlagert sich auch in traditionellen Technikbereichen die erfinderische Tätigkeit immer mehr „auf den Computer", so kann das Patentrecht diese Gegenstände nicht ausschließen, will es nicht seine Funktion Schritt für Schritt verlieren. Dies haben im übrigen die Amerikaner schon lange erkannt, wie sich etwa daran zeigt, daß auf das oben angesprochene System zur „Abstract"-Erzeugung ein Patent erteilt wurde[153].

Der pragmatische Aspekt von **Information als Produktionsfaktor** gelangt damit immer stärker in den Bereich des Patentschutzes. Im Fall „Herstellungsverfahren für ein elektronisches Gerät"[154] ging es um die Automatisierung eines Herstellungs- und Prüfverfahrens durch Abspeicherung der bei der Prüfung gewonnenen Informationen in einem Speicherelement eines elektronischen Geräts. Diese Informationen als aktive Ressource dienten nicht nur der Dokumentation, sondern auch der automatischen Steuerung nachfolgender Herstellungs- und Prüfungsschritte. Information in enger Verbindung mit Naturkräften materieller und energetischer Art begründet die Technizität einer Lehre.

Die weitergehende Frage, ob nicht auch der Bedeutungsinhalt der abgespeicherten Information für die **menschliche Verstandestätigkeit** bei einem späteren Qualitätsnachweis der Information als „dritter Grundgröße" Technizität begründe, ließ das Gericht offen. Die menschliche Verstandestätigkeit sollte aber nicht nur wegen der fehlenden Naturgesetzlichkeit des erzielten Ergebnisses, sondern auch

---

151 *Bammé* u.a., Maschinen-Menschen, S. 145.
152 *Troller*, CR 1987, 278, 282.
153 Patent No. 4358824. Für das amerikanische Patentrecht gilt der Grundsatz, daß patentierbar ist „anything under the sun that is made by man", Diamond v. Chakrabarty, 447 U.S. 303, 309 (1980). Für Computerprogramme gelten nur mathematische im Unterschied zu informationstechnischen Algorithmen als ausgeschlossen, vgl. Diamond v. Diehr, 450 U.S. 175, 187 (1981); Paine Webber et al. v. Merrill Lynch et al., 564 F. Supp. 1358, 1368 (D. Del. 1983).
154 BPatG GRUR 1992, 681.

wegen der dadurch möglichen Monopolisierung menschlichen Denkens weiterhin vom Patentschutz ausgeschlossen bleiben[155].
Für den Bereich der Automatisierung menschlichen Denkens durch „Auslagerung" auf Datenverarbeitungstechnik bestehen diese Bedenken aber nicht, zumal derzeit neben Information auch immer Materie und Energie eingesetzt wird. Mit fortschreitender „Intelligenz" der Technik wird aber der Aspekt der Information als Naturkraft gegenüber den anderen Entitäten immer größeres Gewicht erlangen. So wird man etwa über die Patentierbarkeit von Expertensystemen nachdenken müssen. Der Ausschluß informationeller Gegenstände, jedenfalls im weiteren Sinne, ist Ausdruck des überkommenen substratgebundenen Technikverständnisses. Verbleibenden Befürchtungen über einen zu breiten Schutz stehen in jedem Fall die weiteren hohen Schutzvoraussetzungen entgegen.

7.2.2 Patentierung von Erbinformationen

Auf anderen Technikgebieten ist das Gleichgewicht in der anderen Richtung bedroht. Im Bereich der mikrobiologischen und gentechnischen Erfindungen als zweitem Bereich wirtschaftlich bedeutender informationsbezogener Innovation ist die Rechtsentwicklung wesentlich pragmatischer verlaufen. Die Technizität der Nutzbarmachung der in den Genen gespeicherten Information war hier kaum problematisch[156]. Vielmehr lag die Schwierigkeit darin, die Schutzgegenstände gegenüber dem ausgeschlossenen Bereich der **Entdeckungen abzugrenzen.** Hier hat die Rechtsprechung zu den Naturstoffen klargestellt, daß auch die Lehre einer über die fachmännische Routine hinausgehenden Bereitstellung einer noch nicht bekannten Erscheinungsform oder der Isolierung eines in der Natur vorkommenden Stoffes Patentschutz erlangen kann, der auch den Stoff selbst umfaßt[157].

---

155 Vgl. *Kolle,* GRUR 1977, 58, 62. *V. Hellfeld,* GRUR 1985, 1025, 1027 ff., sieht die Unterteilung in die Welt des Geistes und die der Technik für überholt an. Demgegenüber hält *Beyer,* in: FS 25 Jahre BPatG, S. 205, an der „Substratgebundenheit" der Technik fest.
156 Vgl. insofern auch BGH GRUR 1969, 672, 673 – „Rote Taube". Zum DNS-Molekül als Träger der genetischen Information vgl. *Gitt,* Siemens-Zeitschrift 4/89, S. 4, 6.
157 Vgl. BPatG, GRUR 1978, 238 f.; BPatG, GRUR 1978, 586 f.; BPatG, GRUR 1978, 702.

Dies hat jüngst auch das EPA im Hinblick auf ein Gen – genauer: eine für menschliches H2-Relaxin codierende c-DNA – bekräftigt und dabei auch den Einwand ungebührlich weit gefaßter Patente zurückgewiesen: „Die Einspruchsabteilung hält jedoch einen breiten Schutz für vollauf gerechtfertigt, da H2-Relaxin der Öffentlichkeit immerhin erstmals zugänglich gemacht worden ist ... Die Sache verhält sich ... ähnlich wie im Fall von Erfindungen, die Luftpumpen betreffen; auch hier hätte der ursprüngliche Erfinder einer Luftpumpe sicherlich Anspruch auf ein breites Patent gehabt"[158].

Sieht man einmal von den ethischen Bedenken ab, die primär in den Zuständigkeitsbereich anderer Rechtsbereiche fallen[159], zeigt sich hier die Tendenz, den Patentschutz immer mehr in den Bereich der **Grundlagenforschung** auszudehnen[160]. Mit der Auffindung und Sequenzierung von Genen ist schon der entscheidende Schritt zur industriellen Bereitstellung des codierten Genprodukts getan[161]. Es muß dann aber im Interesse des wissenschaftlichen Fortschritts das Interessengleichgewicht neu „justiert" werden. So gibt es Forderungen nach einer Neuheitsschonfrist für eigene Vorveröffentlichungen, um Wissenschaftlern, die ihre Erkenntnisse patentieren lassen wollen, deren sofortige Veröffentlichung zu ermöglichen. Daneben wird die extensive Auslegung der Versuchsausnahme im Interesse einer ungehinderten Forschungs- und Entwicklungstätigkeit befürwortet[162].

7.3 Rückbesinnung und Fortentwicklung

Die technologische Entwicklung zwingt uns, über den Schutz von Informationen neu nachzudenken. Der Trend zur **Kommerzialisie-**

---

158 EPA GRUR Int. 1995, 708, 710 – „Relaxin".
159 Vgl. auch EPA, GRUR Int. 1995, 708, 711: es werde nicht „Leben" patentiert, sondern „ein chemischer Stoff, der genetische Informationen trägt und als Zwischenprodukt bei der Herstellung möglicherweise medizinisch nützlicher Proteine eingesetzt werden kann".
160 Vgl. auch Art. 11 des Richtlinienvorschlags der EG über den Rechtsschutz für biotechnologische Erfindungen vom 13.11.1995, GRUR Int. 1996, 652, 655: „Der Schutz, der durch ein Patent für ein Erzeugnis erteilt wird, das aus einer genetischen Information besteht oder solche enthält, erstreckt sich auf jedes Material..., in das dieses Erzeugnis Eingang findet und in dem die genetische Information enthalten und ausgedrückt ist." Vgl. ferner *Ohly*, GRUR Int. 1994, 879, 880.
161 Vgl. *Moufang*, Genetische Erfindungen, S. 171.
162 Vgl. *F.-K. Beier/J. Straus*, in: FS 25 Jahre BPatG, S. 133, 156f.

rung des Urheberrechts ist Anzeichen für die Industrialisierung und Kommerzialisierung des Informations- bzw. Wissenssektors. Diese Tendenzen sind keinesfalls neu, werden aber durch Informations- und Kommunikationstechnik erheblich verstärkt.

Damit gewinnen im Urheberrecht die Interessen derjenigen überhand, die in diese Art der Informationsproduktion investieren, etwa der Werkvermittler. Der Schutz des Autors und seiner im Werk verwirklichten Persönlichkeit tritt in den Hintergrund gegenüber dem Schutz des Werkes und der **Investitionen.** Die Funktion des Urheberrechts im Hinblick auf den Autor verlagert sich damit in das Urhebervertragsrecht[163]. Zusätzliche, die Konzeption eines „Urheberrechts ohne Urheber"[164] begünstigende Faktoren sind die Globalisierung der Märkte und der steigende Einfluß des anglo-amerikanischen Copyright als Folge der EU-Harmonisierung. Dessen werk- und unternehmensorientierter „industriepolitischer Ansatz"[165] zeigt sich etwa an der primären Zuordnung des Urheberrechts an den Arbeitgeber[166].

Natürlich ist die **Informationsgesellschaft** immer stärker auf Produktion und Verbreitung von Informationen angewiesen. Das Beispiel der Computerprogramme und Datenbanken zeigt aber, daß es vor allem die in die Informationsproduktion und -verbreitung fließenden wirtschaftlichen und organisatorischen Leistungen sind, die ein gesteigertes Schutzbedürfnis begründen. Die Konsequenz kann dann nicht die Verankerung eines allgemeinen Leistungsschutzes hinter der Fassade des Urheberrechts sein. Vielmehr muß das Schutzbedürfnis in die „richtigen Bahnen" gelenkt werden.

Dies schließt eine Rückbesinnung auf Grundprinzipen und **Systematik** des Immaterialgüterrechts ein. Das klassische Immaterialgüterrecht knüpft an die Bereicherung des allgemeinen Wissens, des Bestands an immateriellen Gütern bestimmter Kategorien, durch verschiedenartige schöpferische Leistungen an[167]. Dies ist bei der kategorialen Einordnung neuer Informationsgüter ebenso zu beachten wie bei der Schaffung neuer immaterialgüterrechtlicher Katego-

---

163 Vgl. *Dietz*, in: Beier/Gotting/Lehmann/Moufang (Hrsg.), S. 1, 6.
164 Vgl. *Schricker*, in: FS Steindorff, S. 1437, 1452.
165 *Schricker*, GRUR 1992, 242, 244.
166 Vgl. 17 U.S.C. §201 (b); Sec. 11 Abs. 2 des britischen Copyright Act.
167 Vgl. *Knap*, in: FS Troller, S. 117, 122.

rien. Es ist also die Art der auf Information bezogenen Leistung zu berücksichtigen und das angemessene Gleichgewicht zwischen Anreiz und Verbreitung herzustellen.

Im Urheberrecht ist eine Rückbesinnung auf den **Urheber-bezogenen Schutzzweck** und die damit verbundenen persönlichen und materiellen Interessen geboten. Schließlich sind es nach wie vor deren schöpferische Leistungen, die den Rohstoff Information entwickeln[168]. Verfassungsrechtlich entspricht der Anerkennung des geistigen Eigentums das Postulat, „das vermögenswerte Ergebnis der schöpferischen Leistung dem Urheber zuzuordnen"[169]. Hier gilt es vor allem, die Konzepte aus der Zeit des Buchdrucks fortzuentwickeln und auf die digitale Verkörperungsform zuzuschneiden.

Innovative Information auf technischem Gebiet im erweiterten Sinne muß seinen Platz im Patentrecht finden, das hinsichtlich Schutzgegenstand und -ausgestaltung auf diese Art Information zugeschnitten ist.

Ein gesteigertes Schutzbedürfnis besteht vor allem im Hinblick auf **organisatorische und wirtschaftliche Leistungen**. Dieses muß durch die traditionell dafür „zuständigen" Leistungsschutzrechte, den Know-how-Schutz und den ergänzenden Leistungsschutz aufgefangen werden. Dabei geht es zunächst um den Erhalt der „lead time", des Wettbewerbsvorsprungs. Insofern wären der Know-how-Schutz und der ergänzende Leistungsschutz das angemessene flexible Instrument, während im übrigen Anreiz und Verbreitung dem Wettbewerb überlassen blieben. Läßt sich ein weitergehendes Schutzbedürfnis feststellen, etwa durch eine ökonomische Analyse[170], so wäre an auf die jeweilige informationsbezogene Leistung zuge-

---

168 In diesem Zusammenhang gehören auch Forderungen nach Aufhebung der Beschränkung des Patentrechts auf den Bereich der Technik und der Einbeziehung kaufmännischer Innovationen und des Dienstleistungsbereichs, vgl. *Beier*, GRUR 1972, 214, 220; *Zipse*, GRUR Int. 1973, 182, 185; *van Raden/Wertenson*, GRUR 1995, 523 ff.
169 BVerfG GRUR 1980, 44, 46 – „Kirchenmusik". Zur naturrechtlichen Begründung des Urheberrechts vgl. BGHZ 17, 266, 278 – „Grundig-Reporter".
170 Vgl. dazu im Hinblick auf Software *Menell*, 39 Stan. L. Rev. 1337 ff. (1987); *ders.*, 41 Stan. L. Rev. 1045 ff. (1989). Zum derzeitigen Stand der ökonomischen Forschung im Immaterialgüterrecht vgl. den Sammelband *Albach/Rosenkranz* (Hrsg.), Intellectual Property Rights and Global Competition, 1995.

schnittene Leistungs- bzw. Sonderschutzrechte zu denken[171]. In diesen Zusammenhang gehört auch die Diskussion um die Einführung eines „publisher's right"[172]. Die Datenbankrichtlinie ist mit dem Auszugsrecht an den gespeicherten Daten diesen Weg gegangen, und dies wird erheblichen Einfluß auf die weitere Entwicklung haben. Darüber hinaus könnte die „Zweigleisigkeit" von Urheberrechts- und Sonderrechtsschutz auch systematisch die Basis einer Integration von Urheberrecht und Copyright bilden[173].

Eine „Auffächerung" in spezifische Schutzsysteme bringt allerdings auch Probleme mit sich, etwa im Hinblick auf Rechtssicherheit und internationale Absicherung des Schutzes. Immerhin aber haben die verwandten Schutzrechte ihren Weg in Art. 14 TRIPS gefunden[174]. Zu denken wäre auch an den Weg über eine Reziprozitätsklausel, wie ihn die U.S.A. im Fall des Halbleiterschutzes gegangen sind und den die EU nunmehr auch in der Datenbankrichtlinie verwenden will[175]. Auch drängt sich der Gedanke an ein allgemeines Leistungsschutzrecht wieder auf[176]. Es ist nicht ausgeschlossen, daß auch in den U.S.A. die Entwicklung in diese Richtung gehen wird[177].

Erscheint eine solche Fortentwicklung möglich, so gibt die informationstechnische Entwicklung unter dem Gesichtspunkt der Konstituierung von Information als Wirtschaftsgut keine Veranlassung, von den Grundprinzipien des Systems des geistigen Eigentums abzugehen[178]. Man darf allerdings dabei das Grundprinzip der **„Gemeinfreiheit"** von Informationen nicht aus dem Auge verlieren. Je mehr Information zum Wirtschaftsgut wird, desto mehr wird auch dieser Bereich beschnitten. So kann nach dem geplanten Datenbankrecht der Hersteller den Zugang zu den in seiner Datenbank gespeicherten Informationen kontrollieren. Eine in einem Vorentwurf als Ausgleich für den Schutz des Inhalts vorgesehene Zwangslizenz in

---

171 Zu diesem Ergebnis kommt auch *Pierson,* Systematik, S. 336 ff., in bezug auf Software.
172 Vgl. *Heker,* ZUM 1995, 97, 98 ff.
173 Vgl. auch Gaster, ZUM 1995, 740, 743.
174 Zur Schaffung eines internationalen Wettbewerbsrechts als nächstem Thema von GATT/WTO vgl. *Fikentscher,* GRUR Int. 1995, 529, 532.
175 Vgl. Erwägungsgrund 56.
176 Vgl. *G. Schulze,* ZUM 1989, 53, 60.
177 Vgl. *Goldstein,* GRUR Int. 1991, 767, 772.
178 Dies ist auf internationaler Ebene durch das TRIPS-Abkommen bestätigt worden, vgl. *Ullrich,* GRUR Int. 1995, 623 ff.

bestimmten Fällen, in denen die Datenbank die einzige Quelle ist oder von einer staatlichen Behörde geschaffen wurde[179], ist wieder gestrichen worden. In diesen Zusammenhang gehört auch der immer kürzere Weg von der Grundlagenforschung zu unmittelbar gewerblich verwertbaren Erzeugnissen mit entsprechender Vorverlagerung des Informationseigentums, wie er bei der Patentierung von Genen deutlich wurde. Dies entspricht dem Trend zur Aufhebung der klassischen Trennung von Erkenntnis und Eigentum[180]. Auch verfassungsrechtlich ist der „soziale Bezug" aus dem „Kommunikationszusammenhang" geistiger Güter zu berücksichtigen[181]. Auch wenn dem Gesetzgeber ein weiter Spielraum zugebilligt wird[182], besteht Veranlassung, den Blick über ökonomische Erwägungen hinaus gehen zu lassen.

In der Informationsgesellschaft wächst der „soziale Bezug" von Informationen, und aus verteilungspolitischen Gründen scheinen mir Informationsteilbereiche mit steigendem gesellschaftlichen Nutzen immer mehr **meritorischen Charakter** anzunehmen[183]. Dies erfordert eine Informationspolitik, die Zugang zu Informationen und Informationsdiensten fördert. Ob dies die klassischen Bibliotheken allein noch leisten können, scheint zweifelhaft. Hier ist an die Förderung von „public nets"[184] und neue Formen der Kooperation zwischen öffentlichen und privaten Akteuren[185] zu denken. *H. Kubicek* hat kürzlich in Anknüpfung an entsprechende Entwicklungen in den U.S.A. für eine „Duale Informationsordnung" plädiert, die eine informationelle Grundversorgung und öffentlichen Zugang zu Informationen sicherstellt[186]. Die U.S.A. sind uns auch in der Diskussion um einen „Universal Service" und deren Umsetzung in Programme und Gesetzgebung im Medien- und Telekommunikationsbereich um einiges voraus. Hier wird auch deutlich, daß der Konvergenz der technischen Bereiche eine Konvergenz der rechtlichen Regelungsbereiche folgen muß.

---

179 Vgl. Art. 11(1), (2) des Geänderten Vorschlags der Kommission vom 4.10.1993, ABlEG Nr. C 308/14 vom 15.11.1993.
180 Vgl. *Spinner*, Wissensordnung, S. 91, 107.
181 Vgl. *Badura*, in: FS Maunz, 1980, S. 1, 12; *Roellecke*, UFITA 85 (1979), S. 147, 148.
182 Vgl. BVerfG GRUR 1990, 438, 441 – „Bob Dylan".
183 Vgl. auch *Schwuchow*, in: Buder/Rehfeld/Seeger (Hrsg.), S. 974 ff.
184 Vgl. *Meeker*, 20 Rutgers Computer & Tech. L. J. 375, 412 (1994).
185 Vgl. *Willke*, Zs. f. Rechtssoziologie 16 (1995), S. 94, 101.
186 Vgl. *Kubicek*, CR 1995, 370 ff.

8. Ausblick: Informationseigentum in einer „Informationsordnung"

Insgesamt wird eine Beschränkung auf die Betrachtung von Information als Wirtschaftsgut deren veränderter Bedeutung nicht mehr gerecht. Information ist auch **kulturelles Gut, verfassungspolitischer Wert und Gefahrenpotential**[187].
In der kognitiven Stellvertreterfunktion wird Information zum „Rohstoff zur Nachbildung der Welt durch Modelle, und damit zur synthetischen Herstellung von neuer Realität"[188]. Damit ist Information auch ein Instrument der Kontrolle über Realität und also eine Machtressource, die zunehmend Verteilungskämpfen unterliegt. Existenz und Handeln des Menschen setzen Information über seine Umwelt voraus. „Kommunikation" ist heute ein Grundbegriff bei der Beschreibung von Sozialsystemen[189]. Der immer größere Bedarf an Informationen führt einerseits zu Abhängigkeit und neuen Ungleichgewichten, andererseits fehlt in der resultierenden Informationsflut die Orientierung, Qualität, letztendlich Vermittlung von „Sinn"[190].

Die neu auftretenden informationsbezogenen **Interessenkonflikte** werden anhand von Siebers Systematisierung eines Informationsrechts in vier Teilgebieten deutlich[191]:
- Verfügungsrechte an Information
- Rechte der von Information betroffenen Personen
- Ansprüche auf Information
- Haftung für Information.

Die Gefahren der Informationsgesellschaft für den einzelnen haben nicht zuletzt zur Entwicklung des Rechts auf informationelle Selbstbestimmung geführt[192], das sich als Beschränkung von Kommunikation auswirkt. Die Gentechnik rückt auch ethische Fragen in den Vordergrund, die weiter führen zum Problem der Qualität des technischen Fortschritts und damit den Schutzzweck des Patent-

---

187 Vgl. *Sieber*, NJW 1989, 2569 f.
188 *Musto*, in: Borbé (Hrsg.), S. 109.
189 Vgl. *Luhmann*, Soziale Systeme, S. 92 ff.; *Habermas*, in: Habermas/Henrich/Taubes (Hrsg.), S. 142, 214.
190 Vgl. dazu *Ropohl*, in: Hunning/Mitcham (Hrsg.), S. 97, 106 ff.
191 Vgl. *Sieber*, NJW 1989, 2569 ff.; *ders.*, Jura 1993, 561, 568 ff.
192 Vgl. BVerfGE 65, 1.

rechts berühren. Wenn die Rechtsordnung dem einzelnen Informationseigentum zuteilt, so müssen auch die Auswirkungen hinsichtlich dieser anderen Aspekte mitbedacht werden. Dies rechtfertigt Überlegungen, Informationseigentum in ein „informationelles Gesamtkonzept" einzustellen.

Die Forschung steht dabei noch ganz am Anfang. Neben verschiedenen Konzepten einer „Informationsordnung" mit unterschiedlichen Ansätzen[193] bildet den wohl umfassendsten Denkansatz die „**Wissensordnung**" von *H. Spinner*[194]. Ausgehend von den Auswirkungen der Technikentwicklung auf den Wissensbereich, von ihm als „Technikfolgen zweiter Art"[195] bezeichnet, hält er anstelle eines „Wildwuchses" die Gestaltung einer Neuen Wissensordnung als dritter Grundordnung neben Rechts- und Wirtschaftsordnung mit eigenständigen Ordnungsprinzipien für notwendig. Weiterführend ist insoweit vor allem seine auf einer sektoralen Klassifikation des Wissensbereichs aufbauende Einteilung in acht Bereichsordnungen. Diese Bereichsordnungen lassen sich nach Meinung *Spinners* auf bereichsübergreifende Grundregelungen für relativ wenige große Wissensfelder zurückführen. Dabei unterscheidet er innerhalb der Wissensbereiche und „quer" dazu jeweils drei Wissenszonen mit grundlegenden Problemkreisen, die dann unter dem Gebot einer einheitlichen Regelung stehen[196]:

– Qualitätszonen des Wissens,
 Leitwert: Veränderungsfreiheit allen Wissens,
– Schutzzonen des Wissens,
 Leitwert: Beeinträchtigungsfreiheit der eigenen Position,
– Verbreitungszonen des Wissens,
 Leitwert: Verkehrsfreiheit der Informationsströme.

Oberster Maßstab bildet die „Erkenntnisfreiheit in allen Richtungen".

Über die notwendige Fortentwicklung des Immaterialgüterrechts hinaus erscheint mir eine grundlegende Analyse aller Aspekte des

---

193 Vgl. *Garstka*, in: Wilhelm (Hrsg.), S. 27, 33; *Zöllner*, in: Wilhelm (Hrsg.), S. 35, 37 ff. Für Beschränkung auf bereichsspezifische Regelungen *Eberle*, in: Wilhelm (Hrsg.), S. 113 ff.
194 Vgl. *Spinner*, Wissensordnung. Vgl. auch *Steinmüller*, NfD 44, 215, 223 ff. (1993).
195 Vgl. *Spinner*, Wissensordnung, S. 64 f.
196 Vgl. *Spinner*, Wissensordnung, S. 143 ff.

Informationseigentum in einer „Informationsordnung"

Übersicht der immaterialgüterrechtlichen Schutzsysteme

Schutz- system	Schutz- gegenstand,	-voraussetzungen,	Semiotik,	Rechte,	Schranken
Urheberrecht	Werk	persönliche geistige Schöpfung, Individualität	Pragmatik	körperliche, unkörperliche Verwertung, Persönlichkeitsrechte	Verbraucher, Kultur, Allgemeinheit
Patentrecht	Erfindung	Neuheit, Erfindungshöhe, gewerbl. Anwendbarkeit	Pragmatik	Benutzung Erzeugnisse	private Zwecke, Versuch
Gebrauchsmusterrecht	Erfindung	Neuheit, erfinderischer Schritt, gewerbl. Anwendbarkeit	Pragmatik	Benutzung Erzeugnisse	private Zwecke, Versuch
HalbLSchG	Topographie	Eigenart	Pragmatik	Kopieren, Verbreiten	privat, reverse engineering
Geschmacksmusterrecht	Flächen oder Raumform	Neuheit, Eigentümlichkeit	Pragmatik	Nachbildung, Verbreitung	private Zwecke
Markenrecht	Marke	Unterscheidungskraft, keine Verwechslungsgefahr	Pragmatik, Semantik	Benutzung	beschreibend Ersatzteil
Leistungsschutzrechte	Ausübende Künstler Unternehmensleistung, z.B. Tonträger-, Filmhersteller		Pragmatik	Darbietungen, Vervielfältigung, Verbreitung Träger	s. Urheberrecht
Know-how-Schutz	Geheime Information	Zus.hang mit Betrieb, Nichtoffenkundigkeit, Geheimhaltungsinteresse, -wille	Pragmatik	Ausspähen, Verwertung, Mitteilung	
Ergänzender Leistungsschutz		Eigenart, bes. wb. Umstände	Pragmatik, Semantik	Übernahme	(Amortisation)

Abbildung 3: Übersicht zum System des Immaterialgüterrechts

Bereichs der Information bzw. des Wissenssektors i. S. von *Spinner* notwendig. Auf deren Grundlage läßt sich dann herausarbeiten, ob und in welcher Form das Konzept des geistigen Eigentums in Zukunft Teil dieser Ordnung sein soll. Damit ist auch eine Grundentscheidung verbunden, wie weit der Bereich, in dem Information zum Wirtschaftsgut wird, gezogen werden soll.

Diskussionsbericht zu dem Vortrag von Dr. Wiebe

Hans-Werner Moritz stellte zunächst die von Wiebe postulierte Gemeinfreiheit von Informationen und den Grundsatz, die Information sei nie an sich geschützt, in Frage. Der Geheimnisschutz beispielsweise stelle eine Durchbrechung dar. Er warnte vor einer Verabsolutierung dieser Grundsätze, sie könnten als Rechtfertigung benutzt werden, um Rechte auf Informationen geltend zu machen, wie sie das Rechtssystem so nicht vorsieht. *Andreas Wiebe* räumte ein, daß die Gemeinfreiheit von Informationen nicht pauschal und uneingeschränkt bestehe, Moritz sprach daraufhin von der Gemeinfreiheit veröffentlichter Informationen.

Hanns Ullrich konstatierte, daß auch nach der Systematik von Wiebe Leistungen blieben, die nicht geschützt seien. Dann stelle sich die Frage, warum wir diese nicht schützen. Oft würde insofern schon der faktische Schutz vor direkter Leistungsübernahme ausreichen. Ein weiterer Hinweis auf die Unangemessenheit des Urheberrechts für Computerprogramme sei die lange Schutzzeit von 50 bis 70 Jahre post mortem auctoris; diese müsse sich bei Software vielmehr nach der Amortisationszeit richten. Ein entsprechendes Belohnungssystem orientiere sich am Markt bzw. müsse sich an den Marktgegebenheiten orientieren und beeinflusse diese aber wiederum selbst. Auch die Ablenkungseffekte eines solchen Systems müßten berücksichtigt werden.

Wiebe antwortete, daß sich das Urheberrecht im Hinblick auf die alten Medien entwickelt habe und die lange Schutzfrist im Hinblick auf Computerprogramme zweifellos nicht gerechtfertigt sei. In der Gesamtschau sei der Schutz auf bestimmte Leistungen beschränkt, weil im übrigen der natürliche Wettbewerbsvorsprung ausreiche. Dieser werde aber heute im Rahmen der technischen Entwicklung mehr und mehr beschnitten, so daß das Wettbewerbsrecht und unter Umständen neue Leistungsschutzrechte notwendig seien, um künstlich Wettbewerbsvorsprünge zu erhalten. Für deren Ausgestaltung seien auch die Anregungen der Ökonomen relevant. Langfristig könne Information aber nicht ausschließlich als Wirtschaftsgut gesehen werden.

Jürgen Betten griff zum Abschluß der Diskussion den Beiträgen zum Patentrecht vor und meinte, daß sich der Ansatz, Information als Naturkraft anzusehen, international und in der Praxis wohl nicht durchsetzen lassen werde. Im Verfahren „Chinesische Schriftzeichen" habe Siemens unter anderem auf dieser Ebene argumentiert und sei damit beim BGH nicht durchgedrungen. Betten wies aber auf die bestehenden Ansätze hin, den Patentschutz für computergerechte und softwarebasierte Lösungen zunehmend auszubauen, einer wichtigen Thematik des folgenden Veranstaltungstages.

A. Günther

Digitaltechnik und Urheberrecht

Thomas Dreier*

1. Vorbemerkung
2. Zur Problematik
   2.1 Die Neuerungen der Digitaltechnik
   2.2 Urheberrechtliche Probleme
3. Zehn Thesen zu den Fragen
   3.1 Was wird sich ändern?
   3.2 Welche Rolle kommt dem Urheberrecht als System im Zeitalter digitaler Datenautobahnen zu?
   3.3 „Multimedia" als Rechtsbegriff?
   3.4 Welche Verwertungsrechte stehen in Rede?
   3.5 Welche Bedeutung kommt im digitalen, vernetzten Umfeld den Schrankenregelungen zu?
   3.6 Welche Änderungen ergeben sich für den Erwerb von Rechten?
   3.7 Wo bleibt das Urheberpersönlichkeitsrecht im digitalen Kontext?
   3.8 Welches Recht ist auf Handlungen in grenzüberschreitenden Netzwerken anwendbar?
   3.9 Welche Rolle kommt der Technik beim Schutz urheberrechtlich geschützten Materials zu?
   3.10 Welche Entwicklung wird die Praxis nehmen?

Literaturübersicht

Becker/Dreier (Hrsg.), Urheberrecht und digitale Technologie, 1994; *Börsenverein des deutschen Buchhandels* (Hrsg.), Handreichung zum Abschluß von Lizenzverträgen über die Nutzung von Verlagswerken durch Online-Datenbanken, 1993; *Commission of the EC (DG XIII)/Institute for Information Law, University of Amsterdam* (Hrsg.), Copyright and Electronic Delivery Services, Background Paper, 1993; *Copyright Convergence Group (Australia)* (Hrsg.), Highways to Change – Copyright in the New Communications Environment, 1994; *EG-Kommission* (Hrsg.), Grünbuch Urheberrecht und verwandte Schutzrechte in der Informationsgesellschaft, Dok. KOM (95) 382 endg.; *v. Gamm*, Urheber- und urhebervertragsrechtliche Probleme des „digitalen Fernsehens", ZUM 1994, 591; *Goebel/Hackemann/Scheller*, Rechtsfragen des elektronischen Publizierens, 2. Aufl. 1986; *Heker*, Rechtsfragen der elektronischen Textkommunikation, ZUM 1993, 400; *Hoeren*, Multimedia = Multilegia – Die immaterialgüterrechtliche Stellung des Multimediaherstellers, CR 1994, 390; *Hugenholtz/Visser*, Copyright Problems of Electronic Document Delivery, A comparative Analysis – Report to the Commission of the European Communities (DG XIII), 1994; *Information Infrastructure Task*

---

* Die Vortragsform wurde beibehalten.

Force (Hrsg.), Intellectual Property and the National Information Infrastructure – The Report of the Working Group of Intellectual Property Rights, Washington, 1995; *Schulze, G.*, Teil-Werknutzung, Bearbeitung und Werkverbindung bei Musikwerken – Grenzen des Wahrnehmungsumfangs der GEMA, ZUM 1993, 255; *ders.*, Urheberrecht und neue Musiktechnologien, ZUM 94, 15; *Sirinelli*, Industries Culturelles et Nouvelles Techniques – Rapport de la commission Sirinelli, 1994; *WIPO* (Hrsg.), WIPO Worldwide Symposium on the Impact of Digital Technology on Copyright and Neighboring Rights, 1993; *WIPO/Ministère de la culture et de la francophonie de la France*, (Hrsg.), WIPO Worldwide Symposium on the Future of Copyright and Neighboring Rights, 1994.

1. Vorbemerkung

Genau genommen ist das Thema „Digitaltechnik und Urheberrecht" gar nicht Teil des Tagungsthemas „Information als Wirtschaftsgut". Denn beim Urheberrecht geht es nicht um Informationen, sondern um Schöpfung und Verwertung geschützter Werke und Leistungen. Informationen an sich, so die althergebrachte Grundregel, sind urheberrechtlich frei; urheberrechtlich geschützt ist allein die Form, in die Informationen als Inhalt von Werken gebracht, in der sie ausgedrückt werden. Inwieweit sich über die Form dann auch der – oder doch zumindest Teile des – informative(n) Gehalt(s) schützen lassen, davon handelt das vorangehende Referat „Information als Schutzgegenstand im System des geistigen Eigentums"[1]. Wenn das Thema „Digitaltechnik und Urheberrecht" hier dennoch behandelt werden soll, so vermutlich schlicht deshalb, weil ein Großteil der von Digitalisierung und Vernetzung betroffenen Informationen in der Praxis aufgrund der Schutzfähigkeit ihrer Darstellung eben doch dem Urheberrecht unterworfen sind. Nicht zuletzt im Zusammenhang mit Produktion und Vertrieb von CD-ROMs, vor allem jedoch angesichts des sprunghaften Erfolgs des Internet hat sich das Urheberrecht an den auf den Datenautobahnen transportierten

---

[1] Bereits an dieser Stelle sei darauf hingewiesen, daß jede Schlußfolgerung über die Schutzfähigkeit von Information(en) entscheidend davon abhängt, welcher *Information*sbegriff den Ausführungen zugrunde gelegt wird. Auch daß Urheberrecht Informationen schlechterdings nicht schützt, ist so ganz selbstverständlich nicht, ist doch auch bei In*form*ation bereits – ein freilich noch näher zu definierendes – Etwas in eine Form gebracht.

Vorbemerkung

Inhalten – neben rundfunk-, haftungs- und datenschutzrechtlichen Fragen – als eine der Kernfragen des postindustriellen Zeitalters erwiesen. Zahlreiche nationale Studien, allen voran das White Paper der Arbeitsgruppe zur National Information Infrastructure aus den USA[2] sowie das Grünbuch der EU-Kommission[3], mögen hierfür Zeugnis ablegen[4].

Es können nachfolgend in der begrenzten Zeit nicht alle urheberrechtlichen Probleme der Digitaltechnik beleuchtet werden. Fragen insbesondere der Schutzfähigkeit und Lizenzierung von Standards, Schnittstellen und Protokollen, aber auch Einzelprobleme etwa der urheberrechtlichen Relevanz der Benutzung von Softwaretools im Zuge der Erstellung, Benutzung und Weitergabe von Multimedia-Erzeugnissen müssen ebenso ausgeklammert bleiben wie jeder Versuch, für Einzelfragen – die vorübergehende Vervielfältigung als urheberrechtliche Vervielfältigung; die Einordnung der Bildschirmanzeige in das System urheberrechtlicher Verwertungsrechte? – fertige Lösungen anzubieten. Schon gar nicht kann es darum gehen, Antworten auf konkrete Probleme des jeweiligen Tagesgeschäfts bereit zu halten.

Die nachfolgenden Ausführungen sollen vielmehr dazu beitragen, die konzeptionelle Struktur des Problems sichtbar werden zu lassen; Anregungen zum Nachdenken zu geben, von denen aus dann jeder von Ihnen selbst zu den Ergebnissen und Lösungen vordringen mag, nach denen die Probleme aus Ihrer jeweiligen Sicht rufen; und dies – nicht zuletzt, um mir einen lückenlosen Abriß zu ersparen – in Form von zehn Fragen und zehn, auf knappem Raum erläuterten Thesen.

---

2 *Information Infrastructure Task Force* (Hrsg.), Intellectual Property and the National Information Infrastructure – The Report of the Working Group on Intellectual Property Rights, Washington, September 1995.

3 Grünbuch Urheberrecht und verwandte Schutzrechte in der Informationsgesellschaft, Dok. KOM (95) 382 endg. vom Juli 1995.

4 Vgl. zu den wichtigsten nationalen Studien die Berichte und Nachweise in GRUR Int. 1995, 831 ff., sowie zur Problematik insgesamt aus deutscher Sicht auch *Becker/Dreier*, Urheberrecht und digitale Technologie, Baden-Baden, 1994.

2. Zur Problematik

Für all diejenigen, die mit der Fragestellung noch nicht so recht vertraut oder die über die bereits unternommenen Lösungsversuche nicht so recht im Bilde sind, sei die Problematik des Urheberrechts im Lichte der Digitaltechnik vorab nochmals kurz skizziert.

2.1 Die Neuerungen der Digitaltechnik

Was ist, so lautet eine erste Frage, aus der Sicht des Urheberrechts nun eigentlich neu an Digitalisierung/Vernetzung/Multimedia?

Neu ist zunächst **nicht** die Kombination mehrerer Werkarten in einem größeren Werk bzw. auf einem Datenträger; Tonträger und Filmwerke sind hier Beispiele aus der Vergangenheit. Neu ist ebenfalls nicht das digitale Format der wiederzugebenden Daten; hier kennen wir, wenn auch noch nicht so lange, so doch immerhin mit eingehender rechtlicher Aufarbeitung Computerprogramme und Computerspiele. Ebensowenig neu ist schließlich die Vernetzung, sind mit dem Telefon- und dem Kabelnetz Netzwerke doch längst im Einsatz. Auch der traditionelle drahtlose Rundfunk läßt sich als Netz verstehen, das bislang jedoch keine Rückmeldung und damit auch keine Interaktivität zuläßt.

Neu ist vielmehr, daß sowohl Text- als auch Klang- und Bildinformationen – sowohl von Fotografien als auch von Bewegtbildern – nunmehr sämtlich in digitaler Form dargestellt und gespeichert sind; daß sie alle vom gleichen Gerät erzeugt, bearbeitet und genutzt werden können, gleichviel ob sie on-line oder off-line angeboten werden (mögen die Dateien der einzelnen Bestandteile auch in jeweils unterschiedlichen Formaten abgespeichert sein). Darüber hinaus ist die Herstellung von Kopien in kürzester Zeit, zu niedrigen Kosten und ohne jeglichen Qualitätsverlust möglich geworden; gegenüber der traditionellen Reprographie und der bisherigen Aufzeichnung auf Bild- und Tonträger liegt darin eine erheblich erhöhte Intensität nachfolgender Nutzungsmöglichkeiten, die der Verwertung der Originalerzeugnisse und damit den Interessen von Urhebern und Rechteinhabern an einer optimalen Kontrolle und Verwertung ihrer Rechte entgegenwirken können. Hinzu kommt mit der angestrebten weltweiten Vernetzung eines jeden mit jedem die – nun nicht mehr auf die mündliche telephonische bzw. die analoge Faxinformation beschränkte – interaktive Kommunikation mittels vernetzter Computer. Jeder Teilnehmer vermag seine einseitige Empfängerrolle zu verlassen und selbst zum Sender zu werden; jedermann wird nicht nur auf Datenbanken Zugriff nehmen können, sondern – so ein geflügeltes Wort – selbst zu einer Datenbank werden. Damit wird ein exponentiell ansteigender Bedarf nach vorbestehendem oder auch neu zu produzierendem Material entstehen, das in immer größeren Mengen von den Konsumenten „verschlungen" und wieder „ausgespuckt" werden wird[5].

2.2 Urheberrechtliche Probleme

Welche Probleme stellen sich nun aus urheberrechtlicher Sicht?

Beiseite gelassen seien hier zunächst Fragen der **Schöpfung mit digitalen Hilfsmitteln.** Im vernetzten Umfeld dürften zunächst die Fälle staatenübergreifender Miturheberschaft zunehmen; das im Internet von hunderten, wenn nicht gar tausenden Programmierern zugleich fortentwickelte Betriebssystem Linux mag hierfür ein besonders spektakuläres Beispiel sein. Auch die Zahl der Bearbeiter fremden geschützten Materials wird gegenüber der Zahl solcher Schöpfer zunehmen, die sich von Vorbestehendem lediglich inspirieren lassen; denn im Netz liegt es nahe, auf fremdes Material zurückzugreifen und die brauchbaren, bereits digital gespeicherten Teile direkt in das eigene neue Erzeugnis zu übernehmen. Diese Abnahme des persönlichen Input – verstärkt noch durch den zunehmenden Einsatz computerunterstützter Verfahren, die im resultierenden Output immer weniger die Persönlichkeit des für den Input verantwortlichen „Schöpfers" erkennen lassen – hat im weiteren zur Folge, daß sich der Grund für die Schutzgewährung zunehmend von der persönlichen Schöpfung hin zum finanziellen und zeitlichen Aufwand verlagert. Damit aber nimmt urheberrechtlicher Schutz tendenziell

---

5 Die Vervielfältigung der Fernsehkanäle und der damit erzeugte immense Programmbedarf mögen hier sicherlich als erstes anschauliches Beispiel dienen. Dahingestellt sei freilich einstweilen, ob der steigende Bedarf in kultureller Hinsicht tatsächlich einen sprunghaften Anstieg von Neuproduktionen zur Folge haben wird oder ob er – aus finanziellen Gründen bzw. aus Gründen der Aufwendigkeit qualitativ hochwertiger Neuschöpfungen – zumindest vorerst nicht doch eher zu einer rücksichtslosen Ausbeutung von und zu einem gnadenlosen Raubbau an bestehenden Ressourcen führen wird.

mehr und mehr wettbewerbsrechtlichen – bzw. nachbarrechtlichen – Charakter an; beim Schutz der Datenbanken hat man dies ganz deutlich beobachten können.

Probleme bereitet die Umschreibung der digitalen Produkte durch die bestehenden **Kategorien** von **Werken**. Sind Multimedia-Produkte als Datenbanken, als Filmwerke bzw. Laufbilder, als schlichte Sammelwerke oder als Bildtonträger zu klassifizieren?

Ähnlich problematisch ist auch die Einordnung der bei der Nutzung digitaler Medien vorgenommenen Handlungen in das bestehende System der urheberrechtlichen **Verwertungs-** bzw. **Nutzungsrechten**. Ist etwa das on-line Anbieten geschützter Werke als Sendung, als unbenannte Art der unkörperlichen Mitteilung oder gar als Verbreitung anzusehen? Stellen die Nutzungsakte des Anschauens oder Ausdruckens, des Einscannens, Abspeicherns oder Überspielens Vervielfältigungen i.S.d. Urheberrechts dar?

Wie wirken sich die bestehenden **Schrankenbestimmungen** aus, die ja der Feinabstimmung der Interessen von Urhebern, Produzenten als Werkvermittlern und der Allgemeinheit der Endnutzer dienen, und die in ihrer gegenwärtigen gesetzlichen Ausformulierung recht spezifisch auf Einzelfragen traditioneller – analoger – Werkverwertung eingehen und überdies in unterschiedlicher Weise an die bislang definierten Nutzungsarten anknüpfen?

Wo bleibt das **Urheberpersönlichkeitsrecht** angesichts der verführerischen Möglichkeiten der Manipulation (oder besser (?) Digipulation) vorbestehenden geschützten Materials?

Wie ist schließlich der **Rechtserwerb** zu organisieren? Hier stehen sich zwei Sichtweisen gegenüber. Auf der einen Seite beklagen die Nutzer die Kompliziertheit der Recherche der Rechte (die in Deutschland angesichts der Nichtigkeit von Verfügungen und selbst Verpflichtungen über im Zeitpunkt des Vertragsschlusses unbekannte Nutzungsarten gem. §31 Abs. 4 UrhG selbst dort erforderlich wird, wo in der Vergangenheit alle Rechte auf den Nutzer übergangen sind); sie klagen darüber, daß die Rechte für viele Länder erworben werden müssen; daß sich die Vielzahl von Einzelvergütungen in prohibitiver Weise aufsummiere. Daraus resultieren die Wunschvorgaben der Nachfrager nach einem **one-stop-shop,** also nach einer Zentralstelle, bei der möglichst alle Rechte erworben werden können (z.B. Verwertungsgesellschaften; gemeinsame Rechteverwaltung) oder die zumindest Informationen über die einzelnen Rechteinhaber

Zur Problematik

bereithält oder die Lizenzanfragen zumindest weiterzuleiten imstande ist. In seiner Idealform ließe sich der one-stop-shop sogar als Supercomputer vorstellen, der die nachgefragten Werke zur Weiterverwertung gleich in digitaler Form selbst vorrätig hält[6]. Eine andere, aus der Sicht der Nutzer sogar problemlosere Alternative wäre das sog. **buy-out,** bei dem der Produzent oder sonstige Nutzer alle Rechte der weiteren Verwertung, egal in welcher Form und in welchem Umfang, gleich von vornherein gegen eine einmalige Pauschalzahlung erwirbt. Umgekehrt fürchten die Urheber und Rechteinhaber, daß ihre Werke und Leistungen in großem Umfang genutzt werden, ohne daß sie hierzu gefragt werden und ohne daß ihnen die Möglichkeit einer entsprechenden Kontrolle zur Verfügung steht. Erste Erfahrungen mit im Vergleich zu bisherigen Formen analoger Verwertung niedrigeren Vergütungen haben die Urheber bereits aufgeschreckt; ihrer Ansicht nach tragen sie die Last der Marketingstrategie des Produzenten, der seine digitalen Produkte zum einen durch die Verwendung besonders wertvollen Materials attraktiv zu machen sucht, sie zum anderen jedoch am Markt letztlich zu billig – nämlich ohne Berücksichtigung angemessener Urhebervergütungen – anbietet. Angemahnt werden hier vor allem im Urheberrechtsgesetz bislang weitgehend fehlende gesetzliche vertragsrechtliche Sicherungen, die garantieren, daß die Urheber am Vergütungserlös tatsächlich in angemessenem Umfang beteiligt werden.

Schließlich gilt es, der **internationalen Komponente** der Verwertung urheberrechtlich geschützten Materials in weltweiten Netzen Rechnung zu tragen. Noch immer bestimmen sich Rechteerwerb und Rechtsverfolgung weltweit nach jeweils nationalen Rechten. Sind die traditionellen Regeln des internationalen Privatrechts, das die Konflikte unterschiedlicher Sachrechte zu lösen sucht, noch angemessen oder wird man nach neuen, globaleren Lösungen zu suchen haben, wie sie für einen begrenzten Teilbereich etwa in der EU-

---

6 Die Möglichkeit eines derartigen direkten Abrufens von Werken in digitaler Form ist gegenwärtig vor allem im Bildbereich überall dort realisiert, wo die angebotenen Bilder bereits digitalisiert sind; insbesondere die Bildagentur *Corbis* von *Bill Gates* nimmt hier nicht zuletzt aufgrund ihrer schier unerschöpflichen finanziellen Ressourcen eine Vorreiterrolle ein. Der damit über kurz oder lang einhergehenden, jedenfalls fortschreitenden faktischen Monopolisierung eines ganzen Marktes und deren kartellrechtlichen Implikationen scheint bislang jedoch kaum Aufmerksamkeit geschenkt worden zu sein.

Richtlinie für Programmverbreitung über Satelliten[7] entworfen worden sind? Lassen sich die dortigen Regeln, die im wesentlichen auf das Ursprungsland der Verwertungshandlung abstellen, aber tatsächlich auf die Verwertung geschützten Materials schlechthin übertragen?

Zuletzt stellt sich bei alledem die Frage nach dem Beitrag, den die **Technik** selbst zum Schutz und zur Kontrolle zu leisten vermag, sowie – damit verbunden – die Frage nach dem rechtlichen Schutz gegen Umgehung solcher technischer Kontroll- und Sicherungsmechanismen.

Um ein simples – sicherlich nur ausschnitthaftes, aber für die Gesamtproblematik eben doch anschauliches – Beispiel zu geben: wenn ich einen Artikel schreibe und in meiner Homepage im Internet anbiete, dann mag ein anderer WWW-Teilnehmer diesen Artikel vermutlich aufrufen und am Bildschirm lesen dürfen, ohne mich vorher um Erlaubnis gefragt zu haben und ohne mir dafür etwas zu bezahlen. Fraglich ist jedoch bereits, ob dieser andere Teilnehmer meinen Artikel auch ohne Erlaubnis ausdrucken darf und ob er mir dafür nicht etwas zu zahlen hat. Sicherlich unzulässig wäre es jedoch, würde dieser andere Teilnehmer meinen Artikel nun seinerseits unter seiner Adresse oder einer eigenen Location wiederum ins Netz einspeisen. Ob das so sein kann, ob es so sein soll und sein darf, und wenn ja, in welchem Umfang und mit welchem Instrumentarium die Grenzen des rechtlichen Dürfens im digitalen Netzwerkkontext auf ihre Einhaltung hin kontrolliert werden können, das sind die zentralen, unter dem Thema „Digitaltechnik und Urheberrecht" aufgeworfenen Fragen.

3. Zehn Thesen

Schon dieser kurze Abriß der Problematik deutet an, daß es nachfolgend weniger um einen Beitrag zur systematischen Überprüfung der Grundannahmen des Urheberrechts angesichts digitaler Technologie und Vernetzung gehen soll als vielmehr darum, die praktischen

---

[7] Richtlinie 93/83/EWG des Rates vom 27. September zur Koordinierung bestimmter urheber- und leistungsschutzrechtlicher Vorschriften betreffend Satellitenrundfunk und Kabelweiterverbreitung, ABl. EG Nr. L 248 v. 6. 10. 1993, S. 15.

Schwierigkeiten, die sich in diesem Zusammenhang stellen, unter Wahrung des Systemzusammenhangs einer möglichst praktikablen Lösung zuzuführen.

3.1 Was wird sich ändern?

Prognosen über die im postindustriellen Zeitalter digitaler Datenautobahnen erforderlichen rechtlichen Korrekturen neigen – ebenso wie solche über die Zukunft der Verwertung urheberrechtlich geschützten Materials – häufig dazu, kurzzeitige Auswirkungen der Entwicklung zu überschätzen und längerfristige strukturelle Wandlungen zu unterschätzen.

Der Grund für diese vorschnelle Art des Schlußfolgerns ist einfach: Wachsame Zeitgenossen neigen ganz offensichtlich dazu, das Bild der Zukunft anhand der bekannten Ausgangsdaten entsprechend den heutigen – jedoch erst in ihrem Keim angelegten – Veränderungsraten exponentiell hochzurechnen. Allzu leicht gerät dabei aus dem Blickwinkel, daß die Ausgangsdaten ihrerseits nicht konstant sind, sondern sich im Zuge der Entwicklung selbst verändern.

Dementsprechend liegt bei einfacher Betrachtung der Schluß nahe, das bestehende – in seiner Begrifflichkeit zugestandenermaßen weitgehend am Printmedium sowie frühen Formen der unkörperlichen Werkwiedergabe orientierte – Urheberrecht genüge den gewandelten Anforderungen insgesamt nicht mehr. Heraufbeschworen werden unter einem solchen Ansatz – je nach Standpunkt – sowohl die Gefahren eines Überschutzes (ein allzuweit in den Bereich der Nutzungshandlungen hineinragendes Urheberrecht verstärke die wettbewerbshindernde Funktion des Ausschließlichkeitsrechts zu Lasten seiner Funktion des Anreizes zur Schaffung neuer Werke und Leistungen) ebenso wie die eines Unterschutzes (die letztlich unkontrollierbaren Nutzungsmöglichkeiten verhinderten eine angemessene Vergütung und schwächten damit die Anreizfunktion des Ausschließlichkeitsrechts).

Zugegeben, Juristenkunst ist Dezisionskunst. Die Antwort in einem konkreten Fall muß entweder mit Ja oder mit Nein ausfallen; ein Anspruch besteht oder er besteht nicht. Juristenkunst ist zugleich jedoch – und vornehmlich – Distinktionskunst. Es gilt daher, den neuen Sachverhalt soweit auszudifferenzieren, daß möglichst viele seiner Grundkonstellationen auf der Basis des bestehenden Rechts einer Lösung zugeführt werden können. Ich würde das einen Prozeß der Abschichtung des Problemberges nennen wollen, der Schicht um Schicht einer rechtlichen Lösung zuführt und den verbleibenden Rest jeweils unter Berücksichtigung der bereits gefundenen Lösungen betrachtet und letztlich zum harten Problemkern vordringt. Und auch hinsichtlich des verbleibenden Problemkerns ließe sich weiterhin danach unterscheiden, inwieweit es sich tatsächlich um praktisch relevante Problemlagen handelt und inwieweit die wirtschaftlichen Auswirkungen verbleibender Probleme vernachlässigt werden können. Freilich seien die beiden Hauptschwierigkeiten eines solchen Vorgehens nicht geleugnet. Zum einen ist es nicht immer einfach, die neuen Sachverhalte – möglichst unter Gleichbehandlung mit wirtschaftlich gleichwertigen analogen Sachverhalten sowie unter Gleichbehandlung wirtschaftlich gleichwertiger digitaler off- und on-line Lösungen – begrifflich in das bisherige Schema der Unterteilung einzupassen, zumal in vielerlei Hinsicht noch gänzlich unklar ist, welche Sachverhalte einander im einzelnen wirtschaftlich vergleichbar sind oder sein werden; zum anderen sieht sich in Übergangsphasen jeder Versuch einer anpassenden Lösung dem Vorwurf ausgesetzt, adäquate Lösungen entweder für den bisherigen Kontext nicht mehr oder für den künftigen Kontext noch nicht – zumindest nicht in jeder Hinsicht – parat zu halten.

Theoretisch denkbar wäre grundsätzlich auch der Ansatz einer gänzlichen systematischen Neubesinnung. Ein solcher hätte sich wohl vor allem darum zu bemühen, die Konvergenz von körperlicher und unkörperlicher Werkverbreitung sowie die Konvergenz der Rollen der einzelnen Werkvermittler (Verleger, Bibliotheken, Sendeunternehmen, Datenbankanbieter, Tonträgerhersteller usw.) angemessen abzubilden. Ein solcher Ansatz hätte in der gesetzgeberischen und auch in der wirtschaftlichen Praxis jedoch wohl kaum Chancen auf Verwirklichung. Es verbliebe also wohl nur die Möglichkeit, das Ergebnis eines solchen Systemansatzes mit den anhand des geltenden Rechts gewonnenen Ergebnissen abzugleichen und auf diese Weise den verbleibenden Modifizierungsbedarf zu ermitteln, der dann im Wege einer Gesetzesänderung bzw. der korrigierenden Gesetzesauslegung zu befriedigen wäre.

3.2 Welche Rolle kommt dem Urheberrecht als System im Zeitalter digitaler Datenautobahnen zu?

Urheberrecht als System individueller Ausschließlichkeitsrechte wird auch in Zukunft weiter bestehen. Es wird sich im Bereich digitaler Verwertung seinem Wesen nach tendenziell jedoch von einem Werkvermittler- zu einem Werknutzerrecht verändern.

Der erste Teil dieser These läßt sich kurz gefaßt wie folgt herleiten: Die für die – letztlich (wirtschafts)politisch motivierte – Installation der Netze erforderlichen Investitionen werden nur dann getätigt, wenn die Inhalte, die über die Netze transportiert werden, auch tatsächlich nachgefragt werden. Tatsächlich nachgefragt werden jedoch nur solche Produkte, die hinreichend interessant zu sein versprechen. Deren Herstellung ist – von Nachbarschaftsklatsch und eher dem Privatbereich zuzurechnender Nutzergruppenkommunikation abgesehen – nicht zuletzt angesichts zunehmender Ansprüche seitens der Nutzer an den Unterhaltungswert in der Regel jedoch recht teuer. Da man zumindest in nächster Zeit von der freien Marktwirtschaft als Konstante ausgehen kann, gilt als wirtschaftliche Regel, daß der Return für das in die Produktion investierte Kapital gesichert werden muß. Schon heute spielen selbst erfolgreiche Filme Hollywoods ihre Produktionskosten nicht mehr allein durch die Box-office-sales ein; vielmehr bedarf es der Video- und Fernseh-, vor allem aber der Auswertung im Wege des Merchandising. Das setzt jedoch einen hinreichend effektiven Schutz gegen vorzeitige Nutzung durch Dritte und gegen Nachahmung der betreffenden Zeichen voraus. Letztere verlangen überdies nach hinreichender Bekanntheit, die sich wiederum nur durch immer aufwendigere Werbekosten erzielen läßt[8]. Vermehrte Investitionskosten und erhöhtes Schutzbedürfnis – der Bedarf also nach wirtschaftlich überaus erfolgreichen, von der Industrie so genannten „killer-copyrights" – aber sind die Gründe für den Fortbestand eines Systems urheberrechtlicher Ausschließlichkeitsrechte. Dem steht durchaus nicht entgegen, daß Teile insbesondere des Internet von der Philosophie eines – grundsätzlich oder doch zumindest weitgehend – rechtsfreien Raums getragen sind.

---

[8] Das gilt umso mehr, als die Anzusprechenden über eine wachsende Zahl von Kanälen erreicht werden müssen; vgl. z.B. die ersten zaghaften Versuche der Werbung in Computerspielen, im Internet und auf CD-ROM.

Dafür, daß sich das Urheberrecht – zumindest soweit es auf digitale Sachverhalte Anwendung findet – tendenziell hin zu einem Nutzerrecht entwickeln wird, sprechen vor allem zwei Gründe. Zum einen erfordern im digitalen Kontext – der u. a. aus eben diesem Grund als Sündenfall eingestufte Urheberrechtsschutz von Computerprogrammen hat es bereits deutlich werden lassen – selbst Handlungen bestimmungsgemäßer Nutzung Vervielfältigungshandlungen i.S.d. Gesetzeswortlauts; im analogen Bereich dagegen war die Endnutzung – sei es das Lesen eines Buches oder das Betrachten eines Filmwerkes – urheberrechtlich frei gewesen (entweder weil man den Endnutzer nicht kontrollieren konnte oder aber weil man ihn keiner rechtlichen Kontrolle unterwerfen wollte). Zum anderen ist es gerade einer der Vorteile der Digitaltechnik, daß das Befördern von Atomen, wie Nicholas **Negroponte** es ausdrückt[9], weitgehend durch das Befördern von Bits ersetzt wird. Das aber hat zur Folge, daß sich materielle Produktionsaktivitäten mehr noch als bisher im Fall der Reprographie und privaten Vervielfältigung von der Sphäre des Werkvermittlers in diejenige des Endnutzers verlagern. Der Nutzer fertigt sich seinen eigenen Ausdruck, er speichert ab, er erstellt sein eigenes elektronisches Archiv.

3.3 „Multimedia" als Rechtsbegriff?

„Multimedia" ist als Rechtsbegriff untauglich und sollte daher im Urheberrecht nicht verwandt werden.

Angesichts der genannten Schwierigkeiten einer Einordnung von Multimedia-Erzeugnissen in die bestehenden urheberrechtlichen Werkkategorien ist des öfteren vorgeschlagen worden, einen eigenen Rechtsbegriff „Multimedia" einzuführen und, damit verbunden, etwa ein eigenes (Leistungs-)Schutzrecht für Multimediaproduktionen zu schaffen. Verwiesen wird dabei zumeist auf die Aufnahme des „Filmwerkes" in die nationale wie internationale urheberrechtliche Gesetzgebung.

Beim Filmwerk jedoch verschmelzen die einzelnen Bestandteile zu einem neuen Ganzen. So sind etwa Text und Darstellung des Schauspielers im gesprochenen Text nicht mehr trennbar; der Film ist eben mehr als die Summe seiner Teile. Dagegen bestehen Multimedia-Anwendungen, in so unterschiedlicher Form sie auch erscheinen

---

9 *Negroponte,* Being digital, London 1995, S. 11 ff.

mögen, häufig eher aus miteinander verbundenen Teilen; diesen gegenüber ist Multimedia nicht notwendig ein „Tertium". Vor allem aber ist ein Kino-, aber auch ein Fernsehfilm als solcher eindeutig erkenn- und mit keinem anderen Werk verwechselbar. Handelt es sich, um nur ein Beispiel zu nennen, bei der Veröffentlichung eines Lexikons auf CD-ROM aber um ein – elektronisches – Buch oder um ein Multimediaerzeugnis mit buch„förmigem" Inhalt? Was ist, wenn der gleiche Inhalt on-line im Wege einer Datenbank angeboten wird? Diese Frage legt nahe, daß es sich bei „Multimedia" eben nicht um ein bestimmtes (Schutz-)Objekt, sondern vielmehr um eine bestimmte Art der Verwertung traditioneller (Schutz-)Objekte handelt, mag die dieser Verwertung zugrundeliegende neue Technik auch – vor allem für die Vermarktung bedeutende – neue Charakteristiken mit sich bringen.

Die Schwierigkeiten, die bei der Einordnung digitaler Produkte und Dienstleistungen in die bestehenden Kategorien geschützter Werke und Leistungen auftreten, rühren nun nicht so sehr daher, daß nicht alle „Multimedia"-Produkte in die gleichen Kategorien fielen. Manche von ihnen mögen tatsächlich als literarische, andere dagegen durchaus als Filmwerke anzusehen sein; letztlich läßt sich wohl nur anhand wertender Gesichtspunkte feststellen, um welche Werkart es sich im einzelnen und ob es sich um eine oder um mehrere Werkarten handelt. Das Problem der Einordnung liegt vielmehr darin, daß an die einzelnen Werkarten z.T. abweichende Rechtsfolgen geknüpft sind. So kennt das Gesetz etwa für Filmwerke in den §§ 88, 89 UrhG weitgehende Übertragungsvermutungen, während Sammelwerke keinerlei Sonderregeln unterworfen sind; für Computerprogramme hält das Gesetz in § 69b UrhG eine andere Regelung des Arbeitnehmerurheberrechts bereit als nach § 43 UrhG für Datenbanken und sonstige Werke. Das Problem liegt vor allem darin, daß wir gegenwärtig nicht überblicken, ob die – an sich mögliche – kumulative Anwendung tatsächlich in jedem Fall interessenadäquate Lösungen hervorbringt. Mehr noch: bedeutet kumulative Anwendung die Anwendung der jeweils schutzfreundlicheren Regelung oder wäre nicht eher nach Grundsätzen der Spezialität der jeweiligen Regelung zu urteilen (wo jedoch das Gesetz, das gegenwärtig von der Prämisse der Unterscheidbarkeit der einzelnen Werkarten ausgeht, gar keinen Vorrang einzelner Normen festlegt)? Und was heißt schließlich „interessenadäquat" angesichts der Vielzahl in der Praxis gerade gegenläufiger, außerhalb des Rahmens der Sittenwidrigkeit jeweils für sich jedoch gleichberechtigter wirtschaftlicher Interessen?

Selbst bei Verzicht auf „Multimedia" als Rechtsbegriff befinden wir uns in einer Art Zwickmühle. Denn zum einen verfügt die richterliche Einordnung in bestehende Kategorien – die sich über die unterschiedlichen Rechtsfolgen zumeist unmittelbar fallentscheidend auswirkt – über kaum hinreichend nachvollzieh- und nachprüfbare Kriterien; zum anderen ist der sonst regelmäßig offenstehende Ausweg einer gesetzgeberischen Klarstellung hier angesichts der begrifflichen Unschärfe von „Multimedia" ausnahmsweise einmal verschlossen.

3.4 Welche Verwertungsrechte stehen in Rede?

Die Frage, welchen Verwertungsrechten die im digitalen (Netzwerk-)Kontext vorgenommenen einzelnen Handlungen unterfallen (sollen), wird gegenwärtig weit weniger nach systematischen Gesichtspunkten beantwortet als vielmehr nahezu ausschließlich unter interessenpolitischen Erwägungen im Hinblick darauf, welcher Gruppe von Rechteinhabern und in welchem Umfang dieser Schutz vom Gesetz augenblicklich gewährt wird.

Diese Vorgehensweise, die die Einordnung der digitalen Verwertungshandlungen vom Umfang der entsprechenden Verwertungsrechte nach bestehendem Recht abhängig machen will, heißt jedoch „das Pferd von hinten aufzäumen". Richtiger wäre es wohl, zuerst eine sinnvolle, systematisch stimmige Einordnung der bei der digitalen Werkverwertung anfallenden Akte vorzunehmen, sie nach Möglichkeit mit den nach wie vor erfolgenden Akten analoger Verwertung in Beziehung zu setzen und erst dann zu entscheiden, wem diese „digitalen" Rechte sinnvollerweise in welchem Umfang zukommen sollen.

Um nur ein Beispiel zu nennen: Tonträgerhersteller und ausübende Künstler genießen kein umfassendes Recht der öffentlichen Wiedergabe, und bei der Funksendung von Handelstonträgern steht ihnen dem Sendeunternehmen gegenüber ein bloßer Vergütungsanspruch zu[10]. Handelte es sich beim on-line Anbieten von Tonträgern nun

---

10 Neben dem Recht ausübender Künstler, die Live-Sendung zu erlauben (§ 76 Abs. 1 UrhG), und dem praktisch nur begrenzt bedeutsamen Recht

um eine unbenannte Art der öffentlichen Mitteilung gem. §15 Abs. 2 UrhG, so gingen Tonträgerhersteller und ausübende Künstler leer aus; handelte es sich um eine Sendung i.S.v. §20 UrhG (was, wie bei §15 Abs. 2 UrhG generell, voraussetzte, daß auch die sukzessive Wahrnehmung für die Definition der Öffentlichkeit in §15 Abs. 3 UrhG ausreicht), erhielten sie immerhin eine bloße Vergütung, obwohl ihnen das angesichts der Nutzungsmöglichkeiten insbesondere digitaler Spartensender als unzureichend erscheint[11]; nur wenn man das on-line Anbieten als Verbreiten ansehen wollte, wären Tonträgerhersteller und ausübende Künstler – ungeachtet etwaiger, vom anbietenden Unternehmen vorgenommener sonstiger Festlegungs-, d.h. Vervielfältigungshandlungen – durch ein Ausschließlichkeitsrecht geschützt.

Ein anderes anschauliches Beispiel findet sich im Bereich der Schrankenbestimmungen. Nach §49 UrhG sind Vervielfältigung und Verbreitung einzelner Artikel aus Zeitungen und Tagesinteressen dienenden Informationsblättern in anderen Zeitungen und Informationsblättern zulässig (sog. Pressespiegel); Verhandlung, Einzug und Ausschüttung der hierfür zu entrichtenden Vergütung an Autoren und Verlage liegt zwingend in der Hand einer Verwertungsgesellschaft (VG Wort). Wie steht es mit elektronischen Pressespiegeln? Die Verleger, die hier eine in ihren Folgen noch kaum abschätzbare Konkurrenz zu ihren analogen, vor allem aber auch den künftigen elektronischen Primärerzeugnissen befürchten, wollen elektronische Pressespiegel außerhalb der Schrankenbestimmung und damit im Bereich des von ihnen ausübbaren Verbotsrechts sehen; zu diesem Zweck verweisen sie auf den Wortlaut („Blätter"), der recht eindeutig nur die Papierform erfaßt. Die Verwertungsgesellschaft argumentiert dagegen unter Hinweis auf die von §49 ebenfalls erfaßte „öffentliche Wiedergabe" und schließt von dort darauf, daß das online Anbieten elektronischer Pressespiegel – ungeachtet des soeben

---

der öffentlichen Wahrnehmbarmachung durch Bildschirm, Lautsprecher oder ähnliche technische Einrichtungen (§74 UrhG).

11 Die Gefahr besteht hier vor allem darin, daß digitale Spartensender, zumal wenn sie die einzelnen Titel mit digitaler Kennung codiert haben, dem Nutzer die Herstellung eigener digitaler Tonträger ermöglichen, so daß der Verkauf von CD-Audio Einbußen erleiden könnte, die die Wirtschaftlichkeit von deren Herstellung in Frage stellen könnten.

erwähnten Streits um die sukzessive Öffentlichkeit – eine Form der öffentlichen Wiedergabe gem. §15 Abs. 2 UrhG sei.

Schließlich sei auf die vor allem für Hardwarehersteller bedeutsame Frage des Anwendungsbereichs der §§ 53, 54 UrhG hingewiesen; diese haben die Massennutzungen der Fotokopie und der privaten Überspielung auf Ton- und Bildtonträger angesichts deren Unkontrollierbarkeit seinerzeit in begrenztem Umfang erlaubnisfrei gemacht, sie dafür jedoch einer Vergütung unterworfen, die in Form einer Geräte- und z. T. auch einer Betreiberabgabe erhoben wird. Ist die Fotokopie im Gesetz auch noch vergleichsweise technikneutral geregelt („durch Ablichtung eines Werkstücks oder in einem Verfahren vergleichbarer Wirkung"[12]), so daß die Rechtsprechung recht problemlos auch Readerprinter[13] und Faxgeräte[14] hat erfassen und die VG Wort darüber hinaus mit den Herstellern von Scannern einen entsprechenden Rahmenvertrag hat abschließen können, so erscheint die Analogiefähigkeit der „Aufnahme von Funksendungen auf Bild- oder Tonträger"[15] im Hinblick auf PCs, Drucker und Disketten doch ebenso unsicher wie die Unterscheidung von „Ablichtung" und „Aufnahme" schlechthin. Auch aus wirtschaftlicher Sicht muß einstweilen fraglich bleiben, ob eine Abgabe auf die genannten Geräte tatsächlich den Verlust kompensieren könnte, der den Rechteinhabern durch die mit der Abgabe korrespondierende Freiheit von Nutzungshandlungen zu privaten oder sonstigen eigenen Zwecken entstünde.

Diese Überlegungen leiten unmittelbar über zur Bedeutung der Schrankenregelungen.

3.5 Welche Bedeutung kommt im digitalen, vernetzten Umfeld den Schrankenregelungen zu?

Vorbehaltlich technischer Lösungen (s. dazu 3.9) kommt den Schrankenbestimmungen für das Funktionieren des urheberrechtlichen Systems im digitalen Netzwerkkontext entscheidende Bedeutung zu. Bei ihrer notwendigen Anpassung ist eine

---

12 § 54a Abs. 1 UrhG.
13 BGH, GRUR 1993, 553 – *Readerprinter.*
14 Urteil des LG Düsseldorf, ZUM 1993, 436.
15 § 54 Abs. 1 UrhG.

Gesetzesänderung aus Gründen der Rechtssicherheit dem Weg richterlicher Auslegung vorzuziehen. Ein solcher gesetzgeberischer Akt erfordert jedoch eine bewußte Entscheidung gegenüber den jeweiligen wirtschaftlichen Interessen der einzelnen Beteiligten. Auf internationaler Ebene wird man sich ohnehin mit programmatischen Leitsätzen bescheiden müssen.

Dazu nur soviel: jede Änderung, Anpassung oder Neuschaffung von Schrankenbestimmungen führt unmittelbar zu einer (Neu-)Verteilung bzw. Zuteilung konkreter Marktchancen. Daß sich der – deutsche wie der europäische – Gesetzgeber aus sachdienlichen Gründen hier in der einen oder anderen Richtung über mächtige entgegenstehende Interessen hinwegsetzen könnte, erscheint gegenwärtig kaum wahrscheinlich.

Das Problem ist jedoch auch inhaltlich nicht leicht zu lösen. Schrankenbestimmungen weisen bislang in den nationalen Urheberrechtsgesetzen erhebliche Unterschiede auf; das ist aus der Sicht der Rechteinhaber so lange nicht weiter tragisch, als es sich im Wesentlichen um Verwertungshandlungen nationalen Ausmaßes handelt. Insbesondere die Vernetzung führt jedoch zu einem seinem Wesen nach grenzüberschreitenden Verkehr; besteht hier auch nur in einem Land ein „Loch" im Ausschließlichkeitsschutz, so hat das in einer Vielzahl von Fällen eben nicht mehr nur nationale, sondern unmittelbar weltweite Auswirkungen. Um an das Beispiel der Ausnahme der privaten Vervielfältigung anzuknüpfen: wenn diese – theoretisch auch nur – in einem Land das Anbieten eines virtuellen Dokumentenbestelldienstes zuläßt, vermögen auch restriktivere gesetzliche Regelungen in den einzelnen Empfängerstaaten kaum mehr verhindern, daß die dort Ansässigen das Material über dieses „Loch" aus dem anderen Staat beziehen. Eine möglichst umfassende Harmonisierung ist also dringend erforderlich.

Auf internationaler Ebene hingegen erscheint es schon angesichts der konzeptionellen Unterschiede („fair use" bzw. „fair dealing" gegenüber ausformulierten Schrankenbestimmungen) sowie aufgrund eingefahrener nationaler Traditionen wohl ausgeschlossen, im Wege der Harmonisierung nationaler Rechte einen für die angestrebte Rechtssicherheit erforderlichen Grad der Detailliertheit zu erreichen. Das gilt in noch größerem Maß für die internationalen Konventionen, bei denen man sich letztlich mit programmatischen Rahmenvorgaben wird begnügen müssen, wie sie gegenwärtig vor allem hinsichtlich des Vervielfältigungsrechtes in Art. 9 Abs. 2 RBÜ

– und von dort übernommen in Art. 13 TRIPS – enthalten sind[16]. Auch hier wiederum stellt sich jedoch die Frage, ob die „normale Auswertung" vor dem Hintergrund gegenwärtiger Absatzchancen im analogen oder aber dem künftiger Chancen im digitalen Markt zu bestimmen ist.

3.6 Welche Änderungen ergeben sich für den Erwerb von Rechten?

Wollen die Rechteinhaber die faktische und rechtliche Kontrolle über ihre geschützten Werke und Leistungen nicht verlieren, so werden sie sich den Bedürfnissen der digitalen Werkschöpfung und Verbreitung entsprechend organisieren und auf freiwilliger Basis je nach Werk- und Verwertungsart ausdifferenzierte Lizenzierungsmechanismen anbieten müssen. In dem Maß, in dem dies gelingt, werden sich gesetzliche Lizenzen vermeiden lassen.

Die Schaffung eines die Interessen insbesondere der Urheber als der regelmäßig schwächeren Vertragspartei wahrenden Rechtszustands wäre zwar dringend geboten, erscheint gegenwärtig politisch jedoch kaum durchsetzbar.

Die beteiligten Rechteinhaber sind inzwischen weitgehend dahin einig, daß es im digitalen vernetzten Umfeld einer weitergehenden Zentralisierung des Rechteerwerbs als bisher bedarf. Der anfängliche Ruf nach gesetzlichen Lizenzen scheint in dem Maß zu verstummen, in dem sich die Beteiligten Produzenten darüber klar geworden sind, daß, wer heute die Erleichterung des Rechtserwerbs im Wege der Schaffung gesetzlicher Lizenzen anfordert, morgen selbst von ihr mit den Rechten an seinem eigenen Produkt betroffen wäre. Denken könnte man allenfalls an eine Abmilderung der gesetzlichen Haftungsfolgen in den Fällen, in denen es einem Nutzer trotz redlicher und intensiver Bemühungen nicht gelungen ist, den oder die entsprechenden Rechteinhaber ausfindig zu machen.

---

16 Danach dürfen die Mitgliedstaaten nur solche Schrankenbestimmungen vorsehen, durch die „weder die normale Auswertung des Werkes beeinträchtigt noch die berechtigten Interessen des Urhebers unzumutbar verletzt" werden; ebenso Art. 12 des vorgeschlagenen neuen internationalen Urheberrechtsvertrages.

Im einzelnen wird die Lizenzierung je nach Werk- und vielleicht sogar je nach Nutzungsart auf unterschiedliche Weise erfolgen müssen. Neben der traditionellen Lizenzierung durch Verwertungsgesellschaften in Bereichen, in denen es auf Exklusivität und auf individuell festgesetzte Nutzungsbedingungen nicht ankommt, kommt insbesondere die Vergabe individueller Rechte durch eine zentrale Stelle in Betracht, die nach dem Muster der bisherigen Vergabe der Kopierrechte in den USA und in Großbritannien im Auftrag der Rechteinhaber entweder selbst mit der Rechtevergabe betraut ist – wobei dies wiederum zu Standard- oder zu individuellen Bedingungen erfolgen könnte – oder die Lizenzanfrage doch zumindest an den jeweiligen Rechtsinhaber weiterleiten könnte. Geholfen wäre den Nachfragern schon allein durch eine zentralisierte Stelle, bei der Werkinformationen abgefragt werden könnten.

Die Probleme stecken hier jedoch im Detail und sind je nach Branche verschieden. Zunächst bedarf es der Feststellung, bei wem die betreffenden Rechte – auch unter Berücksichtigung von §31 Abs. 4 UrhG[17] – eigentlich liegen. Voraussetzung ist im weiteren zum einen die eindeutige und für den Nutzer zugängliche Identifizierung der einzelnen Werke; zum anderen bedarf es einer – gegenwärtig noch kaum ausgebildeten – klaren Vorstellung der Rechteinhaber davon, was in wirtschaftlicher Hinsicht der Erst- und was eher dem weiten Bereich der Zweitverwertung zuzurechnen ist.

3.7 Wo bleibt das Urheberpersönlichkeitsrecht im digitalen Kontext?

Das Urheberpersönlichkeitsrecht wird m.E. – entgegen weitverbreiteter gegenteiliger, höchst pessimistischer Auffassung – im digitalen Kontext eine Stärkung erfahren. Das gilt sicherlich im Hinblick auf das Namensnennungs-, über den Umweg vernünftiger vertraglicher Regelungen aber wohl auch für das Integritätsrecht.

Die Kontrolle der Verwertungsrechte im digitalen Netzwerkkontext wird über weite Strecken nur dann funktionieren, wenn die geschützten Werke und Leistungen hinreichend identifizierbar sind.

---

17 Nach §31 Abs. 4 UrhG sind Verfügungen und selbst Verpflichtungen für wirtschaftlich und technisch eigenständige Nutzungsarten, die zum Zeitpunkt des Vertragsabschlusses unbekannt waren, zwingend nichtig.

Daran haben künftig also nicht nur die individuellen Urheber, sondern – vielleicht sogar mehr noch – auch die Produzenten ein unmittelbares Interesse. Nun mag die Nennung des Produzentennamens mit dem Schutz der Persönlichkeit des Urhebers nichts zu tun haben (erwägenswert wäre jedoch ein Namensnennungsrecht von Unternehmen als Ausfluß des allgemeinen Unternehmenspersönlichkeitsrechts); immerhin jedoch dürften die Schutzinteressen der Urheber sich an die der Unternehmen koppeln lassen, zumal Platzgründe bei digitaler Speicherung keine Rolle mehr spielen und bisherige Widerstände seitens der Produzenten gegen die oft als überflüssig empfundene Namensangabe zumindest erheblich verringert sein werden.

Auch um das Integritätsrecht steht es nicht so schlecht, wie man zunächst angesichts der nahezu unbegrenzten Möglichkeiten der digitalen Veränderung vorbestehenden Materials glauben mag. Das gilt vor allem dann, wenn nicht schon jede, sondern wie in Art. 6bis RBÜ und § 14 UrhG nur diejenige Veränderung eine Verletzung des Integritätsrechts darstellt, die geeignet ist, die „berechtigten geistigen oder persönlichen Interessen"[18] des Urhebers an seinem Werk zu gefährden. Überdies ist nicht ersichtlich, welches – tatsächlich Berücksichtigung verdienende – Interesse ein Produzent haben sollte, ein bevorstehendes Werk in derart gravierender Weise zu verändern, daß Ehre, Ruf oder berechtigte Interessen des Urhebers verletzt wären. Will der Produzent in solcher Weise verfahren, so mag er auf eine Neuschöpfung verwiesen werden. Dessen ungeachtet wäre es für die Praxis freilich hilfreich, wenn die Grenzen, innerhalb deren die Urheber – auch vorab – auf die Ausübung oder Geltendmachung urheberpersönlichkeitsrechtlicher Befugnisse wirksam verzichten können, gesetzlich präzisiert würden. Bloße Handlungen im privaten Bereich wird man schließlich ohnehin vernachlässigen können, mag jeder einzelne die so erzielten – grob entstellenden – Ergebnisse im Netz auch wiederum einer größeren Zahl Dritter zugänglich machen können.

---

18 So § 14 UrhG; vgl. Art. 6bis RBÜ: „seiner Ehre oder seinem Ruf nachteilig".

3.8 Welches Recht ist auf Handlungen in grenzüberschreitenden Netzwerken anwendbar?

Werkverwertung im digitalen Netzwerkkontext ist in weitem Umfang grenzüberschreitend. Das IPR des Urheberrechts stellt bislang auf das Schutzlandprinzip ab und basiert auf dem Territorialitätsprinzip. Beide Prinzipien werden aus Gründen der Erleichterung des Rechtserwerbs und der Verfolgung von Rechtsverletzungen künftig unter Druck geraten. Eine weit ernsthaftere Bedrohung – nicht nur für die Interessen der Rechteinhaber, sondern für ein handhabbares System insgesamt – liegt jedoch darin, daß sich bestimmte urheberrechtlich relevante Vorgänge im digitalen Netzwerk möglicherweise gar nicht mehr eindeutig lokalisieren lassen.

So lange das materielle Urheberrecht nicht weltweit hinreichend harmonisiert ist, bedarf es der Anwendung der – ebenfalls nationalen und weitgehend nicht harmonisierten – Regeln des internationalen Privatrechts (IPR). Das IPR des Urheberrechts basiert auf dem Territorialitätsprinzip und stellt, daraus abgeleitet, weitgehend auf das Schutzlandprinzip ab, d. h. anwendbar ist das Recht desjenigen Landes, für das um Schutz nachgesucht wird. Von Bedeutung ist die Frage des anwendbaren – nichtharmonisierten – Rechts sowohl für den Rechteerwerb (sofern sich die Rechte nicht mehr in einer Hand vereinigt finden) als auch im Hinblick auf die Verfolgung von Rechtsverletzungen. Berührt sind damit zugleich Fragen der internationalen gerichtlichen Zuständigkeit sowie der Vollstreckbarkeit ausländischer Entscheidungen, auf deren Zusammenhang an dieser Stelle jedoch nicht näher eingegangen werden kann.

Macht es aber angesichts von Netzen wie denen des Internet noch Sinn, einen Eingriff in das Recht der öffentlichen Mitteilung in jedem Staat anzunehmen, den die Leitung durchquert, über die die Inhalte transportiert werden? Macht es Sinn, einen Eingriff in das Vervielfältigungsrecht jedes Staates anzunehmen, in dem etwa eine wenn auch nur vorübergehende (Zwischen-)Speicherung stattfindet?

Die Bedenken hiergegen sind sowohl rechtspolitischer wie technischer Natur.

Rechtspolitisch in dem Sinn, daß urheberrechtlich eigentlich als ein Territorium behandelt gehört, was wirtschaftlich eine Einheit bildet. Das erklärt die Bemühungen der EU, angesichts fehlender ausdrücklicher Kompetenz auf dem Gebiet des Urheberrechts die Urheberrechtsgesetze der einzelnen Mitgliedstaaten – in wesentlichen Teilen – zumindest zu harmonisieren. Rechtspolitisch auch deswegen, weil die Anwendung allzu vieler, inhaltlich voneinander abweichender Rechte auf ein und dieselbe Verwertungshandlung ein und desselben geschützten Werkes angesichts der wirtschaftlichen Vorgaben unangemessen erscheint[19]. Zwar hat die EU hier für den Teilbereich der grenzüberschreitenden Programmverbreitung über Satelliten[20] mit der Kombination von Harmonisierung und Festschreibung des Grundsatzes der sachrechtlichen Betroffenheit des Rechts des Ursprungslandes der Verwertung eine pragmatische Lösung gewählt. Auf den Gesamtbereich der Verwertung urheberrechtlich geschützten Materials läßt sich diese Lösung – vorbehaltlich einer sehr weitgehenden, im gegenwärtigen Zeitpunkt jedoch kaum realistisch erscheinenden Harmonisierung – jedoch nicht ohne weiteres übertragen. Selbst wenn man innerhalb der EU zu einer Lösung käme, würde das kaum helfen, kann das Modell der „Festung" Europa im Hinblick auf die weltweite Vernetzung doch kaum Bestand haben.

Die Bedenken sind auch technischer Art. So hängt es schon von technischen Unwägbarkeiten ab, welchen Weg ein im Internet übermitteltes Datenpaket nimmt; nicht selten werden umfangreichere Dateien sogar aufgeteilt und von der Software, die das Netz verwaltet, auf verschiedenen Wegen verschickt. Der Weg zum Abstellen allein auf den Ursprung der Verwertung erscheint insofern also vorgezeichnet. Aber auch ein so verstandenes „Ursprungslandprinzip" basiert noch immer auf dem Territorialitätsprinzip und sucht daher nach einem Ort als einem Anknüpfungspunkt. Doch läßt sich ein solcher Ort des Ursprungs einer Verwertungshandlung im Datennetz tatsächlich noch mit hinreichender Sicherheit bestimmen, wenn ein Werk zugleich auf mehreren Servern gespeichert ist und es wiederum von Zufälligkeiten des Netzmanagements abhängt, von welchem dieser Server ich das abgerufene Werk zugespielt erhalte? Vermutlich wird man insoweit ähnlich der Satellitenrichtlinie letztlich auf den sozialen Akt der erstmaligen Anbindung ans Netz

---

19 Ebenso wie im übrigen die Anwendung unterschiedlicher Rechtsordnungen auf die jeweiligen einzelnen Gegenstände einer einheitlichen Verwertungshandlung je nach dem Ursprungsland dieser Gegenstände (sog. Universalitätsprinzip).
20 S. oben Fn. 7.

Thesen

abstellen müssen; doch was ist, wenn der danach Verantwortliche längst nicht mehr an dieser Stelle präsent ist? Die Schwierigkeiten der Lokalisierung rechtlich relevanter Vorgänge in einer Umgebung, die durch Entortung und Ubiquität der Werke wie der Nutzungshandlungen charakterisiert ist, werden uns in Zukunft die wohl härtesten Aufgaben zu lösen geben.

3.9 Welche Rolle kommt der Technik beim Schutz urheberrechtlich geschützten Materials zu?

Die Antwort auf die Probleme der Maschine liegt in der Maschine selbst. Der Einsatz der Technik wird mittelfristig zum einen dazu führen, daß sich einzelne Nutzungsvorgänge trotz massenhafter Nutzung zunehmend wieder individuell erfassen lassen. Er wird längerfristig zum anderen dazu führen, daß die technischen Sperren über Art und Umfang des möglichen Zugriffs entscheiden und nicht mehr Inhalt und Umfang des Urheberrechts.

Zumindest mittelfristig wird sich für viele – vor allem kleinere – Inhaber der Rechte an attraktiven Schutzgegenständen die Verwertung in der Praxis überhaupt nur unter Einsatz der Technik aufrechterhalten lassen. Hier bedarf es der Fortsetzung bereits begonnener Arbeiten an Maßnahmen der Werkidentifikation, der Rechtsinformation[21], an Zugangssperren, Nutzungskontroll- und Abrechnungsmechanismen.

Weil jeder technische Schutz zugleich zu seiner Umgehung aufruft – auch wenn sicher richtig ist, daß sich die Umgehung umso weniger lohnt, je geringer der Wert des jeweils gegen Zugriff Geschützten ist –, bedürfen derlei technische Kontrollmechanismen im weiteren des rechtlichen Schutzes. Der gegenwärtige Rechtszustand bietet hier – vor allem grenzüberschreitend – ein mehr als zersplittertes Bild. Jede gesetzliche, insbesondere harmonisierende Regelung wird zumindest drei Fragen zu klären haben: wer soll Inhaber dieses Umgehungsschutzes sein, der Inhaber der Rechte am geschützten Material (wie im Fall der Computerprogramme nach der

---

21 Wobei die Rechtsinformationen für jeden Nutzer lesbar, die zum Nachweis der Verletzung benötigte Identifikation für Dritte dagegen „zugriffs-" und insbesondere löschungsfest – und darüber hinaus holographisch an mehreren Werkstellen zugleich – implementiert sein muß.

EG-Richtlinie)[22] oder der Dienstleistungserbringer? Wie sind die Umgehungsmittel zu umschreiben, als allein oder als überwiegend oder als auch zur Umgehung geeignet? Und schließlich, gegen welche Handlungen soll der Schutz bestehen, gegen den Import, das Inverkehrbringen oder auch bereits gegen das Anbieten oder den bloßen Export?

Die technische Zugriffskontrolle wird Auswirkungen in zweierlei Richtung zeitigen.

Zum einen wird auch bei Massennutzungen eine zunehmend individuelle Abrechnung möglich. Möglicherweise geht damit sogar eine Abnahme der Rolle der Verwertungsgesellschaften einher, die ihren Schwerpunkt vielleicht nur noch dort sehen werden, wo Rechte auf nichtexklusiver Basis zu weitgehend einheitlichen Tarifen erworben werden (also im wesentlichen bei substituierbarem Material) oder wo die Transaktionskosten nach wie vor keine individuelle Rechtewahrnehmung zulassen. Diese Individualisierung mag das Urheberrecht seinen Ursprüngen wieder näher bringen; zugleich würde es jedoch wohl zwangsläufig einen Gutteil seiner gegenwärtigen sozialen Ausgleichsfunktion – wie sie augenblicklich etwa in der Pauschalierung der Tarife oder durch die Sozialfonds der Verwertungsgesellschaften verwirklicht ist – verlieren.

Zum anderen, und das erscheint weit gravierender, steht zu vermuten, daß letztlich allein durch die Technik – und die Marktakzeptanz – bestimmt wird, was wann zu welchen Bedingungen abgerufen, genutzt und konsumiert werden kann, und nicht mehr aufgrund der dem Schutzrecht zugrundeliegenden Abwägung zwischen Umfang des Ausschließlichkeitsrechts und Gemeinfreiheit, zwischen Wettbewerbsbehinderung und Wettbewerbsförderung. Dem Recht wäre in diesem Szenario allenfalls noch eine Art schutzrechtlicher Basisfunktion zugewiesen.

---

22 Art. 7 Abs. 1 Buchst. c der EG-Richtlinie 91/250/EWG vom 14.5.1991 über den Rechtsschutz von Computerprogrammen, ABl. EG Nr. L 122 v. 17.5.1991, S. 42, umgesetzt in §69f. Abs. 2 UrhG.

Diskussion

3.10 Welche Entwicklung wird die Praxis nehmen?

Diese letzte These ist ebenso amorph wie die Wirklichkeit, die sie zu umschreiben sucht:

> Charakteristisch für die nahe Zukunft ist das Nebeneinander traditioneller und neuer Werk- und Verwertungsarten. Welche der theoretisch denkbaren Formen sich in der Praxis in welchem Umfang und zu wessen Gunsten bzw. Lasten durchsetzen werden, läßt sich gegenwärtig allenfalls erraten. Die Konvergenz bislang klar voneinander abgegrenzter Tätigkeiten wird den Wettbewerbsdruck sicherlich erheblich verstärken. Das System von Schöpfung, Produktion und Vertrieb kultureller Güter als solches wird fortbestehen; eine Voraussage über das Überleben des einzelnen Beteiligten ist damit freilich nicht verbunden.

Es wird – das ist im System angelegt und läßt sich nicht vermeiden – auf den Datenautobahnen zwangsläufig zu „tödlichen Unfällen" kommen; gleichwohl ist jeder einzelne – möglichst rasch sich in die Zukunft stürzend oder aber ängstlich am Bewährten festhaltend – bestrebt, ein solches „Aus" für sich oder seine Geldgeber zu vermeiden. So bliebe meinen Ausführungen zuletzt wohl nur noch hinzuzufügen, daß als dritte große Determinante der künftigen Entwicklung – neben der technischen Entwicklung und der von Marktparametern wie Preis und Erhältlichkeit wohl entscheidend mit beeinflußten Akzeptanz der jeweiligen digitalen Produkte und Dienstleistungen – das Beharrungsvermögen der jetzigen Mitspieler hinzutritt. Vor allem was den rechtlichen Rahmen anbelangt, scheinen diese in hohem Maße alles daran zu setzen, keine Verschlechterung ihrer gegenwärtigen Marktposition zu riskieren noch irgendgeartete Abstriche an ihrem prognostizierten Anteil an den künftigen Entwicklungen hinzunehmen.

Gestatten Sie mir daher ein letztes Bild zur Charakterisierung der gegenwärtigen Situation im Hinblick auf technische, unternehmerische, aber auch auf rechtliche Entscheidungen: Viele geben Gas, viele bremsen und viele steuern. Wann und mit welcher Intensität sie dies tun, hängt jeweils entscheidend von den Reaktionen aller anderen Mitfahrer ab. Erst der aus all diesen Kräften und Bewegungen resultierende Vektor gibt Richtung und Geschwindigkeit der Bewegung insgesamt an. Aber auch das ist nichts eigentlich Neues, läßt sich unsere Gesellschaft doch sowohl in wirtschaftlicher als in rechtlicher Hinsicht seit jeher als ein vernetztes System begreifen.

Diskussion

Diskussionbericht zu dem Vortrag von Dr. Dreier

Michael Bartsch eröffnete die Diskussion mit einer Anknüpfung an die Äußerungen zum Internet und hob die Funktion des Internet als nicht offizielle Öffentlichkeit und nichtkommerziellem Marktplatz hervor. Das Internet sei bislang eine Gegenwelt zur kommerziellen Welt, weitgehend unjuristisch und mit einer Abneigung gegen rechtliche Regelungen. Angesichts dessen sei nach der Stellung des Juristen in diesem Zusammenhang zu fragen. Er betonte, daß die bürgerlichen Freiheitsrechte, insbesondere das bürgerliche Eigentum im Kern, Absonderungsrechte seien, die Juristen Hauptmeister der Trennkunst und Absonderungskunst. Bemerkenswert sei nun, daß im Internet viele ein Werk zusammen schaffen, ohne etwas dafür zu bekommen (Beispiel LINUX), und er frage sich, ob diese neuen Umgangsformen nicht den Juristen entbehrlich machen könnten.

Thomas Heymann hingegen betonte, daß das Internet gerade kommerziell „explodiere" und dies vor allem darin begründet liege, daß es das zukünftige Rückgrat der weltweiten Kommunikation sei. Man müsse es in Zukunft als Basis für geschäftliche Transaktionen betrachten. Die Juristen müßten sich daher um die totale Kommerzialisierung des Internet kümmern und über die Verwertung von urheberrechtlich geschützten Werken im Internet nachdenken. Hier fänden zunehmend kommerzielle Vorgänge statt; *Heymann* warnte vor einem zu romantischen Bild.

Kei Ishii bemerkte, daß *Dreiers* Sichtweise von der sozialen Marktwirtschaft als Konstante ausgehe, und regte an, ob man nicht auch schon die marktwirtschaftlichen Annahmen als Grundlage für die Thesen über die neuen Vorgänge, auf die das Urheberrecht reagieren muß, in Frage stellen könne.

Thomas Dreier antwortete hierauf, daß die Faszination des Internet zur Zeit wohl für viele in der „romantischen" Vorstellung von der nichtkommerziellen Netzwelt liege. In einer solchen Welt hätten Urheberrecht und Property Rights tatsächlich nichts mehr zu suchen. Voraussetzung für seine Aussagen sei aber die Annahme gewesen, daß in bestimmten Bereichen des Internet zumindest teilweise nach marktwirtschaftlichen Grundsätzen gehandelt wird. Und das Urheberrecht werde in diesen kommerziellen Bereichen der Netze weitergelten. Über den jeweiligen Anteil kommerzieller und „romantischer" Nutzung des Internet ließe sich trefflich streiten. Beide Ansätze würden im Internet in Zukunft koexistieren, Pro-

Diskussion

bleme könnten allerdings durch die Verbindung beider Bereiche entstehen. *Dreier* wies auf die Erkenntnisse der Kultursoziologen hin, daß Gruppen nie zu 100 % homogen seien. Es werde immer Gruppen im Internet geben, die dieses als eigentumsfreien Raum begreifen. Dadurch würden sich verschiedene Strukturformen nebeneinander entwickeln, die verallgemeinerungsfähige Schlußfolgerungen erschweren. Die heutigen Erfahrungen ließen sich nicht ohne weiteres extrapolieren.

Rüdiger Pethig bemerkte, daß aus ökonomischer Sicht immer eine Tendenz zur Eigennützigkeit bestehe. *Hanns Ullrich* führte hierzu aus, daß trotz ausgeprägtem Individualismus neben wirtschaftlichen Systemen auch andere Belohnungssysteme (wie z.B. das „akademische System") bestehen. Im Internet sei aber auch Reputation u.ä. eher bedeutungslos.

Ullrich griff dann *Dreiers* These auf, das Urheberrecht wandele sich von einem Werkvermittlungsrecht zu einem Werknutzungsrecht. Er vertrat dagegen, daß weite Bereiche des Urheberrechts unverändert bleiben würden. Auch die eigentliche Werkschöpfung müsse zudem weiterhin berücksichtigt werden. Das US-amerikanische „Incentive System", das sich dort auch in den entsprechenden Verfassungsklauseln wiederspiegele, berücksichtige im Grunde nur das Verlagswesen. Diese Sichtweise hätte das europäische Urheberrecht nicht und wolle sie auch nicht haben. Die Urheberpersönlichkeitsrechte müßten weiterhin auch in digitalen Konstellationen schützend eingreifen, insofern sei auch deren Nichtberücksichtigung im Softwareschutz ein Fehler gewesen. Software sei insgesamt im Urheberrecht eher falsch untergebracht. Reine „Incentive"-Gesichtspunkte sollten besser an anderer Stelle im Rechtssystem angesiedelt werden. Zumindest müßten in einer digitalen, softwarebasierten, vernetzten Umwelt die Abhängigkeiten in den Entwicklungsprozessen zu einer Neubestimmung der Schrankenbestimmungen führen. Die Schranken des Urheberrechts im privaten Bereich würden eher enger gezogen werden können. Die Schranken, die freien wissenschaftlichen Gebrauch gewährleisten, müßten jedoch eher erweitert werden.

Thomas Dreier erwiderte, daß der wirtschaftliche Druck im Moment sehr stark in Richtung auf anglo-amerikanisch geprägte Sichtweisen dränge. Es gebe jedoch eine Gegenkraft: Je mehr es mittels der Technik gelänge, Nutzungsvorgänge aufzuzeichnen, je mehr würde sich das Urheberrecht in Richtung auf ein Schöpferrecht weiterentwickeln. Das Urheberrecht hätte das Potential, zu seinen individuellen Wurzeln zurückzukehren, sobald technische Mechanismen eine bessere Ausübung der Kontrollrechte gewährleisten würden.

Netzinvestitionen würden sich die Netzwerkprovider über die Netznutzer und nicht über das Urheberrecht zurückholen. Die Datenautobahnen würden aber erst dann wirklich genutzt, wenn tatsächlich wertvolle Inhalte produziert werden. Die Akzeptanz der Netze sei zweifellos auch eine Frage der Inhalte, auf die sich dann traditionell wieder das Urheberrecht beziehe.

Die Funktion der Schranken sei die genaue Grenzziehung zwischen den Interessen der Urheber und denen der Allgemeinheit. Die Interessen der Allgemeinheit hätten sich aber im Urheberrecht grundsätzlich nicht direkt niedergeschlagen. Vielmehr würde ihnen bislang über den Umweg der Werkvermittler Geltung verschafft, wie sich z.B. bei den Regelungen für Schulbücher zeige. Hier würden die digitalen Netze durch die ihnen eigene zunehmend direkte Kommunikation zwischen Anbieter und Verwender von urheberrechtsfähigen Werken zu einer Verschiebung führen.

Herbert Fiedler befürwortete zum Schluß im Hinblick auf die wachsende Systemintegration zwischen Technik und Recht eine von ihm schon seit langem geforderte zunehmende Zusammenarbeit zwischen Juristen und Technikern. Die Notwendigkeit hierzu sei noch nie so groß wie heute gewesen. Er verwies auch auf Ansätze in der Gesellschaft für Informatik.

A. Günther

Patentschutz für Software im amerikanisch-europäischen Vergleich

Fritz Teufel

1. Einführung
2. Die Entwicklung in den USA
   2.1 Die frühe Rechtsprechung
   2.2 Zur Grundsatzkritik
   2.3 Die moderne Praxis
   2.3.1 Höchstrichterliche Vorgaben
   2.3.2 Die Folgerechtsprechung
   2.3.3 Die neuen Prüfungsrichtlinien des Patentamtes
3. Die amerikanische und die europäische Praxis im Vergleich
   3.1 Gemeinsamkeiten
   3.2 Kritik der europäischen und deutschen Praxis
4. Zusammenfassung

Literaturübersicht

Ayers, Interpreting In re Alappat with an Eye Towards Prosecution, 74 JPTOS, 741 (1994); *Betten*, Patentschutz von Computerprogrammen GRUR 1995, 775; *Bruchhausen*, in: Benkrad, Patentgesetz, Kommentar, 9. Auflage, 1993; *Durant*, Patents in Cyperspace: Impact of Recent Federal Circuit Decisions, 12 Computer Lawyer 1 (Jan. 1995); *Göbel*, in: FS 25 Jahre Bundespatentgericht, 1985; *Goodman/Marlette/Trzyna*, The Alappat Standard for Determining that Programmed Computers are Patentable Subject Matter, 74 JPTOS 771 (1994); *Goodman/Marlette/Trzyna*, Toward a Fact-Based Standard for Determining Whether Computers are Patentable Subject Matter: The Scientific Wisdom of Alappat and the Ignorance of Trovato, 75 JPTOS 353 (1995); *von Hellfeld*, Sind Algorithmen schutzfähig?, GRUR 1989, 471; *Holzwarth*, Patentierbarkeit von softwarebezogenen Erfindungen nach dem Europäischen Patentübereinkommen, VPP Rundbrief 4/95, 105; *Kindermann*, Software-patentierung, CR 1992, 577, 658; *Kolle*, Patentability of Software-related Inventions, 21 IIC 660 (1991); *Kunin*, Patentability of Computer Program Related Inventions in the United States Patent and Trademark Office, 74 JPTOS 149 (1994); *Laurie/Siino*, A Bridge over Troubled Water? Software Patentability and the PTO's Proposed Guidelines, 12 Computer Lawyer 6 (Sept. 1995); *Markey*, Patentability of Mathematical Algorithms in the United States, 22 IIC 986 (1991); *Moritz*, Überlassung von Programmkopien – Sachkauf oder Realakt in Vertrag sui generis, CR 1994, 257; *von Raden*, Die Informatische Taube, GRUR 1995, 451; *Siber/Dawkins*, Claiming Computer-Related Inventions as Articles of Manufactur, Idea, 35 Journal of Law and Technology 13 (1994); *Stern*, Patenting Algorithms in America, Part I – Benson to Iwahashi, It's Deja Vu All Over Again, Part I and Part II, Eur. Int. Prop. Rev. 1990, 292, 321; *Stern*, Federal Circuit Equates Methods of Doing Business to Algorithms for Patentability Purposes – In re Schrader, Eur. Int. Prop. Rev. 1994, 496; *Toedt,* Software as „Machine DNA": Arguments for Patenting Useful Computer Disks Per Se, 75 JPTOS 275 (1995); *Turkevich,* An End to the 'Mathematical Algorithm' Confusion?, Eur. Int. Prop. Rev. 91 (1995); *Ushiku,* Comparative Study on Patentability of Software-Related Inventions – Practice in the US, Europe and Japan, Patents & Licensing 7 (Feb. 1994); *Yoches,* The Compton Reexamination – A Sign of the Times, 12 Computer Lawyer 14 (März 1995); *Wiebe,* Information als Naturkraft, GRUR 1994, 233;

1. Einführung

Der Beitrag, den das Patentrecht zum Schutz von Information insgesamt leisten kann, ist angesichts der Universalität dieses Begriffes bescheiden: Patente kommen nur für Information in Frage, die einen technischen Charakter aufweist und zu praktischen Zwecken eingesetzt wird. Außerdem muß diese Information neu sein und einen gewissen Abstand zu schon bekannten ähnlichen technischen Lehren aufweisen. Geschützt ist weiter nur der gewerbliche Gebrauch, nicht die Information als solche – ihre öffentliche Bekanntmachung im Patent wird sogar als Rechtfertigung für die Verleihung eines zeitlich beschränkten Monopolrechts angesehen[1].

Die im Juni 1995 zur Diskussion vorgelegten neuen amerikanischen Prüfungsrichtlinien für softwarebezogene Erfindungen[2] und die dazu veröffentlichte Legal Analysis des US Patentamts erläutern, daß nur „function imparting information" für den Patentschutz in Frage kommt, also Information, die eine Funktion erzeugt oder vermittelt.

Computerprogramme stellen im Prinzip derartige Information dar, da sie direkt auf den Computer einwirken und dem für sich gesehen nicht praktisch einsetzbaren Gerät erst seine jeweilige Funktion einprägen[3].

---

1 *Bruchhausen,* in: Benkard, Patentgesetz, Einleitung Rdn.1.
2 Guidelines for Examination of Computer-Related Inventions (Proposed), Federal Register vol.60, no. 106, 28778 (June 2, 1995); 1175 Off. Gaz. Pat. Off. 86 (June 27, 1995); am 18. Januar 1996 hat das U.S. Patent and Trademark Office eine überarbeitete Fassung dieser Prüfungsrichtlinien herausgegeben.
3 Vgl. *v. Hellfeld,* GRUR 1989, 471; Moritz, CR 1994, 257.

Allerdings wird geschätzt[4], daß nur etwa 3 bis 5 Prozent aller neu entwickelten Programme Merkmale aufweisen, die den Patentierungskriterien Neuheit und Nicht-Naheliegen genügen. Die Rechtsprechung in den USA und in Europa hat jedoch in vielen Fällen bei derartigen softwarebezogenen Erfindungen die Patentierbarkeit verneint und Programme nicht in ihrem technischen Zusammenhang beurteilt, sondern nur als abstrakte, geistige Manifestationen angesehen, die sich außerhalb des Bereichs der Technik abspielen[5].

2. Die Entwicklung in den USA

2.1 Die frühe Rechtsprechung

Die Frage, wie der Rechtsschutz von Computerprogrammen ausgestaltet werden soll, hat sich in den Vereinigten Staaten wohl zum ersten Mal gestellt. Schon zu Beginn der sechziger Jahre wurde dort das Urheberrecht als geeignetes Schutzinstrument angesehen und die ersten Computerprogramme beim US Copyright Office hinterlegt. Ein weitergehender Schutz durch Patente wurde zur damaligen Zeit sehr kritisch betrachtet, da negative Auswirkungen auf die Entwicklung der Programmierung befürchtet wurden[6]; außerdem waren Programme damals nur eine meist kostenlose Zugabe zu den eigentlichen Rechenmaschinen. Trotzdem wurden einige softwarebezogene Patente erteilt, unter anderem auch (in der Beschwerdeinstanz) auf die Benson und Tabbot Anmeldung, die im Jahr 1972 Anlaß zur ersten, ablehnenden Entscheidung des US Supreme Court zum Patentschutz von Programmen wurde[7].

Diese ablehnende Haltung konnte aber angesichts der beispiellosen technischen und wirtschaftlichen Entwicklung in der Programmindustrie keinen Bestand haben.

Die wirtschaftliche Wertschöpfung von Computerprogrammen, die seit der separaten Preisstellung für Programme (unbundling) Ende

---

4 Stellungnahme von IBM in der Anhörung des US Patentamts zum Schutz softwarebezogener Erfindungen im Januar 1994.
5 BGH GRUR 1977, 96 – „Dispositionsprogramm".
6 Eine vom US Präsidenten einberufene Kommission für Patentfragen empfahl sogar, Programme explizit vom Patentschutz auszuschließen.
7 *Gottschalk v. Benson*, 409 U.S. 63 (1972) = GRUR Int. 1973, 75 – „BCD-Umwandlung II".

der sechziger Jahre eine ganze neue Industrie hervorgerufen hat, nähert sich mittlerweile dem Umsatz, der mit Hardware gemacht wird. Außerdem spielt sich der technische Fortschritt bei vielen technischen Geräten immer mehr in Softwaretechnologien auf Kosten von Hardeware-Entwicklungen ab. Für den Entwicklungsingenieur ist es eine Frage der Zweckmäßigkeit, der Kosten, des Entwicklungsaufwandes und anderer Parameter, ob er eine neue Funktion oder ein Steuerungselement als spezielle logische Schaltung, als speicherprogrammierbares Element oder rein als Programm implementiert[8]. Diese Austauschbarkeit läßt nur schwer verstehen, weshalb zwei von außen gesehen gleichwirkende Geräte einmal patentierbar und einmal nicht patentierbar sein sollen, nur weil die Art der inneren Realisierung verschieden ist. Die besonders in den USA befürchtete zu weitgehende Monopolisierung von allgemeinen Ideen braucht nicht einzutreten, wenn – wie beim Patentschutz für eine entsprechende Hardware-Realisierung – durch sachgerechte und an der Tragweite der Erfindung orientierte Abfassung und Interpretation der Ansprüche der Schutz auf die praktischen und technischen (mit Einschuß der informationstechnischen) Aspekte beschränkt wird und die abstrakte Information 'als solche' frei bleibt – dies ist die Zielrichtung der neuen US Prüfungsrichtlinien.

Seit der Benson Entscheidung haben das US Patentamt und die Gerichte in den Vereinigten Staaten schrittweise eine liberalere Haltung eingenommen; wichtige Marksteine in dieser Entwicklung sind die Diehr Entscheidung aus dem Jahr 1981[9] und die kürzlichen Entscheidungen des Court of Appeals for the Federal Circuit (CAFC), die im folgenden genauer besprochen werden.

Diese Liberalisierung hat zu einer beträchtlichen Zunahme der Zahl softwarebezogener Patente geführt, die vom amerikanischen Patentamt erteilt wurden. In der Computer Systems Class 395 stieg beispielsweise die Zahl der Erteilungen von 3829 im Jahr 1988 auf 7552 im Jahr 1992[10]; im Jahr 1992 wurden 2830 derartige Patente erteilt. In anderen Patentklassen dürfte die Zahl von Patenten, in denen Programme auch eine Rolle spielen, noch höher sein.

---

8 EPA Prüfungsrichtlinien C IV 4.2; EPA-T 208/84, Abl. EPA 1987, 14 – „Computerbezogene Erfindung/VICOM".
9 *Diamond v. Diehr*, 450 U.S. 175 (1981) = GRUR Int. 1981, 646.
10 *Kunin*, 74 JPTOS 149 (1994).

Die Entwicklung in den USA

Einige der erteilten US Patente haben beträchtliches Aufsehen erregt[11], da bei ihrer Prüfung offensichtlich nicht der vollständige relevante Stand der Technik bekannt war, so daß sehr breite Ansprüche erteilt wurden, die lange bekannte Softwaretechniken mit erfaßten. Das US Patentamt unternimmt mittlerweile große Anstrengungen, um mehr sachkundige Prüfer für softwarebezogene Erfindungen heranzuziehen und den Stand der Technik besser recherchierbar zu machen. Mit der steigenden Anzahl von softwarebezogenen Anmeldungen wächst den Prüfern eine immer tragfähigere Basis für sorgfältige Recherchen zu. Außerdem wurde mit Unterstützung der amerikanischen Computerindustrie und der University of Michigan ein gemeinnütziges Software Patent Institute (SPI) gegründet, das eine Datenbank für softwarebezogene Techniken aufbaut. Mittlerweile sollen weltweit schon an die 900 Datenbanken mit softwarebezogenem Stand der Technik zur Verfügung stehen.

2.2 Zur Grundsatzkritik

Die grundsätzliche Kritik am Patentschutz für Software, die von der League for Programming Freedom und anderen geübt wird[12], erscheint vor dem Hintergrund dieser Entwicklung nicht gerechtfertigt, da sie sich im wesentlichen an den bisherigen Unzulänglichkeiten bei der Erteilung und dem Einsatz von softwarebezogenen Patenten entzündet. Mit wachsendem Reifegrad der Softwareindustrie und steigender Erfahrung bei der Erteilung derartiger Patente dürften diese Schwierigkeiten verschwinden, so daß Patente auch für Software wie auf anderen Gebieten der Technik erteilt und im Wirtschaftsleben eingesetzt werden können[13].

---

11 Z.B. das Compton Patent US Pat. No. 5,241,671 „Multimedia Search System". Alle Ansprüche dieses Patents wurden in einem vom Commissioner des US Patentamts eingeleiteten Re-Examination Verfahren mittlerweile zurückgewiesen. Vgl. 12 Computer Lawyer 14 (March 1995).

12 The League for Programming Freedom: Software Patents Dr. Dobb's Journal, Nov 1990, 56. Vergl. auch die Stellungnahmen in USPTO Public Hearing on Patent Protection for Software-Related Inventions, January and February 1994.

13 Die befürchteten Schwierigkeiten, besonders für kleinere Firmen, bei komplexen Programmen die möglicherweise zahlreichen relevanten Patente zu ermitteln und die hohen Kosten von Verletzungsprozessen treffen auch für andere Bereiche moderner Technologie zu, haben aber bisher nicht zu erkennbaren Problemen geführt oder gar der Forderung nach einem patentfreien Raum Anlaß gegeben.

Diese grundsätzliche Kritik zeigt aber einmal mehr die Schwierigkeiten beim rechtlichen Umgang mit der offenbar immer noch ungewohnten Erscheinung 'Computerprogramm'. In keinem anderen Bereich der Technik gibt es ein derart universal einsetzbares Element, das auf allen Gebieten menschlicher Betätigung Anwendung finden kann. Die Ursache für diese Universalität liegt in der genial einfachen Struktur des digitalen Computers, der buchstäblich nur 1 und 1 zusammenzählen kann – allerdings mit atemberaubender Geschwindigkeit. Das Computerprogramm, das dieser einfachen Struktur übergestülpt wird, macht aus dem universalen Gerät ein spezielles, dessen Funktion durch die Bedeutung dieser Nullen und Einsen im jeweiligen Anwendungsgebiet bestimmt wird. Der Bedeutungsgehalt erstreckt sich dabei von rein geistigen Inhalten, beispielsweise der Lösung mathematischer oder geisteswissenschaftlicher Probleme, über alle Zwischenstufen hin bis zu ganz konkret technischen Gegenständen, wie z.B. Regel- und Steuervorgängen in einem chemischen Prozeß, bei dem unmittelbar ein Produkt erzeugt wird. Daß der technische, auch informationstechnische Bedeutungsgehalt der verarbeiteten Daten oder die dazugehörigen Überlegungen[14] bei der Erstellung der Software ein wichtiges Kriterium für die Patentfähigkeit sein kann, findet nur langsam Eingang in die Diskussion der Schutzfähigkeit[15].

Alle Versuche, dieses breite Spektrum möglicher Arten von Computerprogrammen einer einheitlichen Regel zu unterwerfen, die mit den klassischen Abgrenzungen patentrechtlich schützbarer Gegenstände kompatibel ist, können daher nur scheitern – insbesondere wenn apodiktisch gesagt wird: 'Computerprogramme sind nicht patentfähig'[16].

Die umgekehrte Aussage wäre eher möglich: Da der für die Ausführung eines Programms erforderliche Computer als technisches Gerät ohne Zweifel ein dem Patentschutz zugänglicher Gegenstand ist,

---

14 So EPA-T 769/92, CR 1995, 208 – „Computermanagementsystem/SOHEI", in der die informationstechnischen Maßnahmen zur Realisierung eines allgemein anwendbaren Managementsystems den technischen Charakter der Erfindung begründen.
15 Zur deutschen Diskussion über die notwendige Erweiterung des Technikbegriffs vgl. *Wiebe*, GRUR 1994, 233 und von Raden, GRUR 1995, 451.
16 Eine derart restriktive Einstellung ist derzeit beim Englischen Patentamt anzutreffen. Vergl. Bericht der Englischen Delegation beim European Round Table on Patent Practice, 4th Meeting Newport, 9./10. 7. 1994.

könnte man den Computer mit dem geladenen Programm als Spezialgerät auffassen, das von Haus aus dem Patentschutz zugänglich ist. Diese Auffassung wird beispielsweise von der niederländischen Rechtsprechung vertreten[17], die neu vorgeschlagenen Prüfungsrichtlinien des amerikanischen Patentamts gehen in dieselbe Richtung. Bei einer derartig weiten Grenzziehung der Patentierbarkeit von Computerprogrammen dürfte das Gleichgewicht zwischen den Interessen der Patentinhaber und der Öffentlichkeit wohl auch erhalten bleiben, da weiterhin die Patentierungsvoraussetzungen Neuheit und Nicht-Naheliegen als Regulativ wirken.

Ob sich in den Vereinigten Staaten tatsächlich eine derartig weite Auffassung durchsetzt, wird vom Ergebnis der Diskussion abhängen, die mit dem vorgelegten Entwurf der neuen Prüfungsrichtlinien eingeleitet ist. Unter den Richtern des CAFC scheint es derzeit ein eher konservatives und ein eher progressives Lager zu geben[18]. In jedem Fall müssen dabei die gesetzlichen Grundlagen für den Patentschutz beachtet werden – so wie es die jüngsten US Entscheidungen in verstärktem Maße tun ('back to the basics').

2.3 Die moderne Praxis

Das amerikanische Patentgesetz definiert in 35 USC § 101 den Kreis der patentfähigen Gegenstände (statutory subject matter). Danach können Patente erteilt werden auf:

„alle neuen und nützlichen

Verfahren
Maschinen
Erzeugnisse
stoffliche Zusammensetzungen

oder auf jede neue und nützliche Verbesserung davon."

Nur Erfindungen, die unter die beiden Kategorien „Verfahren" oder „Einrichtung" (als Oberbegriff von 'Maschine, Erzeugnis und stoffliche Zusammensetzung') subsumiert werden können, sind dem Patentschutz in den Vereinigten Staaten zugänglich. Diese Defini-

---

17 ABl. EPA 1988, 71 – „Patentfähigkeit von Computerprogrammen"; ABl. EPA 1988, 75 – "Patentfähigkeit eines computergestützten Verfahrens". Ausgeschlossen soll nur der Datenträger als solcher sein, der das Programm speichert.
18 *Laurie/Siino*, 12 Computer Lawyer 6 (Sept. 1995).

tion ist damit konkreter und enger als der offene Begriff „Erfindung" in Art. 52 des Europäischen Patentübereinkommens, der nur durch den Negativkatalog des Art. 52 Abs. 2 umschrieben wird.

Als wichtiges Abgrenzungskriterium gegenüber nicht patentfähigen Erfindungen dient in der Definition des § 101 der Begriff der „Nützlichkeit" (utility). Um nützlich zu sein, muß die Erfindung einen praktischen Aspekt oder Wert aufweisen. Diese Nützlichkeit muß dabei auf „technologischem Gebiet" liegen[19], so daß sich hier Vergleiche mit dem im europäischen und deutschen Patentsystem geforderten technischen Charakter einer Erfindung aufdrängen.

Der Supreme Court hat den Kreis der dem Patentschutz zugänglichen Erfindungen weit gezogen: In der zur Gentechnologie ergangene Entscheidung Diamod vs. Chakrabarty[20] wird als patentfähig erachtet „anything under the sun that is made by man". Ausgeschlossen sollen nur sein: Naturgesetze, physikalische Erscheinungen, abstrakte Ideen[21] – darüber hinaus sollen die Gerichte keine weiteren eigenständigen Ausschlußkriterien einführen[22].

2.3.1 Höchstrichterliche Vorgaben

In bezug auf abstrakte Ideen hatte die schon erwähnte Entscheidung Gottschalk vs. Benson ausgeführt, daß keine Ansprüche zugelassen werden dürfen, die eine mathematische Formel vollständig monopolisieren würden („wholly pre-empt a mathematical formula"). Gegenstand der Benson Anmeldung war ein „Verfahren zur Umsetzung binär codierter Daten", bei dem durch eine geschickte Verknüpfung verschiedener Programmschritte die gewünschte Umsetzung schnell erreicht wurde; diese Programmschritte waren in den Ansprüchen aufgeführt. Das US Patentamt hatte die Anmeldung zurückgewiesen, der Court of Customs and Patent Appeals (CCPA) erteilt (ebenso wie das Bundespatentgericht die entsprechende deutsche Nachanmeldung); der US Supreme Court erließ entsprechend

---

19 US PTO – Examination Guidelines IV A.
20 Diamond v. Chakrabarty, 447 US 303 (1980) = GRUR Int. 1980, 627 – „Chakrabarty".
21 Mit diesen Begriffen läßt sich auch der wesentliche Teil der durch Art. 52 (2) EPÜ vom Patentschutz ausgeschlossenen Gegenstände 'als solche' umschreiben.
22 So die später diskutierte Entscheidung „In re Alappat", 31 USPQ 2d 1545 (CAFA 1994), im Hinblick auf den Ausschluß mathematischer Algorithmen.

Die Entwicklung in den USA

dem damaligen Verständnis von Computerprogrammen eine negative Entscheidung, die bis 1981 zu einer sehr restriktiven Einstellung gegenüber softwarebezogenen Erfindungen führte[23]. So wurde in der Entscheidung Parker vs. Flook[24] bei einem Verfahren zur katalytischen Umsetzung von Kohlenwasserstoffen der zur Berechnung von Alarmgrenzen verwendete Rechenvorgang als bloßer Algorithmus zur Berechnung einer Zahl qualifiziert, wobei für die patentrechtliche Prüfung die Rechenvorschrift selbst fiktiv als zum Stand der Technik gehörig gezählt wurde[25].

Allerdings wurden in dieser Zeit auch US Patente mit Software-Gehalt erteilt, z.B. für Erfindungen im Zusammenhang mit Betriebssystemen und ähnlichen allgemeinen Computer-Anwendungen[26]. Mit der gleichen Begründung, daß ein Programm zur internen Steuerung des Computers nicht ohne weiteres einem mathematischen Algorithmus gleichgesetzt werden darf, wurde auch ein System für eine computergestützte Bankanwendung als patentierbar angesehen[27] – daß das Ergebnis des Programmlaufs eine auch dem Patentschutz in den USA nicht zugängliche Geschäftsmethode darstellt, spielte dabei keine Rolle.

---

23 Allerdings stellt die „Benson"-Entscheidung (siehe FN 7) auch klar, daß sie nicht allgemein Computerprogramme vom Patentschutz ausschließt.
24 Parker v. Flook, 437 U.S. 584 (1978) = GRUR Int. 1978, 465 – „Verfahren zur Anpassung von Alarmgrenzen".
25 Eine ähnliche Auffassung findet sich auch in einigen Entscheidungen der europäischen Beschwerdekammern, z.B. im Leitsatz IV von EPA-T 38/86, GRUR Int. 1991, 118 – „Textverarbeitung/IBM": der die Patentfähigkeit begründende Beitrag zum Stand der Technik muß gegenüber dem als bekannt fingierten nicht-technischen Gehalt eine Erfindung sein. Diese weitgehende Auffassung, die von Kindermann in CR 1992, 577 als Potenzierung der deutschen Kerntheorie bezeichnet wurde, scheint im Gegensatz zur „VICOM"-Entscheidung (siehe FN 8) zu stehen, die ausdrücklich den mit einem neuen Programm geladenen Computer als nicht zum Stand der Technik gehörig bezeichnet.
26 In re Freeman: System for typesetting alphanumeric information, 197 USPQ 464 (CCPA 1978); In re Toma: Process for translating a source natural language, e.g. English-Russian, 197 USPQ 852 (CCPA 1978); In re Chatfield: Method of assigning priorities within a computer, 191 USPQ 736. In der Supreme Court Entscheidung Diamond v. Bradley, 209 USPQ 97 (CCPA 1981) wurde die Patentfähigkeit von Firmware bestätigt (mit knapper Mehrheit).
27 Merrill Lynch, 218 USPQ 211 (DC Delaware, 1983).

Eine Wende kam 1981 mit der bisher letzten Entscheidung des Supreme Court Diamond vs. Diehr, die klarstellte, daß bei der Prüfung auf Patentfähigkeit immer der Anspruch als Ganzes – ohne Zerlegung in Bekanntes und Neues – zugrundegelegt werden muß und daß ein Patent auch dann erteilt werden kann, wenn der Anspruch einen Algorithmus enthält, sofern dieser in einer Umgebung verwendet wird, die sonst patentfähig ist ('otherwise statutory test')[28].

Die Forderung, daß bei der Prüfung eines Gegenstands auf Patentfähigkeit immer der Anspruch als Ganzes betrachtet werden muß, stellte im amerikanischen Rechtssystem ebenso einen Durchbruch zu einer liberaleren Erteilungspraxis dar, wie bei den entsprechenden Entwicklungen im europäischen[29] und im deutschen[30] Rechtskreis.

2.3.2 Die Folgerechtsprechung

Die Vorgaben des US Supreme Court in Benson und Diehr wurden vom Court of Customs and Patent Appeals (CCPA) und seinem Nachfolger, dem Court of Appeals for the Federal Circuit (CAFC), in Folgeentscheidungen verfeinert und resultierten im sogenannten Freeman–Walter–Abele Test[31], dem auch softwarebezogene Anmeldungen unterzogen wurden. Dieser Test besteht aus zwei Schritten, wobei im ersten geprüft wird, ob ein mathematischer Algorithmus direkt oder indirekt im Anspruch erscheint. Wichtig ist hier der Bezug auf einen **mathematischen** Algorithmus. Diese Definition ist

---

28 Zu dieser Frage ist eine interessante Entwicklung der Rechtsprechung bei einigen Senaten des Bundespatentgerichts festzustellen: bis Mitte der achtziger Jahre wurde der Patentschutz regelmäßig schon abgelehnt, wenn ein Programm zu erkennen war (sog. Infektionstheorie). In der Entscheidung „Positionsantrieb", BPatG Bl. PMZ 1985, 272 wurde dann festgestellt, das das Vorhandensein eines nichttechnischen Merkmals als Beiwerk nichts schade, aber auch nichts nütze, bis schließlich in der Entscheidung „Rolladensteuerung", BPatG GRUR 1989, 42 das Zusammenwirken von Software mit (bekannter) Hardware als technische Lehre akzeptiert wurde. Beim Europäischen Patentamt ist die Zulässigkeit der Mischung von technischen und nicht-technischen Merkmalen unstrittig, z.B. EPA-T26/86, Abl. EPA 1988, 19 – „Röntgeneinrichtung/ KOCH & STERZEL".
29 EPA-T 208/84, Abl. EPA 1987, 14 – „Computerbezogene Erfindung/ VICOM"; EPA Prüfungsrichtlinien C IV 2.
30 BGH CR 1992, 600 – „Tauchcomputer" ; DPA Prüfungsrichtlinien 1987.
31 Manual of Patent Examination Procedure 1987, Chapter 2106.

Die Entwicklung in den USA

enger als der vom BGH eingeführte Begriff 'verallgemeinerter Algorithmus'[32], unter den zwanglos auch alle technischen Verfahren fallen – die damit auch vom Patentschutz ausgeschlossen würden, sobald sie programmgesteuert ablaufen[33].

Trotzdem blieb auch der 'mathematische Algorithmus' im Freeman-Walter-Abele Test schwierig und nur mit schwer vorhersehbarem Resultat anzuwenden. Unklar blieb insbesondere, wann ein Algorithmus indirekt enthalten war. Da bei der Ausführung jedes Computerprogramms, auch solcher mit 'practical utility', immer irgendwelche Zahlenwerte summiert oder sonstwie miteinander verknüpft werden, reicht der Begriff des mathematischen Algorithmus bei formaler Prüfung ohne Berücksichtigung der Bedeutung dieser Zahlen immer noch sehr weit (wie im Fall der erwähnten Entscheidung Parker v. Flook)[34].

Wenn im ersten Schritt des Freeman-Walter-Abele Tests ein mathematischer Algorithmus festgestellt wird, erfolgt im zweiten Schritt die Prüfung, ob die beanspruchte Erfindung als Ganzes nur den Algorithmus selbst betrifft oder ob dieser auf physikalische Elemente oder Verfahrensschritte angewandt oder dadurch beschränkt wird. Die Zurückweisung der Anmeldung als non statutory matter darf nur erfolgen, wenn es sich nur um den Algorithmus selbst handelt.

---

32 BGH GRUR 1976, 76 – „Dispositionsprogramm": 'Organisations- und Rechenregeln, durch deren schematische Befolgung gleichgelagerte Aufgaben lösbar sind.' Als mathematischer Algorithmus wird ein methodisches Rechenverfahren verstanden; der Algorithmus im weiteren Sinn ist eine operative Verarbeitungsvorschrift, d. h. ein 'vollständiger Satz wohldefinierter Regeln zur Lösung eines Problems in endlich vielen Schritten' (*Löbel-Müler-Schmid*, Lexikon der Datenverarbeitung). Werden darunter auch Regeln mit technischer Bedeutung verstanden, so fällt die Nähe zur Definition der Erfindung in der BGH-Entscheidung „Dispositionsprogramm" auf: 'Lehre zum planmäßigen Handeln unter Einsatz beherrschbarer Naturkräfte zur Erreichung eines kausal übersehbaren Erfolgs.'

33 Insoweit war das BPatG konsequent, als es eine Anmeldung auf ein Antiblockiersystem mit bekannter Hardware zurückwies; der BGH hat diese Zurückweisung in der Entscheidung „Antiblockiersystem", GRUR 1980, 849 mit dem Argument aufgehoben, es gebe auch 'technische' Programme. Derartige technische Programme können aber dann sinnvollerweise nicht 'als solche' vom Patentschutz ausgenommen sein.

34 Deshalb soll nach den neuen Prüfungsrichtlinien nicht gefragt werden, **wie** der Computer arbeitet, sondern **was** er macht.

Definiert der Algorithmus andererseits „strukturelle Beziehungen zwischen den physikalischen Elementen" oder dient er dazu, „Verfahrensschritte zu verfeinern oder zu begrenzen", so wird es sich im allgemeinen nicht um einen Algorithmus als solchen handeln. Allerdings ist auch hier die Grenze nicht klar definiert, da reine Zweckangaben (field of use limitation) oder vorgeschaltete Schritte zur Datenerfassung (data gathering) oder nachgeschaltete Schritte (non-essential post-inventive steps), die für die Erfindung nicht wesentlich sind, den Algorithmus nicht in den Bereich der patentfähigen Gegenstände heben[35]. Die Unterscheidung, ob es sich um für die Erfindung wesentliche physikalische Elemente handelt oder nur um solche, die zur Verbrämung des eigentlichen nicht patentfähigen Gegenstandes in den Anspruch eingefügt wurden, ist bei dieser Betrachtungsweise in vielen Fällen nicht leicht zu treffen. Außerdem wird bei solchen Zerlegungen leicht das Prinzip verletzt, vom 'Anspruch als Ganzem' auszugehen[36].

Für den Anmelder folgt daraus, daß bei allen softwarebezogenen Gegenständen der Zusammenhang zwischen dem (mathematischen) Algorithmus und den physikalischen Elementen auch in der Beschreibung deutlich angesprochen und ausgeführt werden muß.

Ein starkes Argument für die Patentfähigkeit liegt immer dann vor, wenn der Algorithmus in einer Umgebung eingesetzt wird, in der ein physikalisches Element umgeformt wird, sei es materiell oder auch als elektrisches Signal. Umgekehrt kann aber nicht durch bloße Erwähnung eines physikalischen Signals die Patentfähigkeit begründet werden.

---

35 Ähnlich BGH GRUR 1976, 76 – „Dispositionsprogramm": 'Eine gedanklich-logische Regel wird nicht dadurch technisch, daß bei ihrer Anwendung technische Mittel benutzt werden', oder EPA-T 22/85, CR 1991, 286 – „Zusammenfassen und Wiederauffinden von Dokumenten/IBM": 'die Ausführung der vom Patentschutz ausgeschlossenen Tätigkeit mit Hilfe herkömmlicher Computerhardware bringt keine technischen Überlegungen ins Spiel'.

36 Das bloße Hinzufügen technischen Beiwerks hilft auch im europäischen System nicht, vgl. die Entscheidung EPA-T 38/86, GRUR Int. 1991, 118 – „Textverarbeitung/IBM". Ob allerdings zur Begründung der Technizität eine erfinderische Tätigkeit auf einem nicht vom Patentschutz ausgeschlossenen Gebiet gefordert werden soll, erscheint weitgehend; das Vorliegen eines technischen Effekts sollte genügen.

Auf der Grundlage dieses Tests hat der CAFC 1989 in der Entscheidung In re Grams[37] ein Verfahren und ein Computersystem zum Erfassen medizinischer Testdaten als nicht patentfähig zurückgewiesen, da der einzige physikalische Schritt, das Erfassen der Daten, ohne inneren Zusammenhang mit den anderen algorithmischen Schritten im Verfahren stand. Andererseits erachtete der CAFC 1992 in der Entscheidung Arrythmia[38] eine Erfindung zur Analyse von Elektrokardiogrammsignalen als patentfähig, da dort der mathematische Algorithmus auf die physikalischen Verfahrensschritte angewandt wurde, und im Einrichtungsanspruch das Ausgangssignal zwar numerisch bestimmt, aber in Mikrovolt ausgedrückt wurde[39].

In der CAFC Entscheidung von 1989 In re Iwahashi[40] wurde ein Einrichtungsanspruch gewährt, der neben funktionsbezogenen Mitteln, sog. means-plus-function Merkmalen, ein einziges strukturelles Merkmal aufwies, nämlich einen Nur-Lesespeicher (ROM) mit einer gespeicherten Tabelle. Das U.S. Patentamt legte zu dieser Zeit alle means plus function Merkmale entgegen dem Wortlaut des § 112 Abs. 6 im weitest möglichen Umfang aus und sah auch in dem Merkmal des ROM Speichers kein besonders strukturelles Element; der Anspruch wurde daher insgesamt wegen des darin enthaltenden mathematischen Algorithmus zurückgewiesen. Der CAFC sah dagegen in dem strukturellen Merkmal eine für einen Einrichtungsanspruch tragfähige Grundlage und beschränkte die Bedeutung der means plus function Merkmale auf die in der Beschreibung der Patentanmeldung angegebenen Ausführungsformen und deren Äquivalente.

Diese Entscheidung weckte Hoffnungen, daß durch Aufnahme derartiger struktureller Merkmale praktisch jede Anmeldung mit einem Programm oder einem Algorithmus in den Bereich der Patent-

---

37 In re Grams,12 USPQ 2d 1824 (CAFC 1989).
38 Arrythmia Research Technology v. Coratonix Corp., 22 USPQ 2d 1033 (CAFC 1992).
39 Die Verarbeitung von Signalen, die technische und physikalische Daten darstellen, wird im europäischen und deutschen System mittlerweile ohne Probleme als patentfähig anerkannt. Vgl. die genannten Entscheidungen: EPA-T 208/84, Abl. EPA 1987, 14 – „Computerbezogene Erfindung/VICOM"; EPA-T 26/86, Abl. EPA 1988, 19 – „Röntgeneinrichtung/KOCH & STERZEL"; BGH GRUR 1992, 600 – „Tauchcomputer"; BPatGE 30, 90 – „Hochtemperaturreaktor"; BPatG GRUR 1990, 261 – „Seismische Aufzeichnung".
40 In re Iwahashi, 12 USPQ 2d 1980 (1989).

fähigkeit geführt werden könnte. Das amerikanische Patentamt folgte jedoch dieser Entscheidung nicht und gab eine Mitteilung als Antwort auf die Iwahashi Entscheidung heraus[41], in der die bisherige Praxis des Patentamts festgeschrieben wurde, bei der Prüfung von der breitest möglichen Interpretation der means plus function Ansprüche auszugehen.

Die positive Entscheidung des CAFC im Iwahashi Fall beruhte wohl maßgeblich darauf, daß in der Anmeldung die Vorteile genau beschrieben waren, die sich durch den Einsatz des als Tabelle im ROM Speicher enthaltenen, an sich bekannten, mathematischen Algorithmus erzielen ließen.

Die Probleme bei der Anwendung des Freeman-Walter-Abele Tests und die Frage, welche Bedeutung die Beschreibung eines Patents für die Auslegung von sogenannten means plus function Ansprüchen hat, wurde zuletzt in einer Reihe von Entscheidungen des CAFC aus dem Jahr 1994 angesprochen, von denen die wichtigste die Entscheidung In re Alappat[42] ist.

Die Alappat Anmeldung befaßt sich mit dem Problem, glatte Kurvenzüge auf einem digitalen Anzeigeschirm darzustellen, bei dem ohne diese Erfindung in dem darzustellenden Kurvenzug Unterbrechungen und Rauhigkeiten auftreten würden, die durch die diskrete Natur der einzelnen Bildpunkte (pixel) künstlich eingeführt werden. Die Alappat Erfindung schlägt dazu eine Einrichtung ('Rasterizer') vor, mit der die Helligkeit der Bildpunkte in Abhängigkeit von ihrem Abstand von der Mittellinie des darzustellenden Kurvenzuges berechnet und eingestellt wird.

Die Frage, ob diese Erfindung dem Patentschutz zugänglich ist (statutory matter), wurde in vier Instanzenzügen unterschiedlich beurteilt. Das amerikanische Patentamt wies die Anmeldung zurück, während das Board of Appeals and Interferences in der üblichen Dreier-Besetzung einen Einrichtungsanspruch als gewährbar erachtete. Auf Antrag des Prüfers wurde die Anmeldung daraufhin einem Enlarged Board of Appeals vorgelegt, das die ursprüngliche Zurückweisung des Patentamts mit einer knappen 5:3 Mehrheit bestätigte. Schließlich hat der CAFC in einer en banc Entscheidung den Einrichtungsanspruch mit der knappen Mehrheit von 6 der elf Richter

---

41 Notice Interpreting: In re Iwahashi, 1112 Off. Gaz. 16 (13 March 1990).
42 In re Alappat, 31 USPQ 2d 1545 (CAFC 1994) en banc.

als statutory matter angesehen. Einer der beteiligten Richter hat in einer dissenting opinion heftig gegen diese Entscheidung opponiert. Das von der Mehrheit der beteiligten Richter vorgeschlagene Verfahren zur Prüfung derartiger Erfindungen auf Patentfähigkeit stellt eine Abkehr vom Freeman-Walter-Abele Test dar. Statt die vorgelegten Ansprüche daraufhin zu untersuchen, ob sie direkt oder indirekt einen mathematischen Algorithmus, eine mathematische Formel oder eine mathematische Gleichung enthalten, wird nun gefragt, ob der beanspruchte Gegenstand als Ganzes in eine der gesetzlichen Kategorien fällt und anschließend, ob er ein freischwebendes Konzept darstellt (a disembodied mathematical concept), das im wesentlichen nichts weiter darstellt als ein „Naturgesetz", „eine natürliche Erscheinung" oder „eine abstrakte Idee."

Damit wird die in den Entscheidungen Chakrabarty und Diehr geforderte weite Grenzziehung für patentfähige Erfindungen erreicht und die in § 101 geforderte Nützlichkeit als sinnvolles Abgrenzungskriterium betont. Ein Verfahren ist nur dann „disembodied", wenn es nicht innerhalb eines nützlichen Zwecks eingesetzt wird, also keine praktischen oder technologischen Wirkungen erzeugt. Nur was in diesem Sinne nicht nützlich ist, wird als abstrakter Gegenstand vom Patentschutz ausgeschlossen.

Der zweite wichtige Aspekt in der Alappat Entscheidung ist das Verhältnis zwischen den Ansprüchen und der Beschreibung einer Patentanmeldung. Hierzu bekräftigt der CAFC seine Entscheidung In re Donaldson[43], daß bei „means plus function" Merkmalen entsprechend der auch für die patentamtliche Prüfung geltenden gesetzlichen Vorschrift des § 112 Abs. 6 nur die in der Beschreibung dargestellten Ausführungsbeispiele und deren Äquivalente betrachtet werden dürfen. Eine erweiternde Auslegung derartiger Ansprüche und deren Gleichsetzung mit allgemeinen Verfahrensansprüchen ist daher nicht mehr möglich, wenn die Beschreibung ausdrücklich strukturelle Merkmale offenbart.

Der CAFC hat entsprechend dieser Regel die im Anspruch der Alappat Anmeldung enthaltenen „means plus function" Elemente durch die in der Beschreibung genannten konkreten Elemente ersetzt und so klargestellt, daß dieser Anspruch ohne Zweifel ein Einrichtungsanspruch und damit „statutory" ist. Daß dieser Anspruch dann auch

---

43 In re Donaldson, 29 USPQ 2d 1845 (CAFC 1994).

auf einen entsprechend programmierten Universalcomputer gelesen werden kann, wird vom CAFC akzepiert – anders als die Beschwerdekammer, die den Anspruch schon aus diesem Grunde zurückgewiesen hat.

Vor diesem Hintergrund formuliert die Mehrheitsmeinung in der Alappat Entscheidung noch einen weiteren wichtigen Gedanken: durch die Programmierung eines Universalcomputers entsteht eine neue Maschine – also statutory matter –, da der Universalcomputer zu einem Spezialcomputer wird, sobald er durch die Software auf die besonderen Funktionen programmiert ist[44].

Diese Auffassung entspricht dem schon eingangs erwähnten niederländischen Vorgehen. Allerdings wird beim amerikanischen Prüfungsverfahren in einem zweiten Schritt gefragt, ob der Gegenstand in Form einer gesetzlichen Kategorie nicht nur eine abstrakte Idee ohne die erforderliche „Utility" ist. Nur Computerprogramme mit einem praktischen, technologischen Zweck können Patentschutz erlangen. Programme 'als solche' werden in den Prüfungsrichtlinien mit Information als solcher gleichgesetzt und können nicht patentiert werden.

Zu beobachten bleibt auch, ob weiterhin wie im Alappat-Fall konkrete Schaltelemente in der Beschreibung verlangt werden, damit die „means plus function" Merkmale hinreichend konkretisiert sind. An dieser Stelle läßt die Alappat Entscheidung die größte Unsicherheit zurück, die durch die später erfolgte Zurückweisung der Trovato Anmeldung verstärkt wird, in der keine spezielle Hardware für die vorgeschlagene Erfindung offenbart wurde. Sollte für die Beschreibung der Erfindung immer eine spezielle Schaltung erforderlich sein, wäre dem Anmelder in vielen Fällen nicht geholfen und Form über Substanz gestellt[45]. Auch könnte die Äquivalenz zwischen den offenbarten speziellen Schaltelementen und der programmimplementierten Verletzungsform fraglich werden[46].

---

44 Diese Überlegung wurde auch schon in der Entscheidung In re Bernhard,163 USPQ 611 (CCPA 1969) angestellt.
45 Diese Forderung wird von den Europäischen Beschwerdekammern nicht erhoben. Vgl. EPA-T 107/87, CR 1993, 26 – „Datendekompressionsverfahren".
46 Die neuen Prüfungsrichtlinien erkennen ausdrücklich an, daß die erforderlichen strukturellen Merkmale auch durch ein auf einem Datenträger gespeichertes Programm vermittelt werden können.

Die Entwicklung in den USA

Gegenüber der Mehrheitsmeinung überzeugt die den Patentschutz ablehnende dissenting opinion in Alappat nicht. Sie setzt die erfindungsgemäße Berechnung von Helligkeitswerten zur Erzeugung glatter Kurvenzüge mit einer bloßen Datenmanipulation gleich, wie sie auch beim Abspielen einer Compact Disk vorkomme. Dort, wie auch beim elektrischen Klavier, spiele es keine Rolle, welche Musik gespielt werde, da es sich immer um die gleiche Maschine handle. Diese Bemerkung verrät ein völliges Unverständnis für die digitale Technologie und den Universalcomputer, dessen Wesensmerkmal es ja gerade ist, sich durch Laden eines Programms funktionsmäßig in fast jede beliebige Maschine verwandeln zu können, während der CD Player immer ein CD Player bleibt. Die Digitaltechnologie kann auch unter Rechtsaspekten nur verstanden werden, wenn die Bedeutung der jeweils verarbeiteten Daten mit berücksichtigt wird.

Der neue Alappat Test 'statutory matter' und 'disembodied concept – utility' wurde vom CAFC wenig später in der Entscheidung In re Warmerdam[47] angewendet, die sich auf ein mathematisches Verfahren bezieht, das in einem Robotersystem Kollisionen vermeidet. Dieses Verfahren läßt sich anschaulich als Bewegung von Seifenblasen vorstellen, die bei einer Kollisionssituation platzen (bursting bubbles). Hier wurde ein Einrichtungsanspruch auf eine Maschine gewährt, in deren Speicher Daten enthalten sind, die einer Hierarchie von Seifenblasen mit einer speziellen geometrischen Konfiguration entsprechen. Die Verfahrensansprüche wurden dagegen zurückgewiesen.

In der CAFC Entscheidung vom August 1994 In re Lowry[48] wird ein ähnlicher Aspekt der Patentierbarkeit von softwarebezogenen Erfindungen diskutiert. Die Lowry Anmeldung beansprucht einen elektronischen Speicher mit einer darin enthaltenen Datenstruktur, die ein sogenanntes Datenmodell darstellt.

Datenmodelle stellen die Daten und die logischen Zusammenhänge zwischen den Daten dar, die von einem Anwendungsprogramm verwendet werden. Die geschickte Auswahl der Arten von Daten und deren Zusammenhänge entscheiden über die Effizienz und Geschwindigkeit, mit der diese Daten von einem Anwendungsprogramm verarbeitet werden können. In der Lowry Anmeldung wird

---

47 In re Warmerdam, 31 USPQ 2d 1754 (CAFC 1994).
48 In re Lowry, 32 USPQ 2d 1031 (CAFC 1994)

für das Datenmodell eine Mischung aus hierarchischen und nichthierarchischen Datenelementen vorgeschlagen.

Das amerikanische Patentamt hatte die Ansprüche auf einen Speicher mit darin enthaltenen Datenstrukturen als non statutory matter zurückgewiesen. Die Beschwerdekammer im amerikanischen Patentamt hat diesen Zurückweisungsgrund nicht anerkannt, die Ansprüche aber trotzdem zurückgewiesen, und zwar als nicht erfinderisch, da die Datenstruktur analog einem Druckwerk sei und somit keinen Beitrag zur Erfindung liefere („printed matter does not carry patentable weight"). Der CAFC hat dagegen diese Datenstrukturen als physikalische Entitäten aufgefaßt, die dem Betrieb des Computers eine verbesserte Effizienz verleihen. Derartige Datenstrukturen, auf die ein Anwendungsprogramm zugreifen kann, stehen also in einer strukturellen Beziehung zum Substrat (dem Speicher) und können nicht mit herkömmlichen Druckwerken verglichen werden, in denen diese strukturelle Beziehung normalerweise nicht vorhanden ist.

Ähnliche Ansprüche waren auch Gegenstand der Entscheidung In re Beauregard vom 12. 5. 1995. Die Ansprüche in dieser Anmeldung hatten die Form „Ein Computerprogrammprodukt ... in dem enthalten sind: ein Medium, das von einem Computer verwendbar ist und einen das Programmcode enthält, der vom Computer lesbar ist ... und vom Computer lesbare Programme, die bewirken, daß der Computer die folgenden Schritte ausführt: ......" Eine andere Form derartiger Ansprüche lautet: „Von einer Maschine lesbarer Programmspeicher, in dem ein Programm oder Befehle enthalten sind, die von der Maschine ausgeführt werden können, um die folgenden Verfahrensschritte auszuführen: ...."

Diese mittlerweile nach Beauregard benannte Anspruchsform wurde vom Patentamt ebenso wie von der Beschwerdekammer als non statutory matter entsprechend § 101 und als naheliegend gemäß § 103 zurückgewiesen, da die als Druckschrift (printed matter) aufgefaßten Merkmale keinen Beitrag zur Patentfähigkeit leisten würden. Nach Erlaß der Lowry Entscheidung hat das Patentamt den CAFC gebeten, den Fall zurückzuverweisen, da es nun beabsichtige, derartige Ansprüche zu erteilen. Sie werden der Kategorie 'article of manufacture' zugeordnet.

Derartige auf einen Programmträger gerichtete Ansprüche betreffen genau die Handelsform, in der vorgefertigte Programme vertrieben werden. Mit den bisherigen Anspruchsformen für programmbezogene Erfindungen, nämlich einmal Verfahrensansprüche und zum andern Einrichtungsansprüche auf den Rechner selbst, können Patentverletzungen auf dieser Handelsstufe nur als mittelbare Verletzung oder als Anstiftung zur Verletzung verfolgt werden. Da bei diesen Verletzungstatbeständen subjektive Elemente eine Rolle spielen, besteht ein Bedarf für Beauregard Ansprüche, um einen umfassenden Rechtsschutz zu gewährleisten.

Derartige Ansprüche auf gespeicherte Programminstruktionen weisen auch Ähnlichkeiten zu Ansprüchen auf 'biologische Steuerinformation' in Form von DNA Sequenzen auf[49].

Auch nach der Alappat Entscheidung findet der Freeman-Walter-Abele Test jedoch noch Anwendung. In der Entscheidung In re Trovato[50] vom Dezember 1994 wurden Verfahrens- und Einrichtungsansprüche mit dem üblichen Argument zurückgewiesen, sie seien auf einen mathematischen Algorithmus gerichtet. Das in beiden Ansprüchen enthaltene Merkmal, daß in einem Speicher eine Datenstruktur gespeichert ist, wurde nicht im Sinne der Lowry Entscheidung interpretiert, sondern als für die Patenterteilung unbedeutender Schritt der Datenerfassung dargestellt. An mehreren Stellen der Entscheidung wird in diesem Zusammenhang kritisiert, daß die Beschreibung nur sehr kursorische Hinweise auf die Umgebung gibt (Roboter, elektronische Karten), in der diese Erfindung eingebettet ist. Ausdrücklich wird moniert, daß keine Computerarchitektur dargestellt, kein Schaltdiagramm gezeigt und keinerlei Hardware beschrieben wird.

Daraus drängt sich der Eindruck auf, daß bei genauerer Beschreibung 'dessen, was die Erfindung ist' und des Zusammenwirkens der Elemente und Signale mit den angegebenen Datenstrukturen durchaus eine Patenterteilung möglich gewesen wäre.

Ähnliches gilt für die CAFC Entscheidung In re Schrader[51] vom April 1994, in der Ansprüche auf ein neues Auktionsverfahren zurückgewiesen wurden, das den Bietern erlaubt, ein Gebot nur für einen einzelnen Gegenstand oder für mehrere Gegenstände zusammen abzugeben, wobei das Datenverarbeitungssystem bestimmt, bei welcher Konstellation der Versteigerer den höchsten Preis erzielt. In dem der Entscheidung zugrundeliegenden Anspruch war von den

---

49 *Toedt*, 75 JPTOS 275 (1975).
50 In re Trovato, 42 F. 3d 1376 (CAFC 1994).
51 In re Schrader, 30 USPQ 2d, 1458 (CAFC 1994).

konkreten Schritten, die das Datenverarbeitungssystem dazu in Echtzeit durchführen muß, nicht die Rede. Der Anspruch wurde daher mit einem mathematischen Algorithmus gleichgesetzt und zurückgewiesen. In einer dissenting opinion wurde darauf hingewiesen, daß die Signale bei einem Auktionsverfahren auch nicht viel anders seien als bei der Auswertung von Elektrokardiogrammen (Arrythmia Entscheidung) oder beim Vulkanisieren von Gummi (Diehr Entscheidung). Wiederum drängt sich hier der Eindruck auf, daß eine Patenterteilung durchaus möglich gewesen wäre, hätte der Anmelder die informationstechnischen Aspekte und das Zusammenwirken der verschiedenen technischen Elemente zur Realisierung dieser neuen Auktionsform genauer beschrieben und in den Ansprüchen entsprechende Merkmale aufgenommen.

2.3.3 Die neuen Prüfungsrichtlinien des Patentamtes

Die neuen Entscheidungen des CAFC wurden vom Patentamt zum Anlaß genommen, den eingangs erwähnten neuen Entwurf für die Richtlinien zur Prüfung programmbezogener Erfindungen vorzulegen. Der Entwurf wurde im Juli 1995 zur Diskussion veröffentlicht und durch eine Legal Analysis ergänzt[52], die nach einiger Verzögerung im Oktober 1995 veröffentlicht wurde. Am 18. 1.1996 wurde die überarbeitete Version der Prüfungsrichtlinien herausgegeben, in der die Legal Analysis integriert ist. Gravierende Unterschiede zum ersten Vorschlag sind nicht erkennbar, doch werden die bisherigen Präzedenzfälle wieder stärker betont. Die folgende Diskussion basiert noch auf dem ersten Vorschlag vom Juni 1995 – die wesentlichen Änderungen in der überarbeiteten Fassung werden kurz erwähnt.

In den neuen Richtlinien wird großer Wert darauf gelegt, daß die Prüfer anhand der Beschreibung – und nicht nur der Ansprüche – feststellen, was die Erfindung tatsächlich ausmacht. Insbesondere ist auch zu prüfen, ob die utility Aspekte in der Beschreibung ausführlich dargestellt sind. Wichtig ist auch der Hinweis an die Prüfer, dem Anmelder entsprechende Hinweise zu geben, wenn sich aus der Beschreibung eine patentfähige Erfindung ablesen läßt, die Ansprüche aber nicht entsprechend abgefaßt sind[53].

---

52 Eine entsprechende Legal Analysis zur bisherigen Praxis des USPTO ist veröffentlicht in 1106 OG 5 vom 5. 9. 1989.
53 Eine großzügigere Praxis für entsprechende Anregungen durch europäische Prüfer wäre für die Anmelder auch hilfreich.

Die Entwicklung in den USA

Die Ansprüche müssen bei der Prüfung als Ganzes betrachtet und in eine der vier gesetzlichen Kategorien eingeordnet werden; dafür werden die folgenden Beispiele gegeben:

1. Ein Computer oder eine andere programmierbare Einrichtung, deren Betrieb durch ein Computerprogramm oder eine andere Art von „Software" gesteuert wird, gehört in die gesetzliche Kategorie „Maschinen".
2. Ein computerlesbarer Speicher, der eingesetzt werden kann, um einen Computer so zu steuern, daß er in einer besonderen Weise arbeitet, wenn der Speicher durch den Computer benutzt wird, gehört in die gesetzliche Kategorie „Erzeugnis (article of manufacture)".
3. Eine Reihe von spezifischen Betriebsschritten, die auf oder mit Hilfe eines Computers durchgeführt werden, gehört in die gesetzliche Kategorie „Verfahren (Prozeß)".

Als Gegenstände, die nicht in eine gesetzliche Kategorie eingeordnet werden können, sind aufgeführt:

1. Eine Sammlung oder eine Anordnung von Daten, unabhängig von jedem physikalischen Element;
2. ein bekanntes maschinenlesbares Speichermedium, das mit Daten beschrieben ist, die einen kreativen oder künstlerischen Ausdruck darstellen (z.B. ein Werk der Musik, Kunst oder Literatur);
3. eine Datenstruktur unabhängig von jedem physikalischen Element (d.h. nicht implementiert auf einer physikalischen Komponente eines Computers, wie beispielsweise einem computerlesbaren Speicher, um diese Komponente in die Lage zu versetzen, einen Computer in einer besonderen Weise zu betreiben);
4. ein Verfahren/Prozeß, der ausschließlich abstrakte Ideen oder Konzepte manipuliert (z.B. ein Prozeß, der nur aus den Schritten besteht, die üblicherweise beim Lösen eines mathematischen Problems durchgeführt werden).

In der überarbeiteten Fassung werden dazu zwei Arten von beschreibendem Material unterschieden:

Funktional beschreibendes Material
und
Nicht-funktional beschreibendes Material.

Funktional beschreibendes Material sind Datenstrukturen und Computerprogramme, die eine Funktion vermitteln können, wenn sie auf einem computerlesbaren Medium gespeichert sind. In dieser gespeicherten Form ist dieses Material patentfähig, nicht aber das Material per se. Nicht-funktional beschreibendes Material, wie Text und Musik, kann auch nicht in computerlesbarer Form patentiert werden.

Die Legal Analysis zu den vorgeschlagenen Richtlinien betont, daß die vier vom Patentgesetz vorgesehenen Kategorien die allein maßgebenden Kriterien sind, während das bisher oft verwendete Argument der Monopolisierung von Ideen (pre-emption of ideas) kein eigenständiges Kriterium darstellt, sondern sich aus dem Verbot ergibt, keine abstrakten Ideen zu patentieren. Die geforderte Nützlichkeit einer patentfähigen Erfindung wird so umschrieben, daß sie einen Wert „in der realen Welt" haben muß und daß diese Nützlichkeit innerhalb der „Technological Arts" liegen muß.

In der überarbeiteten Version wird ausdrücklich festgestellt, daß eine computerbezogene Erfindung technologischen Charakter hat ('is in the technological arts') und daß eine praktische Anwendung einer computerbezogenen Erfindung in eine der gesetzlichen Kategorien fällt ('is statutory matter').

In bezug auf Geschäftsmethoden wird ausgeführt, daß diese wie jeder andere Prozeß oder Verfahren zu behandeln sind[54] – es gibt also kein eigenständiges Patentierverbot für „Geschäftsprozesse", ebensowenig wie für „Algorithmen".

Einrichtungsansprüche, deren Formulierung alle denkbaren Verkörperungen dieser Einrichtung umfaßt, die also nicht oder nur formal auf spezielle Strukturen beschränkt sind, werden bei der Prüfung wie Verfahrensansprüche behandelt. Die Beschränkung auf spezielle Strukturen kann dabei durch Hardware oder eine Kombination aus Hardware und Software erfolgen.

---

54 Vgl. dazu die ablehnende Entscheidung EPA-T 854/90, GRUR Int. 1994, 236 – „Kartenleser/ IBM" zu einem vorgelegten Verfahrensanspruch. In der neueren Entscheidung EPA-T 1002/92, Abl. EPA 1995, 605 – „Warteschlangensystem/PETTERSON" wird dagegen ein Anspruch auf ein 'System zur Bestimmung der Reihenfolge der Bedienung von Kunden' zum Patent erteilt, da die Gesamtheit des Anspruchs trotz funktionsmäßiger Beschreibung eine Hardwareeigenschaft und somit ein Geschäftsgerät beschreibt.

Die Entwicklung in den USA

Bei Verfahrensansprüchen liegt eine gesetzliche Kategorie vor, wenn Materie oder Energie beeinflußt und als Ergebnis eine physikalische Transformation erzielt wird. In diesem Zusammenhang wird festgestellt, daß auch nicht tangible Gegenstände eine physikalische Aktivität oder Objekte darstellen können, beispielsweise elektrische Signale, die sich auf ein physikalisches Objekt oder eine physikalische Aktivität beziehen. Als Beispiele patentfähiger Verfahren, die von einem Computer durchgeführt werden, sind genannt:

- Ein Verfahren, bei dem unabhängig von den Programmschritten tangible physikalische Gegenstände beeinflußt oder dem Gegenstand verschiedene physikalische Attribute oder Strukturen aufgeprägt werden[55].

- Ein Verfahren, das auf die physikalischen Komponenten eines Computers einwirkt, so daß der Computer anders arbeitet (beispielsweise ein Betriebssystem)[56].

- Ein Verfahren, bei dem Daten in der Form eines elektrischen oder magnetischen Signals beeinflußt werden und diese Daten ein physikalisches Objekt oder Aktivitäten außerhalb des Computersystems bedeuten (z.B. die physikalischen Charakteristiken einer chemischen Zusammensetzung oder der Herzschlag eines Patienten)[57].

In der überarbeiteten Version werden für Verfahren zwei Situationen als 'rettende Häfen' beschrieben, in denen die Patentfähigkeit ohne weiteres gegeben ist:

---

55 Auf diesem Gebiet wurden auch unter dem Freeman-Walter-Test Patente in U.S.A. erteilt, z.B.: In re Taner (seismische Exploration), 681 F.2d 787 (CCPA 1982); In re Abele (tomographisches System), 684 F2d 902 (CCPA 1982); Arrythmia Research Technology v. Coratonix Corp. (elektrokardiographische Signale), 22 USPQ 2d 1033 (CAFC 1992). Im Europäischen System können hier zitiert werden: EPA-T 26/86, Abl. EPA 1988, 19 – „Röntgeneinrichtung/KOCH & STERZEL"; EPA-T 110/85, CR 1994, 33 – „Transformationsmethode/ IBM".
56 Zu US Beispielen vergl. FN 26 und In re Pardo (Compilerprogramm) 648 F2d 912 (CCPA 1982); Beispiele aus Europa sind: EPA-T 115/85, Abl. EPA 1990, 30 – „Computerbezogene Erfindung/IBM"; EPA-T 6/83, Abl. EPA 1990, 5 – „Datenprozessornetz/IBM"; BGH GRUR 1992, 33 – „Seitenpuffer".
57 Vgl. die genannten Entscheidungen „Arrythmia" (siehe FN 38) und „Computerbezogene Erfindung/VICOM" (siehe FN 39).

- Post-Computer Process Activities, bei denen die Ausgangssignale des Computers reale physikalische Objekte manipulieren (und sich nicht auf die bloße Aufzeichnung der Signale beschränken);
- Pre-Computer Process Activities, bei denen die Eingangssignale des Computers physikalische Objekte darstellen und die Signale physikalisch geändert werden.

In bezug auf Verfahren mit mathematischen Operationen erläutert die Legal Analysis, daß auch weiterhin die Patentfähigkeit nicht dadurch auf formalem Weg erreicht werden kann, daß irgendwo im Anspruch ein praktisches Anwendungsgebiet erwähnt wird (field of use statement) oder vor die mathematischen Schritte ein Datenerfassungsschritt gesetzt oder nach den mathematischen Schritten ein Verarbeitungsschritt für das Ergebnis beschrieben wird. Allerdings erwartet die Legal Analysis, daß derartige Fälle unter den neuen Prüfungsrichtlinien nur noch selten auftreten; in der überarbeiteten Version der Prüfungsrichtlinien ist diese optimistische Einschätzung jedoch nicht mehr ausdrücklich ausgesprochen. Auch läßt die überarbeitete Version der weiteren Anwendung des Freeman-Walter-Abele Tests wieder weiteren Raum als der Entwurf vom Juni 1995.

3. Die amerikanische und die europäische Praxis im Vergleich

3.1 Gemeinsamkeiten

Vergleicht man Rechtsprechung und Praxis in den USA und Europa, so stellt man fest, daß trotz unterschiedlicher gesetzlicher Grundlagen und Abgrenzungskriterien keine gravierenden Unterschiede in der Grenzziehung zwischen patentfähigen und nicht patentfähigen Erfindungen bestehen. Dies war schon das Ergebnis einer vergleichenden Studie, die gemeinsam vom amerikanischen, europäischen und japanischen Patentamt im Rahmen der Trilateral Cooperation im Jahr 1989 erstellt wurde[58]. Zu einer ähnlichen Einschätzung gelangt eine vergleichende Untersuchung zwischen USA, Europa und Japan[59].

---

58 Abgedruckt in 20 IIC 817 (1990); Zusammenfassung in GRUR Int. 1990, 244.
59 *Ushiku*, PATENTS & LICENSING 7 (Feb. 1994).

Die amerikanische und die europäische Praxis im Vergleich

Beiden Patentsystemen ist gemeinsam, daß die praktischen und technischen Aspekte in der Beschreibung ausführlich dargestellt und in die Ansprüche entsprechende Elemente aufgenommen werden müssen, die diese praktischen oder technischen Wirkungen verursachen. Auf die sorgfältige Ausarbeitung der Beschreibung einer Patentanmeldung ist daher besondere Sorgfalt zu legen.

Auf einigen technischen Gebieten bestehen aber noch gewisse Unterschiede in der Erteilungspraxis. So werden bisher Anmeldungen auf dem Gebiet der automatisierten Textverarbeitung und der Automatisierung von Geschäftsprozessen in Europa restriktiver beurteilt als in den USA, wo die zur Automatisierung notwendigen informationstechnischen Aspekte in der Regel als patentbegründend angesehen werden. Allerdings zeigen die neueren EPA Entscheidungen Computermanagementsystem/SOHEI und Warteschlangensystem/PETTERSON hier neue Chancen auf.

Andererseits hätte wohl das Europäische Patentamt eine Anmeldung wie Alappat als technisch angesehen, da sich diese Erfindung auf Pixelwerte, also physikalische Entitäten bezieht, ähnlich wie die VICOM Entscheidung der europäischen Beschwerdekammer. Außerdem stellt die Glättung von Kurvenzügen bei ihrer Anzeige auf einem digitalen Bildschirm eine technische Maßnahme dar.

Mit den neuen vorgeschlagenen US Prüfungsrichtlinien dürften sich die Beurteilungskriterien beider Ämter weiter annähern, da bei der Interpretation des Begriffes Utility großes Gewicht auf die technologischen Aspekte gelegt wird, ähnlich wie das Europäische Patentamt, das bei computerbezogenen Erfindungen eine technische Wirkung, eine technische Aufgabe oder eine technische Lösung fordert[60]. Insbesonders dürften die neuen Richtlinien die Chancen für Anmeldungen in den USA verbessern, die sich auf die Verarbeitung von technischen Signalen und Meßwerten bezogen, aber bei enger Auslegung des Freeman-Walter-Abele Tests zurückgewiesen wurden. Hier erscheint die bisherige Praxis des EPA großzügiger.

In bezug auf die Klarheit der Abgrenzung patentfähiger von nicht patentfähigen Erfindungen scheint die europäische Vorgehensweise bisher die konkreteren und für den Anmelder besser erkennbaren Kriterien anzubieten. Bei dem von Holzwarth vorgestellten Prüfungsverfahren im EPA wird durch Vergleich mit dem nächstliegenden Stand der Technik die objektive Aufgabe der Erfindung ermit-

---

60 *Holzwarth*, VPP Rundbrief 4/95, 105.

telt. Sofern in der Anmeldung technische Effekte beschrieben sind, wird sich immer eine technische Aufgabe finden und so die Patentfähigkeit begründen lassen. Eine derartige technische Aufgabe kann auch softwarebezogenen Erfindungen zugrunde liegen, die einem nichttechnischen Zweck dienen, beispielsweise linguistischen Aufgaben.

Das Kriterium des technischen Effekts ist damit besser handhabbar als die auch nach den neuen US Prüfungsrichtlinien nicht immer leicht nachzuvollziehende Prüfung, ob im Anspruch genannte Merkmale nicht nur unbeachtliche Aspekte darstellen, wie 'field of use', 'data gathering' oder 'post-inventive activities'.

Bei der Prüfung auf das Vorliegen eines technischen Effekts sollte allerdings nicht wie in einigen Beschwerdekammer-Entscheidungen des EPA gefordert werden, daß die erfinderische Tätigkeit auf einem vom Patentschutz nicht ausgeschlossenen Gebiet liegt. Wenn ein technischer Effekt nachgewiesen werden kann, sollte auch eine eigentlich nicht-technische Leistung, wie z.B. eine linguistische Entwicklung, zur Erfindung beitragen, wenn sie für den technischen Effekt ursächlich ist.

3.2 Kritik der europäischen und deutschen Praxis

Informationstechnische Aspekte erhalten bei der Prüfung auf Patentfähigkeit im europäischen und deutschen Verfahren vielfach noch nicht das ihnen zustehende Gewicht. Die in der EPA Entscheidung T204/93 erfolgte Zurückweisung einer Anmeldung von AT&T wurde z.B. damit begründet, daß Programmieren eine geistige und damit nicht patentfähige Tätigkeit sei, die nur bei Hinzutreten von Hardware Patentschutz erlangen könne. Diese Auffassung erscheint zu eng – im konkreten Fall betraf die Erfindung Entwicklungswerkzeuge und Compiler für wiederverwendbare Programmodule, also Strukturen auf der Ebene der Betriebssysteme und der internen Arbeitsweise des Computers, die vom EPA und vom DPA üblicherweise als patentfähig angesehen werden. Daß mit diesen Strukturen die Effizienz beim Programmiervorgang selbst erhöht wird, dürfte kein Argument gegen die Patentfähigkeit sein, da der Zweck einer Erfindung auch auf nichttechnischem Gebiet liegen kann. Außerdem ist der Hinweis auf die geistige Natur des Programmiervorgangs selbst kein geeignetes Kriterium zur Abgrenzung patentfähiger Gegenstände – jede technische kreative Leistung beruht auf geistigen Vorgängen. Entscheidend sind daher die Inhalte, die diesen geistigen Vorgängen zugrunde liegen. Diese können auch beim Programmieren technischer Art sein, beispielsweise wenn das Programm kritische Zeitbedingungen in Echtzeitsystemen beachten muß.

Auch die ablehnenden Entscheidungen EPA-T156/88 „Schriftzeichenform/SIEMENS"[61] sowie BGH – „Chinesische Schriftzeichen"[62], bei denen es im Grunde um die Funktion einer Schreibmaschine[63] für Arabisch bzw. Chinesisch ging, scheinen die informationstechnischen Aspekte, die erst diese Funktionen in einem Computer ermöglichen, nicht ausreichend zu berücksichtigen[64].

Auch an einer weiteren Stelle scheint das amerikanische Patentsystem dem europäischen voraus zu sein, nämlich bei der Zulassung von Ansprüchen, die sich auf einen Datenträger mit einem gespeicherten Programm beziehen. Nach Auffassung der Prüfungsrichtlinien des Europäischen Patentamts[65] stellt ein derartiger Datenträger ein Programm als solches dar, das nach Artikel 52 (2) c ausdrücklich vom Patentschutz ausgeschlossen ist. Wenn allerdings eine programmbezogene Erfindung aufgrund ihrer technischen Wirkung dem Patentschutz zugänglich ist – was mittlerweile durch die über 11.000 Erteilungen solcher Patente durch das Europäische Patentamt[66] zur Genüge belegt ist – ist schwer zu verstehen, weshalb die klarste Verkörperung und Implementierung dieser technischen Lehre als detaillierte Verfahrensanweisung in Form eines Programms plötzlich vom Patentschutz ausgenommen sein soll. Der Schutzumfang derartiger Ansprüche auf Datenträger mit gespeicherten technischen Programmen wird auf die damit erzielte Funktion beschränkt sein und sich nicht auf das Programmlisting selbst[67] beziehen, das Gegenstand des Urheberrechtes ist.

---

61 EPA-T 153/88, ABl. EPA 1991, 88 – „Schriftzeichenform/SIEMENS".
62 BGH GRUR 1992, 36 – „Chinesische Schriftzeichen".
63 *Kindermann*, CR 1992, 577, 658.
64 Die japanischen Prüfungsrichtlinien für softwarebezogene Erfindungen von 1993 zitieren dagegen als Beispiel für eine patentfähige Erfindung die computergestützte Umsetzung von Kana Schriftzeichen in Kanji Zeichen.
65 Abschnitt C IV 2.
66 Jahresbericht EPA 1994, 14.
67 Das Programmlisting selbst wird auch in den überarbeiteten US Prüfungsrichtlinien ausgeschlossen.

Der Ausschluß eines Datenträgers mit einem gespeicherten Programm sollte sich daher nur auf Programme beziehen, die keine technische Wirkung aufweisen[68]. Derartige Programme 'als solche' oder andere Information 'als solche' – in der Sprechweise der überarbeiteten US Prüfungsrichtlinien 'non-functional descriptive material' – dürfen selbstverständlich nicht durch die bloße Speicherung auf einem physikalischen Datenträger in das Gebiet patentgeschützter Gegenstände gelangen.

Die europäischen Prüfungsrichtlinien sollten in diesem Sinne geändert werden, um Kompatibilität mit dem amerikanischen Patentsystem zu erzeugen und dem Anmelder international adäquate Möglichkeiten des Schutzes programmbezogener Erfindungen zur Verfügung zu stellen.

4. Zusammenfassung

Die moderne Softwaretechnik stellt die Patentämter und die Gerichte auch in den USA vor das schwierige Problem, sachgemäße Kriterien zu finden, die einerseits diese neuen technischen Mittel nicht vom Patentschutz ausschließen und andererseits eine unerwünschte Ausdehnung des Patentschutzes auf „geistige" Entwicklungen verhindern. Ursache des Problems ist der universale Charakter des digitalen Rechners und der Software, die ihren Einsatz in allen Bereichen menschlicher Betätigung erlauben.

Der US Supreme Court hat in der letzten, 1981 ergangenen Entscheidung zu dieser Frage die Grenzen der Patentierbarkeit weit gezogen. Die Berufungsgerichte (CCPA und später CAFC) haben auf dieser Grundlage Tests für die Patentfähigkeit entwickelt, bei denen die Frage im Vordergrund stand, ob ein mathematischer Algorithmus beansprucht wird. Der Begriff des Algorithmus wurde dabei vom US Patentamt weit ausgelegt und vorhandene Bezüge zu physikalischen Elementen nicht immer als wesentlich erachtet.

---

68 *Göbel* schlägt in: FS 25 Jahre BPatG vor, nur in diesem Fall von einem 'Programm als solchem' zu sprechen. Betten fordert in GRUR 1995, 775 die Streichung des Ausschlusses von Programmen in Art 52 (2) c EPÜ, auch um das EPÜ in Überseinstimmung mit Art. 27 TRIPS/WTO zu bringen.

Zusammenfassung

In neueren Entscheidungen, die teils mit knappen Stimmenmehrheiten gefaßt wurden, hat der CAFC entgegen der bisherigen Praxis des US Patentamtes Patente auf Erfindungen erteilt, die ausschließlich in einem Speicher enthaltene Datenstrukturen oder ein gespeichertes Programm betreffen (oder betreffen können). Die Grenze zur fehlenden Patentierbarkeit liegt dabei allerdings sehr nahe und wird wesentlich davon bestimmt, in welchem Umfang der Anmelder die konkreten Maßnahmen und Wirkungen beschreibt, die zur Erfindung gehören.

Diese Entscheidungen haben das US Patentamt veranlaßt, neue Richtlinien für die Prüfung von softwarebezogenen Erfindungen vorzuschlagen, in denen auch Ansprüche erlaubt werden, die auf einen „computerlesbaren Speicher, der einen Computer steuern kann" gerichtet sind.

Derartige Ansprüche beziehen sich nach den Prüfungsrichtlinien des Europäischen Amtes auf ein „Programm als solches" und würden zurückgewiesen werden. Sie erscheinen für den Rechtsschutz softwarebezogener Patente jedoch wertvoll und sollten daher ein weiterer Anlaß sein, darüber nachzudenken, ob der Ausschluß von „Programmen als solchen" im Europäischen Patentübereinkommen noch zeitgemäß ist.

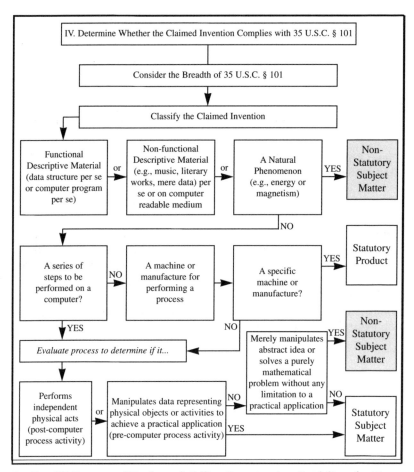

Quelle: US Patent and Trademark Office, Examination Guidelines for Computer-Related Inventions

Information als Vertragsgegenstand

Rainer Moufang

1. Erscheinungsformen vertraglicher Informationsvermarktung
2. Das Konzept des Informationsvertrags
3. Informationsvertragsrechtliche Paradigmen
   3.1 Fokussierung auf körperlichen Informationsträger
   3.2 Immaterialgüterrechtliche Fokussierung
   3.3 Fokussierung auf Informationstätigkeit
4. Zur Kritik der traditionellen Paradigmen
5. Ausblick

Literaturübersicht

Aberle, Ökonomische Bewertung von Transparenz oder Geheimhaltung der Marktdaten als Wettbewerbsparameter, in: Forschungsinstitut für Wirtschaftsverfassung und Wettbewerb (Hrsg.), Bewertung und Zulässigkeit von Marktinformationsverfahren, 1993, S. 1; *Bösert*, Nießbrauch an Computerprogrammen, 1992; *Dechsling*, Datenbank, Hypertext oder linearer Text? – Softwaretypen, jur-pc 1994, 2700; *Auby/Ducos-Ader*, Droit de l'information, 1976; *Dörner*, Zur Anwendung des Fernunterrichtsschutzgesetzes, BB 1977, 1739; *Dommering*, Information Law and the Themes of This Book, in: Korthals/ Altes/Dommering/Hugenholtz/Kabel (Hrsg.), Information Law Towards the 21st Century, 1992, S. 3; *Ebnet*, Der Informationsvertrag, 1995; *Exner*, Der Unternehmensberatungsvertrag, 1992; *Fiedler* (Hrsg.), Rechtsprobleme des elektronischen Publizierens, 1992; *Habel*, Nutzungsrechte an Standardanwenderprogrammen, 1989; *Hackemann*, Fragen des Austauschverhältnisses beim Online-Vertrag, CR 1987, 660; *Hefermehl*, Informationsverträge und Kartellrecht, in: Arbeitskreis Kartellgesetz im BDI (Hrsg.), Kooperative Marktinformation, 1967, S. 1; *v. Hertzberg*, Die Haftung von Börseninformationsdiensten, 1987; *Höhne*, Report über Nachrichtenagenturen, Bd. II, 1977; *Hoppmann*, Preismeldestellen und Wettbewerb, WuW 1966, 97; *Junker*, Die Praxis des Bundesgerichtshofs zum Computerrecht 1989–1992 – Teil 2, JZ 1993, 447; *Kiourtsoglou*, Der Know-how-Vertrag im deutschen und europäischen Kartellrecht, 1990; *Krieger*, Das Recht der Informationsaustauschverträge in den USA und in Deutschland, WuW 1963, 457; *Kuhlen*, Informationsmarkt: Chancen und Risiken der Kommerzialisierung von Wissen, 1995; *Lang*, Die Haftung für Fehler in Druckwerken, 1982; *Lehmann*, Das Urhebervertragsrecht der Softwareüberlassung, in: Beier/Götting/Lehmann/Moufang (Hrsg.), Urhebervertragsrecht – Festgabe Schricker, 1995, S. 543; *Lenk/Goebel/Schmalz*, Das elektronische Informationsgeschäft, 1986; *Malzer*, Der Softwarevertrag, 1991; *Marly*, Softwareüberlassungsverträge, 1991; *Martinek*, Moderne Vertragstypen, Bd. II, 1992; *Meh-*

rings, Der Rechtsschutz computergestützter Fachinformationen, 1990; *ders.*, Vertragsrechtliche Aspekte der Nutzung von Online- und CD-ROM-Datenbanken, NJW 1993, 3102; *Metzinger*, Informationsverträge in Großbritannien, WRP 1964, 37; *Moszka*, Die Haftung des Nutzers und des Betreibers computergestützter Auskunftssysteme, 1994; *Moufang*, Datenbankverträge, in: Beier/Götting/Lehmann/Moufang (Hrsg.), Urhebervertragsrecht – Festgabe für Schricker, 1995, S. 571; *Neumann*, Haftungsprobleme bei primären Vermögensschäden infolge unzutreffender Inhalte entgeltlich erworbener Druckwerke, 1984; *Osti*, Information Exchanges in the Obscure Light of Woodpulp, [1994] ECLR 176; *Pfaff*, Der Know-how-Vertrag im bürgerlichen Recht, BB 1974, 565; *Pres*, Gestaltungsformen urheberrechtlicher Softwarelizenzverträge, 1994; *Repo*, The Value of Information: Approaches in Economics, Accounting, and Management Science, 40 JASIS (1989) 68; *Röhl*, Fehler in Druckwerken, JZ 1979, 369; *Schricker* (Hrsg.), Urheberrecht, Kommentar, 1987; *Schröder*, Haftung von Börseninformationsdiensten, NJW 1980, 2279; *Schwuchow*, Informationsökonomie, in: Buder/Rehfeld/Seeger (Hrsg.), Grundlagen der praktischen Information und Dokumentation, 3. Aufl., 1991, S. 928; *Sieber*, Informationsrecht und Recht der Informationstechnik, NJW 1989, 2569; *Steinmüller* (Hrsg), Informationsrecht und Informationspolitik, 1976; *Stumpf*, Der Know-how-Vertrag, 3. Aufl., 1977; *Winkler v. Mohrenfels*, Abgeleitete Informationsleistungspflichten im deutschen Zivilrecht, 1986.

1. Erscheinungsformen vertraglicher Informationsvermarktung

Die **entgeltliche Vermittlung von Informationen** ist **alles andere als eine neue Erscheinung des Wirtschaftslebens**. So rückte etwa schon im 19. Jahrhundert das aufblühende Pressewesen den wirtschaftlichen Wert journalistischer Informationen immer stärker in das Blickfeld, hochorganisierte Nachrichtenmärkte begannen sich herauszubilden. Ein bemerkenswertes Beispiel bieten die weltumspannenden Kartellverträge, mit denen ab 1870 die größten Presseagenturen ihrer Epoche – Havas, Reuter, Wolff und Associated Press – die Rohstoffe des Journalismus für mehrere Jahrzehnte untereinander aufteilten[1]. Diese sogenannten Ringverträge sahen vor, daß die gesammelten Nachrichten ausgetauscht wurden, aber jede der vier großen Agenturen allein in ihrem Interessengebiet Nachrichten ver-

---

1 Für Details vgl. *Höhne*, Report über Nachrichtenagenturen, Bd. II, 1977, S. 50 ff.

kaufen durfte. Die einander übermittelten Nachrichten wurden rein quantitativ erfaßt; konnte eine Seite einen Überschuß verbuchen, wurde dieser von der anderen Seite nach vereinbarten Sätzen in Geld vergütet. Zur Erleichterung des Austauschs unterhielten die Agenturen in den Zentralredaktionen der Partner eigene Vertreter, um diejenigen Nachrichten auszuwählen, die für das eigene Einflußgebiet interessant erschienen.

In der heutigen Zeit, in der moderne Industriegesellschaften immer deutlichere Züge postindustrieller Informationsgesellschaften annehmen, tritt das Phänomen der **Informationsvermarktung** freilich **in immer vielgestaltigerer Form** auf und erfaßt eine stetig wachsende Anzahl von Lebensbereichen. Da die Wichtigkeit der Ressource Information immer deutlicher sichtbar wird und der Informationssektor infolge des technologischen Fortschritts eine sprungartige Ausdehnung erfahren hat, werden Wirtschaftssubjekten zunehmend Möglichkeiten geboten, ihre Informationsversorgung auf marktmäßigem Wege sicher zu stellen[2].

Vertragliche Vereinbarungen über die entgeltliche Bereitstellung von Informationen haben demzufolge **Hochkonjunktur**. Eine bedeutende Rolle spielen traditionell die Druckerzeugnisse des Presse- und Verlagswesens. Zeitungsverlage beziehen journalistische Informationen von Nachrichtenagenturen und verbreiten sie über das Endprodukt Zeitung an einen unbeschränkten Personenkreis. Autoren, Verleger, Sortimenter und Buchhändler sorgen für die Erzeugung und den Vertrieb von Fachliteratur, deren Bandbreite sich von Enzyklopädien, Lexika und wissenschaftlichen Fachzeitschriften über Anleitungsbücher und Verzeichnisse (etwa Adreß- oder Telefonbücher) bis hin zu kartographischen Werken wie z.B. Stadtplänen oder Flugkarten erstreckt. Im Marktsegment besonders wertvoller Wirtschaftsinformationen agieren Börseninformationsdienste sowie Kredit- und Wirtschaftsauskunfteien. Innovative Unternehmen vermitteln organisatorisch-technisches Wissen mittels entgeltlichem Know-how-Transfer an ausgewählte Informationsnehmer. Maklerunternehmen vermarkten sehr gesuchte konkrete Informationen, die für den Abschluß wichtiger Verträge nützlich sind. Weitere traditionelle Bereiche entgeltlicher Wissensvermittlung betreffen private Ausbildung und Schulung, z.B. durch Fernunterricht, aber

---

2 Für Details vgl. *Kuhlen*, Informationsmarkt: Chancen und Risiken der Kommerzialisierung von Wissen, 1995.

auch höhere Beratungstätigkeit, wie sie etwa typischerweise von Rechtsanwälten, Steuerberatern oder Unternehmensberatern[3] geleistet wird. Das Vordringen neuer Informations- und Kommunikationstechnologien hat eine **Umbruchsituation für viele Bereiche traditioneller Informationsvermarktung** herbeigeführt. Sie ist gekennzeichnet durch das Hinzutreten neuer Informationsmedien und -produkte[4], gleichzeitig aber auch durch eine deutliche Tendenz zur Integration bisher getrennter oder jedenfalls abgrenzbarer Segmente der Informationsvermittlung[5]. Zu den wichtigsten Facetten des elektronischen Informationsgeschäfts[6] gehören – neben einem seit den 70er Jahren rasant gewachsenen Softwaremarkt von gewaltigen Dimensionen – Online-Vermarktung von Datenbanken, Produktion und Vertrieb von CD-ROMs, Informationsleistungen mittels Videotextsystemen sowie entgeltliche Durchführung komplexer Recherchen durch professionelle Informationsvermittler. Elektronisches Publizieren[7] im Sinne eines integrierten Prozesses vom Autor bis zum Leser mag herkömmliche Vertriebsstufen (Verlag, Sortimenter, Buchhandel) überspringen und teilweise obsolet werden lassen. Fortschreitende Digitalisierung ermöglicht interaktive Multimedia-Anwendungen, in denen bislang getrennte Formen der Informationsvermittlung zusammengeführt werden. Gleichzeitig lassen sich Expertensysteme integrieren, so daß intelligente Informationsprodukte entstehen, die neben dem bloßen Nachweis von Daten unmittelbare Beratungsaufgaben übernehmen.

2. Das Konzept des Informationsvertrags

Will die Rechtsordnung **angemessene Rahmenbedingungen für die expandierenden Informationsmärkte** zur Verfügung stellen, gilt es folglich, den sich hieraus ergebenden vertragsrechtlichen Fragen ver-

---

3 Vgl. für Details *Exner*, Der Unternehmensberatungsvertrag, 1992.
4 Zu den Leipziger Empfehlungen zur Umsetzung von Büchern auf elektronische Medien (März 1994) vgl. *Dechsling*, jur-pc 1994, 2700 ff.
5 *Schwuchow*, Informationsökonomie, in: Buder/Rehfeld/Seeger (Hrsg.), Grundlagen der praktischen Information und Dokumentation, 3. Aufl. 1991, S. 979.
6 Vgl. bereits *Lenk/Goebel/Schmalz*, Das elektronische Informationsgeschäft, 1986.
7 Für Details vgl. *Fiedler* (Hrsg.), Rechtsprobleme des elektronischen Publizierens, 1992.

stärkte Aufmerksamkeit zu widmen. Es handelt sich hierbei wohl um einen der wichtigsten Teilbereiche des Informationsrechts, jenes eigenständigen Rechtsgebiets, das sich zur Zeit mit im einzelnen noch undeutlichen Konturen zu konstituieren beginnt[8]. Wenn das Zauberwort Information gegenwärtig auch die Rechtswissenschaft in Atem hält, kann das Vertragsrecht hiervon nicht unberührt bleiben.

Nun fehlt es sicherlich nicht an detaillierten Untersuchungen einzelner der genannten Vertragsarten, insbesondere solcher, die in der Rechtspraxis häufig auftreten und große ökonomische Bedeutung besitzen. So finden sich etwa umfangreiche Abhandlungen über Know-how-Verträge[9], über die Vermarktung von Druckwerken[10], über Softwareverträge[11] oder neuerdings über Online- oder CD-ROM-Datenbankverträge[12]. So verdienstvoll dies auch ist, von Zeit zu Zeit ist es notwendig, den Blick vom Konkreten etwas zu lösen und sich dem Bereich vertraglicher Informationsvermarktung in einer allgemeinen Weise zu nähern, ihn also einer Art **Strukturanalyse** zu unterziehen. Es geht dabei darum, zu untersuchen, welche grundsätzlichen Ansätze die Rechtsordnung bereithält, um Verträge, deren Gegenstand Informationen oder informationelle Güter bilden, zu erfassen, und ob diese unterschiedlichen Ansätze miteinander

---

8 S. *Sieber*, NJW 1989, 2569 ff.; vgl. aber auch bereits *Steinmüller* (Hrsg.), Informationsrecht und Informationspolitik, 1976, S. 1 ff.; aus dem internationalen Schrifttum vgl. z.B. *Auby/Ducos-Ader*, Droit de l'information, 1976, S. 12 f.; *Dommering*, Information Law, S. 3 ff.
9 Vgl. etwa *Kiourtsoglou*, Der Know-how-Vertrag im deutschen und europäischen Kartellrecht, 1990; *Martinek*, Moderne Vertragstypen, Bd. II, 1992, S. 203 ff.; *Pfaff*, BB 1974, 565 ff.; *Stumpf*, Der Know-how-Vertrag, 3. Aufl., 1977.
10 Vgl. *v. Hertzberg*, Die Haftung von Börseninformationsdiensten, 1987, S. 25 ff.; *Lang*, Die Haftung für Fehler in Druckwerken, 1982, S. 3 ff.; *Neumann*, Haftungsprobleme bei primären Vermögensschäden infolge unzutreffender Inhalte entgeltlich erworbener Druckwerke, 1984, S. 73 ff.
11 Vgl. etwa *Bösert*, Nießbrauch an Computerprogrammen, 1992; *Habel*, Nutzungsrechte an Standardanwenderprogrammen, 1989; *Malzer*, Der Softwarevertrag, 1991; *Marly*, Softwareüberlassungsverträge, 1991; *Pres*, Gestaltungsformen urheberrechtlicher Softwarelizenzverträge, 1994.
12 Vgl. z.B. *Hackemann*, CR 1987, 660 ff.; *Mehrings*, NJW 1993, 3102 ff.; *Moszka*, Die Haftung des Nutzers und des Betreibers computergestützter Auskunftssysteme, 1994, S. 126 ff.; *Moufang* in: Beier/Götting/Lehmann/Moufang (Hrsg.), Urhebervertragsrecht – Festgabe für Schricker, 1995, S. 571 ff.

harmonieren oder aber ob sie zunehmend – nicht zuletzt infolge der technologischen Veränderung der Informations- und Kommunikationslandschaft – Wertungswidersprüche verursachen. Als terminologische Klammer soll dabei der Begriff des **Informationsvertrags** dienen. Diese Bezeichnung ist allerdings bislang – im Unterschied zum ausländischen Schrifttum, das vergleichsweise häufig Begriffe wie „information contract" oder „contract informationnel" verwendet – in der deutschen Zivilrechtsdogmatik alles andere als etabliert und wird, von vereinzelten Ausnahmen abgesehen[13], allenfalls in sehr speziellen Zusammenhängen gebraucht.

Kartellrechtler sprechen etwa seit den 60er Jahren[14] gelegentlich von Informationsverträgen und meinen damit vertraglich vereinbarte **Marktinformationssysteme**, durch die sich Unternehmen wechselseitig, bisweilen mit Hilfe einer organisatorisch verselbständigten Meldestelle, über wichtige Geschäftsdaten wie Umsatzzahlen, Preise, Rabatte, Angebotskonditionen etc. auf dem laufenden halten[15]. Solche gesellschaftsrechtlichen oder zumindest gesellschaftsähnlichen[16] Informationsverträge haben nur selten Gnade vor den kritischen Augen der Wettbewerbshüter gefunden[17]; sie sind trotz heftiger Kontroversen im Schrifttum im Laufe der Zeit stark aus der

---

13 So etwa *Winkler v. Mohrenfels*, Abgeleitete Informationsleistungspflichten im deutschen Zivilrecht, 1986, S. 19.
14 Vgl. etwa *Krieger*, WuW 1963, 457 ff.; *Hefermehl* in: Arbeitskreis Kartellgesetz im BDI (Hrsg.), Kooperative Marktinformation, 1967, S. 1 ff.; *Metzinger*, WRP 1964, 37 ff.
15 Illustrativ hierfür ist der Sachverhalt, den das KG in seiner Entscheidung vom 24. 3. 1972, WuW/E OLG 1253 – „Tubenhersteller II", zu beurteilen hatte: Zahlreiche Hersteller von Tuben und Dosen aus Aluminium hatten einen Vertrag abgeschlossen, dessen Zweck die Einrichtung eines Meldeverfahrens für Preise und andere Geschäftsdaten war. Es wurde eine Meldestelle eingerichtet, die die Informationen sammelte und an die beteiligten Unternehmen weitergab. Dieser Marktinformationsvertrag wurde als gegen § 1 GWB verstoßend angesehen, da die Unternehmen hiermit auf den sogenannten Geheimwettbewerb verzichteten.
16 Nach Auffassung des KG in WuW/E OLG 1253, 1254 – „Tubenhersteller II" verfolgten die am Vertrag Beteiligten „den gemeinsamen Zweck der Erlangung von Informationen über die Marktlage".
17 Vgl. insbesondere die BGH-Entscheidungen WuW/E BGH 1337 – „Aluminium-Halbzeug" und WuW/E BGH 2313 = CR 1987, 758 – „Baumarkt-Statistik".

Das Konzept des Informationsvertrags

Praxis zurückgedrängt worden. Damit scheinen die Vertreter des Dogmas vom schützenswerten Geheimwettbewerb[18] die Oberhand gegenüber denjenigen gewonnen zu haben, die in Markttransparenz und Informiertheit der Wettbewerber einen grundsätzlich positiven Wert erblicken. Ob sich hieran in Zukunft etwas ändern wird, ist zweifelhaft. Immerhin kündigte sich im Zellstoff-Urteil des EuGH[19] vor drei Jahren eine gewisse Liberalisierungstendenz an[20]. Ob sie sich durchsetzen wird, wird die Berufungsentscheidung zeigen, die der EuGH in dem zur Zeit bei ihm anhängigen[21] Verfahren „Tractor Registration Exchange"[22] fällen wird.

Abgesehen von diesem kartellrechtlichen Kontext findet sich der **Begriff „Informationsvertrag"** außerdem noch zur Bezeichnung von Verträgen, die **im journalistischen Umfeld** zwischen Zeitungsverlagen und sog. Erlebnisträgern mit dem Ziel abgeschlossen werden, Informationen aus der Persönlichkeitssphäre – zumeist exklusiv – vermarkten zu können. Ein typisches Beispiel ist der Sachverhalt, der vor fast 30 Jahren der BGH-Entscheidung „Lengede"[23] zugrunde lag und die häufig bestehende persönlichkeitsrechtliche Dimension journalistischer Informationsverträge gut zu verdeutlichen vermag. Als zwei Wochen nach einem tragischen Bergwerksunglück einige verschüttete Bergleute gerettet worden waren, versuchte ein Zeitschriftenverlag durch Verträge mit den Geretteten, sich gegen Zahlung beträchtlicher Geldbeträge eine Exklusivposition für die Verbreitung ihrer Erlebnisberichte in einer Illustrierten zu sichern. Ein anderes Presseunternehmen veröffentlichte seinerseits angeblich wörtliche Äußerungen der Bergleute. Dies veranlaßte den Zeitschriftenverlag, der seine Exklusivposition entwertet sah, zu einer

---

18 Der Begriff des Geheimwettbewerbs ist allerdings mit zahlreichen Unschärfen behaftet, vgl. etwa *Aberle* in: Forschungsinstitut für Wirtschaftsverfassung und Wettbewerb (Hrsg.), Bewertung und Zulässigkeit von Marktinformationsverfahren, 1993, S. 20; sowie bereits *Hoppmann*, WuW 1966, 97 ff.
19 EuGH vom 31.3.1993, A. Ahlström Oy et al./Kommission, [1993] 4 CMLR 407 – „Zellstoff".
20 Vgl. für Details *Osti*, [1994] ECLR 176 ff.
21 Vgl. [1995] 4 CMLR 281.
22 Vgl. hierzu die restriktiven Vorentscheidungen der EG-Kommission vom 17.2.1992, ABl. EG 1992, Nr. L 68/19, und des EuGH vom 27.10.1994, T-34/92 (Fiatagri UK Ltd. et al. v. EG-Kommission) und T-35/92 (John Deere Ltd. v. EG-Kommission).
23 BGH GRUR 1968, 209 – „Lengede" mit Anm. *Bußmann*.

letztlich erfolglosen Schadensersatzklage gegen den Konkurrenten aus §1 und §3 UWG[24]. In seiner Entscheidung äußerte der BGH gewisse Zweifel an der Rechtsgültigkeit derartiger Exklusivverträge. Es seien Fälle denkbar, in denen es im allgemeinen Interesse nicht hingenommen werden könne, daß durch eine solche Vereinbarung die einzige Quelle der Information über ein Geschehen verstopft wird, über das zuverlässig unterrichtet zu werden die Öffentlichkeit ein erhebliches und berechtigtes Interesse hat. In solchen Fällen müsse der Zugang zur Quelle der Information über das Zeitgeschehen jedermann grundsätzlich freigehalten werden.

Der Begriff „**Informationsvertrag**" läßt sich jedoch nicht nur in solch spezieller Weise verwenden. Vielmehr – und das soll im folgenden geschehen – kann man ihm eine **übergreifende Bedeutung** zuweisen und ihn auf alle solche, im einzelnen durchaus recht unterschiedliche Verträge erstrecken, in denen das vereinbarte Leistungsprogramm schwerpunktmäßig auf die Erlangung eines Informationsguts abzielt[25].

Schon ein **erster Überblick** über die Art und Weise, in der die Rechtsordnung solchen Informationsverträgen begegnet, zeigt ein **äußerst farbenprächtiges Bild**. Dabei überrascht weniger die heterogene vertragstypologische Zuordnung per se als vielmehr die ihren Hintergrund bildende Tatsache, daß die Hauptleistungspflicht des Informationsgebers, d.h. die Pflicht zur Vermittlung des Informationsguts, sehr unterschiedlich konzeptuell erfaßt wird. Es ist offensichtlich ein besonderes Problem des Rechts der Informationsverträge, daß diese Hauptleistungspflicht mit der Fokussierung, die der Betrachter vornimmt, ihren Charakter zu verändern scheint. So wird bei manchen Informationsverträgen entscheidend auf den körperlichen Informationsträger abgestellt; bei anderen Verträgen wird hingegen die immaterialgüterrechtliche Ebene in den Vordergrund gerückt; bisweilen löst man sich auch gänzlich von einer gegenstandsbezogenen Betrachtungsweise und stellt in prozeßhafter Weise auf den

---

24 Der BGH nahm hier keine Irreführung an, obgleich die Veröffentlichung des Konkurrenzunternehmens den Geretteten wörtliche Zitate in den Mund gelegt hatte.
25 Ein ähnlicher Sprachgebrauch liegt auch der kürzlich erschienenen Monographie von *Ebnet*, Der Informationsvertrag, 1995, zugrunde. Sie bezieht den Informationserwerb via Druckwerke, Disketten und CD-ROMs ebenso ein wie verschiedene Formen elektronischer Informationserlangung (mittels Online-Datenbanken, Btx- oder Mailbox).

Informationsvorgang als Entfaltung einer Tätigkeit ab. Drei grundsätzlich unterschiedliche Ansätze finden somit Verwendung: Informationsträger-Fokussierung, immaterialgüterrechtliche Fokussierung und Tätigkeitsfokussierung. Reichweite und Grenzen dieser traditionellen Paradigmen des Informationsvertragsrechts sind im folgenden zu untersuchen.

3. Informationsvertragsrechtliche Paradigmen

3.1 Fokussierung auf körperlichen Informationsträger

Überall dort, wo der **Vertrieb von Informationsgütern in Form von massenhaft hergestellten körperlichen Informationsträgern** erfolgt, entspricht es herrschender Auffassung, den Informationsträger als zentrales Anknüpfungselement für die Erfassung der Rechtsnatur des Vertrages zu verwenden.

Charakteristisches Beispiel bilden Verträge, die die **Überlassung von Druckwerken** betreffen. Herkömmlicherweise[26] wird der entgeltliche Erwerb von Fachbüchern, Zeitschriften und Zeitungen als Sachkauf qualifiziert und im Fall eines Abonnements periodischer Druckerzeugnisse von einem kaufrechtlichen Sukzessivlieferungsvertrag ausgegangen. Illustrativ hierfür ist die BGH-Entscheidung „Nottestamentsmappe"[27]. Sie betraf einen Regreßprozeß, der durch die inhaltlich fehlerhafte Abfassung eines juristischen Ratgebers (Anleitung an Bürgermeister für die Beurkundung von Nottestamenten) ausgelöst worden war[28]. Der BGH stellte maßgeblich darauf ab, daß der Vertrag die Übereignung einer für eine unbegrenzte Vielzahl

---

26 BGH JZ 1958, 310 mit Anm. *Blomeyer* – „Geschichtsbuch"; BGH GRUR 1960, 642 – „Drogistenlexikon" mit Anm. *Reimer;* BGH GRUR 1971, 328 – „Carter-Robbins-Test" mit Anm. *Nordemann;* BGH GRUR 1974, 50 – „Nottestament" mit Anm. *Nordemann.*
27 BGH GRUR 1974, 50 mit Anm. *Nordemann.*
28 Im Vertrauen auf die inhaltliche Richtigkeit des von seiner Gemeinde erworbenen Ratgebers hatte ein Bürgermeister ein Nottestament beurkundet, das sich später als formunwirksam erwies. Nachdem die Gemeinde wegen Amtspflichtverletzung zur Leistung von Schadensersatz an die im Testament als Erbin eingesetzte Geschädigte verurteilt worden war, versuchte ihr Haftpflichtversicherer – letztlich ohne Erfolg –, sich bei dem Verlag, von dem sie den juristischen Ratgeber erworben hatte, im Wege des Regresses schadlos zu halten.

von Fällen und Fallgestaltungen bestimmten abstrakten schriftlichen Anleitung zum Gegenstand hatte, die nicht auf die besonderen Belange der jeweiligen Gemeinde als Abnehmerin zugeschnitten war, und betonte, daß solche Verträge – wie grundsätzlich der Vertrieb von Schriften belehrenden Inhalts – den Regeln des Kaufrechts unterlägen.

Ein moderneres Beispiel für die auf den Informationsträgern fokussierende Sichtweise bildet die **Vermarktung von Standardsoftware** durch Überlassung von Disketten. Hier wird bekanntlich von einem großen Teil der Literatur nach wie vor die Ansicht vertreten, in solchen Fällen liege ein reiner Sachkauf vor. Die Rechtsprechung hat diese Betrachtungweise wohl nicht voll übernommen, sich ihr jedoch in einigen Entscheidungen sehr angenähert. In der BGH-Grundsatzentscheidung „Compiler" vom 4.11.1987[29] findet sich das Diktum, Kaufgegenstand sei ein Datenträger mit dem darin verkörperten Programm, insofern also eine körperliche Sache, die als Instrument zur Datenverarbeitung dienen solle, eine Aussage, die in der späteren BGH-Entscheidung „Teilzahlungsabrede" sogar noch bekräftigt wird[30]. Allerdings hat der BGH in der Compiler-Entscheidung insoweit Vorsicht erkennen lassen, als er die kaufrechtlichen Gewährleistungsvorschriften nur „zumindest entsprechend" für anwendbar erachtete. Auf ähnliche Formulierungen stößt man auch in den einschlägigen Folgeentscheidungen „Heimverwaltung" und „Geräteverwaltung"[31]. Dieser etwas kryptische Sprachgebrauch hat dazu geführt, daß die Literatur die Tragweite und Konsequenzen der höchstrichterlichen Rechtsprechung weiterhin durchaus unterschiedlich einschätzt[32]. Daran dürfte auch die kürzlich ergangene Entscheidung „Holzhandelsprogramm"[33] nichts Wesentliches ändern[34].

---

29 BGHZ 102, 135 (144) = CR 1988, 124 (127).
30 BGHZ 109, 97 (100) = CR 1990, 24 (26).
31 BGHZ 110, 130 = CR 1990, 384 – „Heimverwaltung"; BGH CR 1990, 707 mit Anm. *Köhler* – „Geräteverwaltung". Vgl. ferner BGH CR 1992, 668 „Kassenzulassung".
32 S. etwa einerseits *Junker*, JZ 1993, 447 (448f.); *Pres*, Gestaltungsformen urheberrechtlicher Softwarelizenzverträge, 1994, S. 21; andererseits *Hoeren* in seiner Anmerkung, JZ 1990, 239f.
33 BGH CR 1994, 275 mit Anm. *Lehmann* und *Hoeren*.
34 A.A. wohl *Lehmann* in: Beier/Götting/Lehmann/Moufang (Hrsg.), Urhebervertragsrecht – Festgabe für Schricker, 1995, S. 545f.; und *Haberstumpf*, NJW-CoR 1994, 164 (165).

Auch dort, wo die massenhafte Vermarktung von Informationsgütern neuartige Informationsträger wie **CD-ROMs** benutzt, scheint die vertragstypologische Erfassung gleichfalls überwiegend auf diese Informationsträger zu fokussieren. So dürfte die Rechtspraxis, wenn Datenbank- oder Multimedia-CD-ROMs über den Ladentisch verkauft werden, ohne größeres Zögern von dem Vorliegen eines Sachkaufs ausgehen.

3.2 Immaterialgüterrechtliche Fokussierung

Der **zweite grundsätzliche Ansatz** zur Erfassung von Informationsverträgen besteht darin, die Rechtsnatur des Vertrags schwerpunktmäßig danach zu beurteilen, welche **Auswirkungen** er **auf der immaterialgüterrechtlichen Ebene** zeitigen soll. Informationelle Güter werden durch jedes der klassischen Gebiete des Immaterialgüterrechts (Patentrecht, Urheberrecht, Markenrecht) erfaßt, wenn auch in je spezifischer Weise. So definiert man das Schutzobjekt des Patentrechts, die Erfindung, üblicherweise als technische Lehre, also als Information zum technischen Handeln. Im Urheberrecht gehört es zu den Wesensmerkmalen eines jeden Werks, daß es etwas aufweist, das über das bloße sinnlich wahrnehmbare Substrat hinausgeht, also eine Botschaft, eine Art von Information, enthält[35]. Schutzgegenstand des Markenrechts wiederum sind Kennzeichen; ihre ureigenste Funktion besteht in der Vermittlung von Informationen über die Herkunft des mit der Kennzeichnung versehenen Produkts.

Verträge, die über die Nutzung von Informationen und Informationsgütern geschlossen werden, weisen daher oftmals einen immaterialgüterrechtlichen Bezug auf. Traditionelle Beispiele sind der **Patentlizenzvertrag** oder der **Verlagsvertrag**; im Mittelpunkt des vereinbarten Verhaltensprogramms der Parteien steht hier eindeutig das dem Lizenzgeber bzw. dem Urheber zukommende Ausschließungsrecht. Es geht vorrangig um das rechtliche Dürfen; das tatsächliche Können, basierend auf der Erlangung des Informationsbesitzes, wird hingegen vielfach vorausgesetzt. So ist etwa der Lizenznehmer eines Patents meist aufgrund der veröffentlichten Patentanmeldung bereits im Besitz der technischen Lehre, dem Verleger liegt oftmals schon bei Abschluß des Verlagsvertrags das Manuskript des zu verlegenden Werks vor.

---

35 *Schricker/Schricker*, Urheberrecht, Kommentar, 1987, Einl. Rdn. 7.

Problematischer wird die immaterialgüterrechtliche Sichtweise jedoch dort, wo sich das vertragliche Verhaltensprogramm nicht allein auf die Ebene des rechtlichen Dürfens erstreckt, sondern in gleichem oder gar stärkerem Maße die **Ebene faktischer Nutzungsmöglichkeiten** einbezieht. Wenn man die Sichtweise hier weiterhin unmodifiziert zugrunde legt, besteht die Gefahr, das eigentliche Vertragsziel der Parteien zu vernachlässigen. Es ist also nicht allein mit einer Bejahung der Frage getan, ob die vertraglich vereinbarte oder vorausgesetzte Nutzung des Informationsnehmers eine immaterialgüterrechtliche Position des Informationsgebers tangiert. So muß es z.B. für die rechtliche Erfassung eines Know-how-Vertrags weitestgehend irrelevant sein, ob und welche urheberrechtlichen Nutzungsrechte der Know-how-Nehmer an überlassenen Konstruktionszeichnungen erwerben soll. Hieraus dürfte sich auch mutatis mutandis erklären, warum die rein immaterialgüterrechtliche Sichtweise im Bereich von Softwareüberlassungsverträgen auf nachhaltigen Widerstand gestoßen ist.

3.3 Fokussierung auf Informationstätigkeit

Manchen Informationstheoretikern bereitet es **Unbehagen, Informationen als Objekte zu begreifen**; sie weisen darauf hin, daß das Vorhandensein von Information einen Informationsfluß notwendig voraussetze[36]. Es überrascht daher nicht, daß der dritte wichtige Ansatz zur Erfassung von Informationsverträgen sich gänzlich von einer gegenstandsbezogenen Betrachtungsweise löst und das den Informationsfluß ermöglichende Tätigwerden in den Mittelpunkt rückt[37]. Dies gilt insbesondere für Beratungs- und Auskunftsverträge, die in der Regel als Werk- oder Dienstvertrag qualifiziert werden. Verpflichtet sich etwa ein Rechtsanwalt, eine Rechtsauskunft zu einer konkreten Frage zu erteilen oder ein Rechtsgutachten zu erstellen, soll ein Werkvertrag vorliegen; ist laufende Beratung geschuldet, soll es sich um einen Dienstvertrag handeln. Interessanterweise spielt es dabei keine Bedeutung, ob die Beratung oder Auskunft mündlich

---

36 Vgl. in diesem Zusammenhang die prägnante Formulierung von *Machlup*: „Knowledge is a stock, information is a flow." Für Details vgl. auch *Repo*, 40 JASIS (1989) 68 (71 f.).

37 Eine gewisse Stütze findet diese Betrachtungsweise in der systematischen Stellung des § 676 BGB, der im – die unentgeltliche Geschäftsbesorgung regelnden – Auftragsrecht angesiedelt ist.

erfolgt oder durch Überlassung eines körperlichen Informationsträgers, also etwa eines Briefs oder eines schriftlich niedergelegten Gutachtens.

Für **Fernunterrichtsverträge** hat der Gesetzgeber in einem Spezialgesetz von 1976 ausdrücklich eine dienstvertragliche Qualifizierung vorgenommen[38], ungeachtet der Tatsache, daß in solchen Verträgen vielfach gleichzeitig auch die Überlassung von Lehrmaterial, also körperlicher Gegenstände, geregelt wird. Aber auch modernere Informationsverträge, die sich auf den **Online-Abruf von Daten** beziehen, werden – nicht zuletzt wegen entsprechender kautelarjuristischer Vorgaben – in der Literatur häufig tätigkeitsbezogen fokussiert und als Dienstverträge angesehen[39].

4. Zur Kritik der traditionellen Paradigmen

Die aufgezeigten konzeptuellen Unterschiede führen in vielen Fällen dazu, daß innerlich zusammengehörige oder zumindest benachbarte vertragsrechtliche Phänomene in einer eher zufälligen Weise voneinander getrennt werden. Es entstehen **starke rechtsdogmatische Verwerfungen**, die, den Blick auf die Gleichheit im Wesentlichen verstellend, beträchtliche Wertungswidersprüche verursachen können. Kohärenz und Rationalität der Rechtsordnung werden nämlich beeinträchtigt, wenn einander ähnliche Sachverhalte infolge unterschiedlicher vertragstypologischer Einordnung eine andere rechtliche Würdigung erfahren, etwa was die Zulässigkeit vertraglicher Beschränkungen der Informationsnutzung oder die Haftung für fehlerhafte Information – beides praktisch äußerst bedeutsame Fragen – angeht.

Ein typisches Beispiel hierfür bildet die bereits 1978 ergangene BGH-Entscheidung „**Börseninformationsdienst**", in der der potentielle Konflikt zwischen Informationsträger-Fokussierung und Tätigkeitsfokussierung deutlich zutage trat. Angesichts des Sachverhalts – ein Abonnent eines Börseninformationsdienstes hatte einem grob fahrlässig erstellten Anlagetip vertraut und einen großen Vermögensschaden erlitten – konnte sich der BGH nicht dazu durchringen, sei-

---

38 Vgl. für Details *Dörner*, BB 1977, 1739 (1740).
39 Vgl. etwa *Moszka*, Die Haftung des Nutzers und des Betreibers computergestützter Auskunftssysteme, 1994, S. 144.

ner überkommenen Rechtsprechung zu folgen und den zugrundeliegenden Vertrag als Sachkauf bzw. Sukzessivlieferungsvertrag zu qualifizieren. Vielmehr könne es für die rechtliche Wertung eines vertraglich geschuldeten Börsentips keinen entscheidenden Unterschied ausmachen, ob dieser in einem periodisch erscheinenden Druckwerk niedergelegt ist oder ob der Interessent ihn auf andere Weise gegen Zahlung des vereinbarten Entgelts beim Informanten abruft[40]. Im Ergebnis nahm der BGH einen gemischten Vertrag mit kauf- und beratungsrechtlichen Elementen an. Die Literatur hat diese Entscheidung weitgehend gebilligt.

Ein wichtiges Symptom für die innere Brüchigkeit eines Paradigmas ist, wenn es für manche Konstellationen, auf die es eigentlich Anwendung finden sollte, nicht mehr recht paßt. Unter diesem Aspekt scheint insbesondere die **Informationsträger-Fokussierung immer stärkere systematische Schwierigkeiten** zu verursachen. Im Zusammenhang mit Softwareverträgen ist sie gar als Theorie in Liquidation bezeichnet worden. Die Gründe hierfür sollen kurz rekapituliert werden.

Ein **erster sehr grundsätzlicher Einwand** läßt sich wie folgt formulieren: Das in einem Druckwerk, einer Computerdiskette oder einer CD-ROM verkörperte Informationsgut wird in seiner immateriellen Dimension nicht zureichend erfaßt, wenn man das rechtliche Schicksal des Informationsträgers in den Vordergrund rückt. Die vertragsrechtliche Einordnung des betreffenden Informationsvertrags bleibt dann gleichsam an der Oberfläche haften, erfaßt den eigentlichen Vertragsgegenstand aber gerade nicht. In Wirklichkeit ist der Informationsträger nur Mittel zum Zweck[41]. Wer eine Druckschrift erwirbt, ist in erster Linie an ihrem informationellen Gehalt interessiert, nicht an Leim, Papier und Druckerschwärze an sich; derjenige, dem eine Softwarediskette entgeltlich überlassen wird, möchte nicht in erster Linie einen Datenträger besitzen, sondern die Software auf einem Computer zum Einsatz bringen; wer eine Datenbank-CD-ROM erwirbt, will sich hiermit einen ständigen Zugang zu den auf ihr abgespeicherten Daten sichern. Unterstützung findet diese Argumentation durch eine wirtschaftliche Betrachtungsweise, indem man dem Wert des Informationsträgers als solchen den Wert des in ihm enthaltenen informationellen Guts gegenüberstellt.

---

40 BGHZ 70, 356 (360).
41 *Röhl*, JZ 1979, 369 (370).

Ersterer verblaßt dann bis zur Bedeutungslosigkeit[42]. Diese abstrahierende Trennung von Informationsträger und Informationsgut wird noch dadurch vereinfacht, daß der technologische Fortschritt den informationellen Gehalt zunehmend ablösbar vom konkreten vertragsgemäß zu überlassenden Informationsträger werden läßt.

Man hat diese **Argumentation zu entkräften versucht**, indem man darauf hinwies, daß es für das Vorliegen eines Sachkaufs allgemein unerheblich sein müsse, worin der Gebrauchszweck oder der Wert der Sache liegt[43]. Im Falle des Erwerbs einer Druckschrift bilde ihr Informationsgehalt lediglich eine Eigenschaft des überlassenen Gegenstands, ändere aber nicht die Haupt- und Nebenpflichten der Vertragspartner[44]. Die Informationspflicht werde nicht neben der Lieferung des körperlichen Gegenstands, sondern durch dieselbe erfüllt[45].

So plausibel diese Gegenargumentation lange Zeit gewirkt haben mag, sie steht heute vor einer kaum zu überwindenden Schwierigkeit. Zunehmend erfolgt die Massenvermarktung von Informationsgütern mittels Informationsverträgen, die **überhaupt keine Überlassung eines körperlichen Informationsträgers mehr** vorsehen, die aber gleichwohl von ihrer wirtschaftlichen und tatsächlichen Bedeutung als vollkommen gleichwertig gegenüber den traditionellen Varianten einzustufen sind. Häufig bemühtes Standardbeispiel aus dem Bereich des Softwarerechts ist die Überlassung eines Computerprogramms im Wege der Datenübertragung. Entsprechende Beispiele finden sich aber im Informationsvertragsrecht insgesamt, zu denken ist etwa an Datenbank-Online-Verträge oder aber an den entgeltlichen Abruf von Bildschirmtext- oder Internet-Informationen. Mit immer weiter voranschreitender Digitalisierung und Vernetzung wächst der Kreis der Informationsgüter, für deren Erlangung die Übergabe eines körperlichen Informationsträgers entbehrlich wird, ohne daß hiermit notwendigerweise ein Verlust an Qualität verbunden wäre.

Es erscheint schwerlich möglich, derartige Fälle vertragsrechtlich wesentlich anders als jene zu behandeln, in denen es zur Übergabe

---

42 Der Wert einer Leerdiskette oder einiger unbeschriebener Papierblätter ist gegenüber demjenigen einer Softwarekopie oder eines anwaltlichen Gutachtens vernachlässigbar.
43 *Palandt/Putzo*, 54. Aufl., § 433 Rdn. 1.
44 Siehe etwa *Röhl*, JZ 1979, 369 (374).
45 *Schröder*, NJW 1980, 2279 (2280).

eines Informationsträgers kommt. Die rechtliche Würdigung von Informationsverträgen darf an dieser Stelle nicht auseinanderlaufen, ohne eines der grundsätzlichen Postulate der Rechtsordnung, nämlich **im wesentlichen Gleiches** auch **gleich zu behandeln**, zu mißachten. Um eine solche Übereinstimmung zu erreichen, stehen grundsätzlich zwei Wege zur Verfügung. Man kann entweder von der Fokussierung auf den Informationsträger auch in den Fällen, in denen ein solcher (noch) vorhanden ist, Abschied nehmen oder aber versuchen, das gewohnte rechtliche Instrumentarium beizubehalten und es mittels Analogieschlusses auf die modernen Informationsverträge anzuwenden.

Im Bereich des Softwarevertragsrechts hat sich der BGH bekanntlich in seiner 1989 ergangenen Entscheidung **„Teilzahlungsabrede"** einmal für den zweiten Weg entschieden. Obwohl das frühere Abzahlungsgesetz an sich nur auf bewegliche Sachen anwendbar war, sollte es auch einen Softwarevertrag erfassen, dessen Leistungsprogramm vorsah, eine Programmkopie durch Überspielung auf den Computer des Kunden zu erzeugen[46]. Selbst wer diesen zweiten Weg beschreitet, kommt aber letztlich nicht umhin einzuräumen, daß die Fokussierung auf den Informationsträger selbst dort, wo ein solcher vorhanden ist, dem eigentlichen Vertragsgegenstand nur vordergründig gerecht zu werden vermag. Es ist daher bezeichnend, wenn der BGH in der Entscheidung „Teilzahlungsabrede" den gezogenen Analogieschluß wie folgt begründete: Auch bei dem Erwerb einer Diskette mit Standardsoftware sei die Übergabe des Datenträgers nicht Endzweck des Rechtsgeschäfts, vielmehr diene der Datenträger als Mittel zum Transport des erworbenen Programms vom Verkäufer zum Käufer; Endzweck sei die Nutzbarmachung des Programms für den Erwerber durch Einspeicherung auf die Festplatte seines Computers[47].

5. Ausblick

Die Schwierigkeiten, die die vertragstypologische Einordnung moderner Informationsverträge (Online-Verträge, CD-ROM-Verträge, Softwareüberlassungsverträge) bereitet, sind nicht allein mit

---

46 BGHZ 109, 97 (100) = CR 1990, 24 (26).
47 BGHZ 109, 97 (100 f.) = CR 1990, 24 (26).

der technologischen Neuartigkeit und Komplexität der zugrundeliegenden Sachverhalte zu erklären. Sie sind vielmehr ein gewichtiges Indiz für ein hier bestehendes **Defizit** grundsätzlicher, nämlich **struktureller Natur.** Die drei beschriebenen Ansätze zur Erfassung von Informationsverträgen haben bereits in der Vergangenheit Verwerfungen erzeugt. Die hierdurch verursachten Spannungen mögen vielleicht gerade noch hinnehmbar gewesen sein. Wenn jedoch Informationen zunehmend von ihrem Träger unabhängig und ablösbar werden, wenn Formen der Informationsvermittlung sich nur noch oberflächlich voneinander unterscheiden und prinzipiell austauschbar werden und wenn ferner mit fortschreitender Digitalisierung, also der Umwandelbarkeit unterschiedlicher Werke in ein und dasselbe Datenformat, ein gemeinsamer informationstechnologischer Fluchtpunkt erkennbar wird, ist eine Neubeurteilung der Situation angezeigt. Ein **Bedürfnis für die Herausbildung eines neuen Paradigmas im Bereich des Informationsvertragsrechts** läßt sich heute wohl nicht mehr verneinen.

Diskussionsbericht zu dem Vortrag von Dr. Moufang

RA Dr. *Brandi-Dohrn* dankt als Diskussionsleiter zunächst dem Referenten für dessen eingehende und differenzierende Darstellung. Besonders zu betonen sei aus seiner Sicht, daß der Vortrag zu Parallelerwägungen auf dem Gebiet des AGB-Rechtes anregt. Auch dort sei die vertragstypologische Einordnung von entscheidender Bedeutung. Während bei einer Individualabrede ein Weiterveräußerungsverbot noch vertraglich vereinbart werden möge, sei dies bei Verwendung von allgemeinen Geschäftsbedingungen möglicherweise anders. Erfolgte beispielsweise der Verkauf eines Pkw unter Verwendung von allgemeinen Geschäftsbedingungen, stünde die Unzulässigkeit einer Klausel, in dem Pkw nur mit nicht mehr als drei Personen zu fahren oder ihn nicht weiter zu verkaufen, außer Frage.

Unter Bezugnahme auf dieses Beispiel eröffnet RA Dr. *Moritz* die Diskussion mit dem Hinweis, daß das Beispiel einer unzulässigen Benutzung oder eines Weiterveräußerungsverbotes im Pkw-Handel nicht auf die Interessenlage bei Verträgen übertragbar sei, die „Information" zum Vertragsgegenstand hätten. Während im Pkw-Handel gerade vorausgesetzt würde, daß der Pkw überhaupt verkauft werden soll, könne dies gerade im Bereich der EDV-Verträge nicht ohne weiteres unterstellt werden. Es sei zunächst schon fraglich, ob eine Soft-

Diskussion

ware überhaupt im Rahmen eines Softwareüberlassungsvertrages verkauft werden solle. Es sei deshalb bei der Beurteilung der vertraglichen Probleme entscheidend darauf abzustellen, in welcher Weise die Willenserklärungen der Parteien auszulegen seien.

Unter direkter Anknüpfung an den Vortrag bemerkt RA *Heymann*, daß er zwar dem Referenten bei der Differenzierung zwischen dem Informationsträger und der Information als Vertragsgegenstand für die vertragliche Einordnung zustimme. Es sei jedoch im Hinblick auf die gezogene conclusio zu widersprechen. Im Vortrag seien unzulässigerweise kategoriale Ebenen vermischt worden. RA *Heymann* macht darauf aufmerksam, daß in der bisherigen Diskussion um die vertragstypologische Zuordnung die kulturelle Dimension der Information als Vertragsgegenstand nicht hinreichend berücksichtigt wurde. Seiner Auffassung nach sei ein Paradigmenwechsel festzustellen, der sich gleichfalls auf die vertragstypologische Zuordnung auswirken müsse.

Bei der Beurteilung der Frage sei darauf abzustellen, in welcher Weise die Interessen der Vertragsparteien gelagert seien. Dies sei insbesondere im Hinblick auf die Haftung für die Information von Bedeutung. Es komme entscheidend darauf an, daß die Vertragsparteien auf die Funktionsfähigkeit vertrauten. Die Art und Weise der Übermittlung, ob durch Informationsträger oder anders, spiele demgegenüber nur eine nachgeordnete Rolle. Information sei aber unter rechtlichen Gesichtspunkten nicht klar gegenüber dem Informationsträger abzugrenzen. Sie dürfe auch nicht mit Software gleichgesetzt werden. Software sei als Instrument eine „black box", während es bei der Information ausschließlich um den Inhalt gehe. Aus diesem Grunde seien auch die anwendbaren Haftungssysteme unterschiedlich. Für Anwendungssoftware sei – entgegen der Auffassung von Dr. *Moufang* – die gewährleistungsrechtliche Subsumtion unter die §§ 459 ff. BGB weiterhin sachgerecht.

Unter Bezugnahme auf die Einwendungen und Diskussionsbeiträge stellt der Referent Dr. *Moufang* fest, daß Software aus seiner Sicht nicht eine Information darstelle, sondern vielmehr ein Informationsgut sei. Der Begriff des „Informationsgutes" sei seinerseits wiederum vielschichtig und bedürfe der weiteren Differenzierung. Dr. *Moufang* stimmt insoweit Herrn *Heymann* zu, daß die bisherigen Diskussionen um die vertragliche Behandlung der Information daran krankten, daß die kategorialen Ebenen nicht hinreichend auseinandergehalten würden. Im Hinblick auf die gleichfalls angespro-

Diskussion

chene Haftungsfrage stellt Dr. *Moufang* fest, daß es beispielsweise beim Buchkauf durchaus Haftungsprobleme gibt. Er verweise diesbezüglich nur auf die Entscheidung „Nottestamentsmappe" sowie die Problematik gegebener Zusicherungen in Buchklappentexten.
Prof. Dr. *Kilian* hält kartellrechtliche Marktinformationsverträge nicht für relevant für die Vertragsart im allgemeinen. Er stellt die Frage, ob eine Kategorie „Informationsvertrag" überhaupt benötigt werde. In Beantwortung der Fragestellung sei nach den Eigenheiten und Besonderheiten einer solchen Kategorie zu suchen. Man könne zwar nach dem Zweck, den Vertragspartnern, und dem Zustandekommen des Vertrages differenzieren. Aus seiner Sicht seien weder der Zweck, z. B. der kartellrechtliche Zweck, oder die Vertragspartner noch das Zustandekommen des Vertrages Besonderheiten des „Informationsvertrages". Seiner Auffassung nach liege die Besonderheit eines „Informationsvertrages" ausschließlich in dessen Inhalt. Hier sei die Frage zu stellen, in welcher Weise mit Immaterialgütern umgegangen werde. Die bestehenden Spezialregeln paßten heute nicht mehr adäquat auf diese vertragliche Kategorie. Beispielhaft seien hier Einstandspflichten, Risikoverteilung sowie die Problematik der Vertragsfreiheit zu nennen. Prof. Dr. *Kilian* betont, daß bei Einzelvereinbarungen die Risikoverteilung in den Informationsvertrag aufgenommen werden müsse. Bei Standardverträgen sei seiner Auffassung nach die Risikoverteilung bereits hinreichend typisiert. Prof. Dr. *Kilian* stellt darüber hinaus die Frage, was passiere, wenn Nutzungsverträge auf sachenrechtliche Konsequenzen analysiert würden.

RA *Bartsch* weist im Hinblick auf die erhobenen Einwendungen und Anmerkungen darauf hin, daß die nunmehr aufgelebte Diskussion bereits seit zehn Jahren geführt werde. Aus seiner Sicht sei Softwareüberlassung nicht ein Informationsvertrag. Software unterrichte nicht den Vertragspartner, sondern richte sich an die Maschine. Die Software werde zwar vom Menschen bedient, und dieser kaufe eine Funktion. Diese Funktionsfähigkeit gehöre aber zur Sacheigenschaft des Produktes. Beispielhaft sei darauf hingewiesen, daß auch beim Kauf eines Brotes zwar Sättigung bezweckt sei, aber kein „Sättigungsvertrag" geschlossen werde. Gekauft werde allemal nur ein Brot.

In einer weiteren Wortmeldung aus dem Teilnehmerkreis wird betont, daß der immaterialgüterrechtliche Ansatz, wie er vom Referenten Dr. *Moufang* vorgestellt wurde, den Vorzug verdiene, da es im

Diskussion

Rahmen dieses Ansatzes nicht auf die Sacheigenschaft ankomme. Entscheidend sei die gewährleistungsrechtliche Gestaltung, nur dann bleibe „Information" ein handhabbares Gut.

In seiner zusammenfassenden Stellungnahme betont der Referent Dr. *Moufang*, daß in der Behandlung der Information als Vertragsgegenstand eine Grenze gezogen werden müsse. Diese müsse beispielsweise darin liegen, daß die im Saatgut enthaltene Erbinformation in anderer Weise zu behandeln sein müsse, als dies bei Softwareüberlassungsverträgen der Fall sei. Soweit der Information ein Bedeutungszweck gegeben werde, müsse darauf geachtet werden, wer Adressat der Information ist.

Insgesamt habe er mit seinem Vortrag das Ziel verfolgt, durch eine integrierte Betrachtung unterschiedlicher Rechtsphänomene auf bestehende strukturelle Wertungswidersprüche aufmerksam zu machen. Dies gelte auch für die Darstellung der kartellrechtlichen Aspekte. Einerseits behandle die kartellrechtliche Praxis kooperative Formen des Austausches von Informationen sehr restriktiv (Stichwort: Schutz des sog. Geheimwettbewerbs). Andererseits zeichne sich die kartellrechtliche Kontrolle etwa von Know-how-Verträgen durch eine auf Förderung der Informationsverbreitung gerichtete Grundtendenz aus.

M. Helfrich

Autorenverzeichnis

Dreier, Thomas, Dr. iur., M.C.J. (NYU); Attorney-at-Law (New York); wissenschaftlicher Referent am Max-Planck-Institut für ausländisches und internationales Patent-, Urheber- und Wettbewerbsrecht, München

Ishii, Kei, Mitarbeiter des Human Capital Department, RAND Corporation, USA; Technische Universität Berlin

Moufang, Rainer, Dr. iur., wissenschaftlicher Referent am Max-Planck-Institut für ausländisches und internationales Patent-, Urheber- und Wettbewerbsrecht, München

Oldenburg, Gerrit, Wiss. Mitarbeiter, Fachgebiet Informatik u. Gesellschaft, Technische Universität Berlin

Pethig, Rüdiger, Dr. rer. pol., o. Professor, Fakultät für Wirtschaftswissenschaften, Universität-Gesamthochschule Siegen

Stettner, Rupert, Dr. iur., Professor, Fakultät für Sozialwissenschaften, Universität der Bundeswehr München, Neubiberg

Teufel, Fritz, Dipl.-Phys., Leiter Abteilung Patentwesen und Urheberrecht, IBM Deutschland Informationssysteme GmbH, Stuttgart

Wiebe, Andreas, Dr. iur., LLM, Institut für Rechtsinformatik, Universität Hannover

Stichwortverzeichnis

Allokationsmängel 19
Allokationsprobleme 23
Allokationsverzerrungen 24

Berufsfreiheit 44 f.
Brief-, Post- und Fernmeldegeheimnis 46
Buy-Out 158

Computernetze 58 ff.
Computerprogramme 126 ff., 139 ff., 144, 151, 180 ff., 184 ff., 194 ff., 199 ff., 204 ff., 207, 223 ff.
Copyright 113

Darstellungsschutz 109
Datenbank, allgemein 15 ff., 130 ff., 134, 136, 144 ff., 212, 223
Datenbank, EU-Richtlinie 15 ff., 18, 113 ff., 131 ff., 145
Datenverarbeitung 140 ff., 218
Digitaltechnik 135, 195, 212

Eigentumsfreiheit 44 f.
Electronic Mail 63 ff.
Erfindungen
– allgemein 115 ff., 117 ff., 185 ff., 202 ff.
– computerbezogene 200, 203
– gentechnische 141, 148, 186
– programmbezogene 138 ff., 180, 187 ff., 195 ff., 198, 204 ff., 207
– softwarebezogene (siehe Erfindungen, programmbezogen)
Ergänzender Leistungsschutz 123 ff., 150

Fehlallokation 13
Fokussierung, immaterialgüterrechtlich 216, 219 ff.
Fokussierung, bzgl. eines Informationsträgers 217 ff., 221 ff.
Fokussierung, bzgl. einer Tätigkeit 217, 220 ff.
Fotokopien 22 ff.
Freeman-Walter-Abele Test 188 ff., 192 ff., 202 ff.

Gebrauchsmusterrecht 149
Geheimnisschutz 105, 121 ff.
Geheimwettbewerb 215, 228
Gentechnik
– siehe Erfindungen, gentechnische
Geschmacksmusterrecht 118, 150
Gesetzgeberische Gestaltung der Privat- und Strafrechtsordnung 50 ff.
Grundrechte
– Privatrechtsverhältnis 49
– Drittwirkung 59
Gütertheorie 104

Immaterialgüterrecht
– allgemeines 98, 101 ff., 106 ff., 126 ff., 133, 144, 219, 227
– Übersicht über die Schutzsysteme 149 ff.
Information 34 f.
– Definition 98 ff.
Informationelle Garantien 56
Informationelle Offenheit und Geheimhaltung, Konflikt 48
– Zugang zu staatlichen Informationen 48
– Zugriff des Staats auf private Daten 49

Stichwortverzeichnis

Informationelle Selbstbestimmung, Recht auf 46 f., 49, 57
Informationsdienste 134 ff.
Informationseigentum 106 ff.
Informationsfreiheit 41 f.
Informationsgut
– Definition 2
– Markteinführung 11
Informationsgüterversorgung 18
Informationsordnung 147 ff.
„Informationsverfassung" des GG? 36 ff.
Informationsvermarktung 211 ff., 228
Informationsvertrag 212 ff., 219 ff., 224 ff.
Innovationsgut 19
Internet 58 ff., 87 ff., 223
– Juristische Informationen 73 ff.
– Kooperationen 73 ff.
– Weltweiter Diskurs 81 f.
– Gemeinsame Entwicklung von Software 82 ff.
– Kommerzialisierung 89 f., 176
– Konflikte 84 ff.
– Kreditkartennummern 91
– Urheberrecht 176 ff.
Internet-Adressen, Registrierung und Verwaltung 90

Juristen und Techniker 178

Know-how-Schutz 121 ff., 145, 150
Kommerzialisierung des Internet 89 f., 176
Konsumentenrente 7, 14
Kostendeckungsregulierung 20 ff.

Leistungen, nichttechnisch 117 ff.
Leistungsschutzrechte 4, 107, 120, 126, 145, 150, 151

Mailing List 63 ff.
Markenrecht 105, 118 ff., 150
Marktallokation 4, 7, 21, 23, 24 ff.
Marktinformation 118 ff.
Marktinformationssysteme 214
Marktstrukturen 9
Meinungsfreiheit 40 f.
Meritorische Eingriffe 24 ff.
Meritorische Güter 103, 146
Monopolallokation 10
Multimedia 163, 212
Musterschutz 118

Nachrichtenagentur
– siehe unter Presseagentur
Net News 65 ff., 77 ff.
Netscape 90
Netz(werk)effekt 25 ff.
Nutzerpräferenzen 7

One-Stop-Shop 157

Patent, softwarebezogen 181 ff., 183 ff.
Patentrecht
– allgemeines 12 ff., 20, 30, 105, 108 ff., 115 ff., 117, 128, 138 ff., 141 ff., 144 ff., 148, 149, 151, 180 ff., 202 ff., 204 ff.
– amerikanisches 185 ff., 198 ff., 202 ff., 206 ff.
– deutsches 204 ff.
– europäisches 202 ff., 204 ff., 207
Post-Computer Process Activities 202
Pre-Computer Process Activities 202
Presseagentur 210 ff.
Presse- und Rundfunkfreiheit 43

Stichwortverzeichnis

Rechtswahrnehmungskosten 21 ff.
Reprografieabgabe 23 ff.
Richtlinie des amerikanischen Patentamtes vom 18.1.1996 198 ff.
Rundfunk- und Pressefreiheit 43

Schutzvorkehrungen, technische 102, 105, 112
Softwarerichtlinie 113, 128, 132
Spezialcomputer 194
Staatliche Eingriffe
– siehe meritorische Eingriffe

Textverarbeitung 138 ff., 203
Titelschutz 119
Topographieschutz 118

Universalcomputer 194 ff.
Urheberpersönlichkeitsrecht
– allgemeines 114
– im Netzwerkkontext 170 f.
Urheberrecht
– allgemeines 4, 12 ff., 16 ff., 22 ff., 30, 105, 108 ff., 117, 126 ff., 130 ff., 134 ff., 143 ff., 149, 151, 205
– amerikanisches 181 ff.
– europäisches 113 ff.
– im Zeitalter der Datenautobahn 161 ff.
– und Digitaltechnik, allgemeine 153 ff.
– und Digitaltechnik, Veränderungen: Kurz- und längerfristige Perspektiven 160 f.

– und EU 172
– und grenzüberschreitende Netzwerke 158, 171 ff.
– und Internet 176 ff.
– Werkvermittlungsrecht und Werknutzungsrecht 177 ff.
Urheberrechtlicher Rechtserwerb im Netzwerkkontext 169 f.
Urheberrechtliche Schrankenregelungen im Netzwerkkontext 167 f.
Urheberrechtliche Verwertungsrechte im Netzwerkkontext 165 ff.
Urheberrechtspraxis, Perspektiven 175 f.
Urheberrechtsschutz und Rolle der Technik 173 ff.

Verfügungsrechte 101 ff.,
– siehe auch unter Verwertungsrechte
Verwertungsrechte
– Abwesenheit exklusiver 7 ff.
– allgemeine 4, 16 ff., 18 ff., 21 ff., 29 ff.
– exklusive (=Monopol) 5 ff., 10, 14, 20, 22, 30

Wissenschafts- und Kunstfreiheit 43 f.
World Wide Web 69 ff.

Zeichentheorie 99

»Informationstechnik und Recht«

Schriftenreihe
der Deutschen Gesellschaft für Recht und
Informatik e.V. (DGRI)

Rechtliche und ökonomische Rahmenbedingungen der deutschen EDV-Branche

Grundlagen – Staatliche Forderung – Europarecht – Arbeitsrecht – Wettbewerbs- und Kartellrecht – Urheber- und Patentrecht – Technologietransfer – Telekommunikation Datenschutz.

Herausgegeben von RA Dr. Jürgen W. Goebel im Auftrag der DGRI. Band 1 der Schriftenreihe »Informationstechnik und Recht«; 314 Seiten DIN A 5, 1990, brosch. 84,– DM. ISBN 3 504 67000 2

Softwareüberlassung im Zivilprozeß

Gewährleistung und Urheberrechtsschutz in der prozessualen Durchsetzung.

Herausgegeben von RA Michael Bartsch im Auftrag der DGRI. Band 2 der Schriftenreihe »Informationstechnik und Recht«; 130 Seiten DIN A 5, 1991, brosch. 42,– DM. ISBN 3 504 67001 0

Rechtsprobleme des elektronischen Publizierens

Herausgegeben von Prof. Dr. Dr. Herbert Fiedler im Auftrag der DGRI. Band 3 der Schriftenreihe »Informationstechnik und Recht«; 138 Seiten DIN A 5, 1992, brosch. 48,– DM. ISBN 3 504 67002 9

Informationsmarkt und Informationsschutz in Europa

Rechtliche Fragen – Europäische Harmonisierung

Herausgegeben von RA Thomas Heymann im Auftrag der DGRI. Band 4 der Schriftenreihe »Informationstechnik und Recht«; 160 Seiten DIN A 5, 1995, brosch. 74,– DM. ISBN 3 504 67003 7

Verlag Dr. Otto Schmidt · Köln